깨어남에서 깨달음까지

The End of Your World

Original Copyright ⓒ Adyashanti, 2009
Korean Translation Copyright ⓒ Inner World Publishing Co., 2011
This Korean edition was arranged with Sounds True
through Amo Agency, Korea.
All right reserved.

이 책의 한국어판 저작권은 원저작권자와의 독점계약으로
정신세계사가 소유합니다.
저작권법에 의하여 한국 내에서 보호를 받는 저작물이므로
무단전재와 복제를 금합니다.

아디야샨티 지음 | 정성채 옮김

깨어남에서
깨달음까지

영적 여정의 굴곡을 지혜롭게 넘어가기

정신세계사

옮긴이 정성채는 1953년생으로 한의학 박사이자 동국대 한의대 겸임교수이다. 전남대 재학 시에 정신세계를 접하고, 동국대 한의대를 졸업하였다. 광주와 대구에서 진료하였고 현재 서울의 장자한의원에서 진료하면서 영성과 건강에 관한 저서를 집필중이다. 옮긴 책으로 에픽테투스의 《지혜로운 삶의 원칙》이 있다.

깨어남에서 깨달음까지
ⓒ Adyashanti, 2009

아디야샨티 짓고, 정성채 옮긴 것을 정신세계사 정주득이 2011년 2월 11일 처음 펴내다. 편집주간 이균형, 김우종이 다듬고, 김윤선이 꾸미고, 경운출력에서 출력을, 한서지업사에서 종이를, 영신사에서 인쇄와 제본을, 기획 및 영업부장 김영수, 하지혜가 책의 관리를 맡다. 정신세계사의 등록일자는 1978년 4월 25일(제1-100호), 주소는 03965 서울시 마포구 성산로4길 6 2층, 전화는 02-733-3134, 팩스는 02-733-3144, 홈페이지는 www.mindbook.co.kr, 인터넷 카페는 cafe.naver.com/mindbooky이다.

2023년 10월 18일 펴낸 책(초판 제13쇄)

ISBN 978-89-357-0341-8 03200

이 책을 캘리포니아의 시에라 산맥에 바친다.
공기가 엷어지는 그 높은 곳,
거기서 나는 자연의 교회와 성당을 찾았다.

차례

감사의 글　9
편집자 서문　11

제1장　깨어남 뒤의 삶　15
제2장　진정한 깨어남 - 뒤따라오는 혼란　31
제3장　"찾았어, 그런데 잃어버렸어"　47
제4장　삼사라를 거쳐 열반에 이른다　73
제5장　숨은 곳에서 완전히 나오기　85
제6장　흔히 보는 착각, 함정, 고착상태　105
제7장　삶 자체가 우리를 일깨워주는 거울이다　127
제8장　깨어남의 에너지적 요소　143
제9장　깨어남이 마음, 가슴, 아랫배를 관통할 때　155
제10장　노력인가 은총인가　189
제11장　본연의 상태　195
제12장　결혼식 이야기　207
제13장　아디야샨티와의 인터뷰　211

옮긴이의 글　253

감사의 글

태미 사이먼에게 따뜻한 감사를 전합니다. 당신의 자극과 부추김이 없었다면 이 책은 존재할 수 없었을 것입니다. 당신의 열린 마음과 신뢰, 그리고 뛰어난 편집 능력을 능가할 수 있는 것은 오로지 다르마에 대한 당신의 사랑뿐입니다. 끈기로써 섬세하게 편집해주신 켈리 노타라스에게도 따뜻한 감사를 전합니다.

편집자 서문

2004년 가을에 아디야샨티를 처음 만났을 때, 나는 영적 깨어남(spiritual awakening)에 대한 그의 독창적이고도 신선한 가르침의 방식에 놀랐다. 그는 자신이 속한 선가禪家의 맥을 존중했지만 어떤 특정한 스승이나 구도방법에 의존하지 않는 것이 중요하다고 강조했다. 대신 그는 우리 자신의 직접적인 경험을 들여다보고 자기 삶의 영역들을 두려움 없이 탐사해가는 것이 얼마나 중요한지를 역설했다. 그는 또 영적 깨어남이 동굴 속에서 수십 년 동안 명상을 했다든가 특별한 수행복을 입은 사람들 같은 선택받은 소수에게만 나타나는 희귀한 현상이라는 말은 신화에 지나지 않는다고 주장한다. 나아가서 그는, 깨어남이 희귀한 현상이라는 이 신화야말로 실제로 우리 자신의 발견을 가로막는 장애물이 될 수 있다고 말한다. 그로 인해 우리는 진짜가 아닌, 스스로 부여한 제약을 믿게 되기 때문이다.

돌이켜보건대, 나는 아디야(그의 친구와 제자들이 부르는 애칭)가 한 물결의 꼭대기에 앉아 있는 이의 관점으로부터 이야기하고 있었다고 생각한다. 우리 시대에 이르러 부서지기 시작하고 있는 물결 위에서 말이다. 1장에서 아디야가 지적하듯이, 다양한 배경과 종교적 편력을 가진 사람들이 자기 삶에서 가장 중요한 변성의 경험으로서 '영적 깨어남' — 우리의 본성은 모든 것과 하나가 된 생명이라는 확고한 깨달음 — 을 점점 더 흔하게 이야기하기 시작하고 있다. 지난 몇 년 동안에 이런 가능성에 대한 대중의 인식에는 하나의 큰 전환이 일어난 듯하다. 영적 깨어남은 더 이상 엘리트 수행자들만의 영역이 아니라 모든 사람들의 손이 닿을 정도로 성큼 가까이 다가와 있는 것이다.

20년 이상 영적 지혜의 가르침을 책으로 펴내온 출판인으로서 나는 깨어남에 대한 이 새로운 관심의 물결에 흥분되기도 하지만, 깨달음이라는 개념에 흔히 따라다니는 혼란과 오해와 왜곡의 가능성에 조금은 염려되기도 한다. 무엇보다도, 사람들은 '영적 깨어남'이라는 단어로써 서로 매우 다른 것들을 의미한다. 나는 사람들이 이 과정을 통해서 무엇을 얻게 되는지만이 아니라 — 그보다 더 중요한 것으로 — 무엇을 잃게 되는지까지도 알고 있는지를 자주 의심해본다. 거기에 더해서, 영적 깨어남이 점점 더 대중적인 현상이 되어가는 동안, 나는 많은 사람들이 자신의 깨어남을 에고의 관점에서 말하는 것을 보아왔다. 깨어남을 어떻게든 다른 사람보다 내가 낫다는 기분을 만끽하는 데에, 혹은 그들보다 '더 깨어 있음'을 주장하는 데에 이용하는 것이다. 하지만 나를 가장 심란하게 만드는 것은, 깨어난 사람은 어떠어떠하다는 자신의 관념에 맞지 않는 경험 — 그것이 분노이든 우울증이든 가정불화든 간에 — 은 무조건 부인하려 드는 사람들이 너무나 많다는 사실이다.

1년 전에 나는 아디야와 전화로 통화하던 중에 이런 현상을 개탄했다. 영적 깨어남을 그릇 이해하여 깨어남이라는 미명 하에 순간순간의 경험으로부터 자신을 떼놓는 사람들을 너무나 많이 만나게 되는 이 현실을 말이다. 아디야는, 사실은 자기도 바로 이 주제 — 최초의 영적 깨어남의 경험 이후에 일어날 수 있는 오해와 함정과 망상들 — 에 관해 자주 이야기하고 있다고 말했다. 나는 흥분하여 즉석에서 아디야에게 이 주제에 관한 일련의 강설을 해줄 수 있을지, 그래서 사운즈트루 Sounds True 출판사에서 그것을 책과 오디오북으로 낼 수 있을지를 물었다. 그는 동의했고, 그 결과가 이 책이다.

  1장에서 아디야가 말하듯이, 처음으로 영적 깨어남을 경험하고 그 과정이 어떻게 펼쳐질지를 알고 싶어하는 이들이 접할 수 있는 정보는 매우 한정되어 있다. 이 책이 그 크나큰 모험을 위한 안내자이자 촉매가 되어주기를 희망한다.

2008년 6월 콜로라도주 볼더에서
사운즈트루 출판사 대표 태미 사이먼

제1장

깨어남 뒤의 삶

　오늘날 세계적으로 하나의 현상이 일어나고 있다. 점점 더 많은 이들이 깨어나서, 여실하고 진정한 '실재實在(reality)'를 바로 볼 수 있게 되었다. 다시 말하면 이제 사람들은 지금까지 익숙하게 느껴왔던 '나'라는 관념과 세상이라는 관념으로부터 훨씬 더 커다란 실재 속으로 깨어나는 경험, 즉 지금껏 우리가 사실로 여겨왔던 바를 훌쩍 뛰어넘는 경지로 깨어나는 경험을 갖게 되었다는 뜻이다.

　이러한 깨어남(awakening)의 경험은 사람마다 차이가 있다. 어떤 이에게는 깨어남이 오랫동안 지속되기도 하고, 어떤 이에겐 그저 일순간의 스침으로 눈 깜작할 새에 지나가버리기도 한다. 하지만 어느 경우든 깨어남이 일어나는 순간, '나'라고 하는 모든 느낌은 사라져버린다. 세상을 인식하는 방식이 별안간 바뀌어서, 자신과 나머지 세계 사이에 어떤 분리감도 느끼지 못함을 깨닫게 된다. 이것은 꿈에서 깨어나는 경험에 비유할 수 있다. 거기서 문득 벗어나기 전까지는 자신이 그 속에 있다는 것조차 알아차리지 못하는 꿈 말이다.

내가 사람들을 가르치기 시작하던 초기에 나를 찾아왔던 사람들은 대부분 이런 깊은 깨달음을 찾아다니고 있었다. 그들은 스스로를 묶고 있는 제약되고 분리된 자아 관념으로부터 잠깨어 나오기를 갈망하고 있었다. 모든 영적 추구를 지탱하는 것이 바로 이 열망이다. 이 삶에는 우리가 알고 지내는 것 이상의 뭔가가 있다는, 직관적으로 이미 알고 있는 그 진실을 스스로 '발견해'내고자 하는 열망 말이다.

그런데 시간이 갈수록, 어떤 경로로든지 이 더 커다란 실재를 한 번씩 맛본 뒤에 내게로 찾아오는 사람들의 숫자가 날이 갈수록 점점 많아지고 있다. 이 책의 가르침은 이런 사람들을 위한 것이다.

깨어남의 새벽

여기서 '발견한다'는 말은 통상적으로 영적인 깨어남을 뜻한다. 대개 사람들은 에고의 마음에 의해 생겨난 분리라는 꿈으로부터 '깨어나게' 되기 때문이다. 우리는 (대개는 갑작스럽게) 자기의 개념이나 신념이나 관념 따위로 쌓아올려지고 형성된 자아관념이 실제로는 내가 아니었음을 깨닫게 된다. 관념이 나를 설명해줄 수는 없다. 관념에는 중심 (center)이 될 만한 어떤 것도 존재하지 않는다. 우리의 에고는 일련의 지나가는 생각이나 신념이나 행위나 반응 같은 것으로 존재하지만, 사실 그 안에는 아무런 정체성도 없는 것이다. 우리가 자신과 세상에 대해 가지는 모든 관념들은 결국 있는 그대로의 사물에 대한 저항일 뿐이다. 우리가 에고라 부르는 것은 그저 우리 마음이 있는 그대로의 삶에 저항하는 데에 쓰고 있는 장치에 지나지 않는다. 그런 관점에서 에고는 어떤 '것'이라기보다는 하나의 동사動詞이다. 그것은 존재하는 것에 대한 저항이다. 그것은 밀어내기 아니면 끌어당기기이다. 이러한 힘, 이러한 움켜쥐기와 거부하기가 주변의 세계로부터 구별되고 따로 떨어진 자아의 관념을 형성하는 것이다.

그러나 깨어남의 여명과 함께 이 같은 외부세계는 무너지기 시작한다. 자아관념을 잃어버린다는 것은 우리가 알고 지내던 모든 세계를 잃어버리는 것이나 다름없다. 바로 그 순간 우리는 아주 분명히 깨닫게 된다. 우리의 본성은 그동안 우리라고 여겨왔던 초라한 자아관념 따위에 전혀 구애받지 않는다는 것을 말이다. 단지 잠깐 스쳐가는 깨어남이든 아니면 보다 긴 동안의 깨어남이든 그런 건 아무 상관이 없다.

진리(truth)와 실재(reality)에 눈을 떠 깨어난다는 것은 이야기하기가 매우 어려운 주제이다. 그것은 언어를 떠난 것이기 때문이다. 그렇긴 해도 어떤 안내자를 벗 삼아 길을 가는 것은 도움이 된다. '깨어남이란 무엇인가'에 대한 경험적인 앎을 한마디로 설명해본다면, 깨어남은 '인식의 전환'이다. 이것이 깨어남의 핵심이다. 이전까지 나를 하나의 고립된 개체로 보아왔다가(만약 이 전환 이후에도 자아관념이 남아 있다면 말이다) 훨씬 더 보편적인 어떤 존재로, 즉 동시에 모든 것, 모든 사람, 모든 곳인 어떤 것으로 보게 되는 인식의 전환이 일어난다는 말이다.

이러한 전환을 혁명적이라고 할 것까지는 없다. 그건 마치 아침에 거울을 들여다보고 거울 속에 비치는 모습이 자신의 얼굴임을 곧바로 알아차리는 것과 같다. 그것은 신비한 경험이 아니다. 그저 하나의 경험일 뿐이다. 거울 속을 들여다볼 때 여러분은 하나의 단순한 인식을 경험한다. '아, 저게 나로군.' 그런데 깨어남이라는 인식의 전환이 일어나면, 우리의 오감이 접촉하는 모든 것이 우리 자신으로서 경험된다. 그것은 마치 우리가 만나는 일체의 대상에게 '아, 저게 나로군' 하고 생각하는 것과도 같다. 우리는 더 이상 자신을 에고의 입장에서, 분리된 개인인 누구라거나 별개인 어떤 '존재(entity)'로서 경험하지 않는다. 차라리 그것은 스스로를 자각하는 '하나(One)' 또는 스스로를 자각하는 '영(Spirit)'의 느낌에 가깝다.

영적인 깨어남은 하나의 '기억하기'이다. 즉 그것은 '우리가 아닌 어떤 존재가 되지 않기'이다. 그것은 나 자신을 변화시키는 과정이 아니다. 나 자신을 무엇과 맞바꾸는 과정이 아니다. 그것은 우리가 오래 전에 잘 알고 있었던 것을 그만 잊어버리기라도 한 것처럼, 우리가 누구인지를 기억해내기이다. 이 기억하기의 순간에서는, 만약 그 깨어남이 진짜라면, 그것은 나만의 것으로 간주되지 않는다. 정말이지 나만의 깨어남이라는 것은 없다. '나만의'라는 말은 분리를 내포하고 있다. '나만의'라는 말은 잠에서 깨어나 깨달음을 얻는 주체가 '나' 혹은 에고라는 의미를 품고 있다.

진정한 깨어남 속에서는, 깨어남 그 자체까지도 나만의 개인적인 것이 아님을 아주 명확히 알게 된다. 바로 보편적인 '영', 보편적인 의식이 스스로 깨어나는 것이다. 사실은 '내가' 잠깨어 일어나는 것이 아니라, 나의 본성이 '나로부터' 잠깨어 일어나는 것이다. 본래의 내가 '구하는 자(seeker)로부터' 깨어나는 것이다. 진정한 내가 '구함(seeking)으로부터' 깨어나는 것이다.

깨어남이 무엇인지를 규정하는 데에 따르는 문제점은, 위와 같은 설명을 하나씩 들을 때마다 우리의 마음은 궁극적인 진리, 궁극적인 실재란 이러이러하다는 온갖 생각과 관념을 지어낸다는 것이다. 이런 관념들이 만들어지는 순간, 우리의 인식은 또다시 왜곡된다. 그래서 실재의 본질은 우리가 생각하는 대로가 아니며, 또 우리가 배운 바대로가 아니라고 말할 수 있을 뿐, 이것을 바로 설명한다는 것은 정말 불가능한 것이다. 진실을 말하자면, 우리는 우리의 본래 모습이 무엇인지를 상상해볼 능력이 없다. 우리의 본성은 말 그대로 어떤 상상도 가닿을 수가 없다. 우리의 본래 모습은 '지켜보는 그것'이다. 동떨어진 하나의 개인인 양 이런저런 몸짓을 해대는 우리 자신을 '지켜보고 있는' 의식인 것이다. 우리의 본성은 끊임없이 모든 경험을 함께하면서 매 순간, 일어나는 모든 일에 깨어 있다.

깨어남을 통해 드러나는 사실은, 우리는 어떤 사물도, 사람도 아니고 심지어 어떤 존재도 아니라는 것이다. 우리의 정체는 모든 사물로서, 모든 경험으로서, 모든 개인으로서 나타나는 그것이다. 우리는 온 세계를 꿈꾸어 존재하게 만드는 그 무엇이다. 영적 깨어남은 말해질 수도 설명될 수도 없는 '그것'이 바로 우리의 본디 모습이라는 사실을 드러나게 한다.

머무는 깨어남과 스쳐가는 깨어남

앞서 말한 것처럼, 이러한 깨어남의 경험은 힐끗 스쳐 지나갈 수도 있고 오랫동안 지속될 수도 있다. 어떤 이들은 깨어남이 일순간의 것이었다면 그것은 진정한 깨어남이 아니라고 말한다. 또 진정한 깨어남을 겪게 되면 사물의 본성에 밝아져서 두 번 다시 닫히는 일이 없다고 믿는 이들도 있다. 궁극적으로는 모든 영적인 여정이 완전한 깨어남으로 이어져 있다는 점에서, 이들의 관점에도 일리가 있다. 이른바 완전한 깨어남이란, 순간순간 '영'의 시각으로, 하나가 된 '일체(oneness)'의 시각으로 보는 것을 의미한다. 이러한 '깨인' 관점에서 보면 그 어디에도, 이 세상이나 이 우주나 어느 곳의 어떤 우주에도 분리라는 것은 없다. 그 어디든 모든 곳에 모든 순간에 모든 차원에, 그리고 모든 존재에게 진리가 있다. 이 진리는 영원히, 이생에서도 다음 생에서도 이 차원에서도 다른 모든 차원에서도 경험되어질 그 모든 것들의 근원이다.

궁극의 관점에서는 그야말로 모든 것이 — 높은 차원이든 낮은 차원이든 여기든 저기든 어제나 오늘이나 혹은 내일이거나 — 다만 '영'의 나타남일 뿐이다. 깨어나는 것은 '영' 그 자신이다. 따라서 결국 모든 존재가 가고 있는 행로는, 스스로 알든 모르든 완전한 깨어남을 향한, 즉 완전한 앎과 자신의 본래 모습에 대한 완전한 경험적 지식과 합일, 그리고 하나(Oneness)의 경지를 향한 길인 것이다.

그러나 깨어남의 순간은 영구적인 앎으로 귀결될 수도, 그렇지 않을 수도 있다. 앞서 말했듯이 '깨어남이 영구적인 것이 아니라면 그것은 진짜가 아니다'라고 이야기하는 사람들이 있다. 그러나 영적 교사로서 내가 본 바로는, 이원성의 장막 너머로 잠깐이라도 깨어남을 경험해본 사람이나 영구적인, '머무는' 깨어남을 얻은 사람이나 둘 다 똑같은 것을 보고 경험하고 있다는 것이다. 한 사람은 그것을 잠깐 동안 경험하는 것이고, 다른 사람은 그것을 계속 경험하는 것이다. 하지만 그 깨어남이 진짜라면 경험되는 그것은 양쪽이 다 똑같다. — 모든 것은 하나다. 우리는, 특정 공간을 차지하는 어떤 특정한 사물도 특정한 누군가도 아니다. 우리의 본래 모습은 아무것도 아닌 무無이면서 동시에 일체의 모든 것이다.

그런 까닭에, 내가 보기로는 깨어남이 순간적인 것이었는가, 아니면 지속되는 것인가 하는 것은 별로 문제되지 않는다. 사람마다 나름의 행로가 있겠지만, 진리를 분명히 보았다면 그것이 지속되든 그렇지 않든 이것은 분명 '깨어남'인 것이다. 진리의 관점에서 인식하는 상태가 영구히 지속되는 그때까지는 그 누구라도 완전히 만족할 수 없겠지만 말이다.

힐끗 지나가는 경험, 여기서 '스쳐가는 깨어남'이라 부르는 이 경험은 점점 더 흔해져 가고 있다. 이 깨어남은 그저 잠깐 나타날 수도 있고, 반나절이나 하루, 일주일, 혹은 한두 달 동안 나타날 수도 있다. 먼저 '순수의식(awareness)'이 눈을 뜨면서, 따로 분리된 '나'라는 관념이 떨어져나간다. 그런 뒤에 카메라 셔터와 같이, 의식의 눈이 다시 닫힌다. 별안간에 바로 전까지도 진정한 일원성, 온 세계가 진정 하나임을 인식하고 있던 그가, 이제는 놀랍게도 이원적인 '꿈속 상태'의 인식 수

준으로 되돌아가 있다. 꿈 가운데서, 우리는 오래전부터 조건화된 자아관념, 즉 한정되고 고립된 존재라는 느낌 속으로 다시 돌아가 버린다.

좋은 소식이 있다. 이 명백한 '봄'의 순간이 실제로 벌어지고 나면, 순수의식의 셔터가 다시는 완전히 닫힐 수 없게 된다는 것이다. 흡사 완전히 닫혀버린 것처럼 보일지라도, 실제 그런 일은 결코 일어날 수 없다. 당신의 가장 깊은 내면에서 당신은 결코 그것을 잊어버릴 수가 없는 것이다. 설사 그것이 '실재'를 한 찰나 힐끗 스쳐보게 된 것뿐이라 할지라도, 당신 안의 무언가는 영원히 바뀌게 된다.

실재(reality)는 마치 원자력과도 같다. 그것은 믿을 수 없을 정도로 강력하다. 그 잠재력은 상상할 수도 없다. 손가락을 튕기는 것과 같이 짧은 순간 동안 실재의 섬광을 경험한다고 해도, 그 결과로 들어오는 에너지와 힘은 삶을 통째로 바꿀 만하다. 단 한 순간이라도 깨어남이 있었다면, 그것은 사람의 그릇된 자아관념을 녹이기 시작하고 동시에 세계에 대한 그의 모든 인식을 녹여버릴 것이다.

깨어남은 당신이 상상하는 것과 다르다

진정한 의미에서는, 깨어남으로부터 우리가 무엇을 얻게 되는지를 이야기하는 것보다 무엇을 잃게 되는지를 이야기하는 편이 훨씬 더 정확하다. 이제 우리는 우리라고 여겨왔던 자기 자신을 잃게 될 뿐만 아니라, 동시에 세계에 대한 우리의 모든 인식을 잃게 된다. 분리된 상태란 다만 하나의 '인식'일 뿐이다. 사실 인식이라는 것이 우리의 세계로 들어올 때에는, 있는 것이라고는 오로지 이 인식뿐이다. '나의 세계'는 나의 세계가 아니다. 그것은 그저 나의 인식일 뿐이다. 처음엔 좀 부정적으로 느껴질 수도 있겠지만, 우리가 영적인 깨어남을 이야기할 때는 우리가 잃게 되는 것은 무엇인지, 우리가 '무엇으로부터' 깨어나는 것인지를 이야기하는 것이 훨씬 더 유용하다고 생각한다. 즉 우리 스스로에 대한 관념의 붕괴, 그것이 우리의 주제이다. 깨어나면서, 지금껏 자신이라 여겨오던 것들이 붕괴되는 걸 지켜본다는 것은 놀라운 일이다.

어찌 놀라지 않을 수가 있겠는가? 깨어남의 결과는 결코 우리가 짐작하는 대로가 아니다. 학생들 중에 이렇게 말하는 경우는 한 사람도 없었다. "아디야Adya, 제가 드디어 분리의 장막 틈새로 뭘 좀 봤는데요, 이건 내가 짐작했던 것과 거의 똑같네요. 내가 배운 거하고 아주 비슷해요." 대부분의 사람들은 대신 이렇게 말했다. "이거, 내가 상상해왔던 거와는 완전히 다르네요!"

재미있는 사실이 있다. 내게 배우는 학생 중에 많은 이들이 여러 해 동안 영성을 공부해 왔는데, 그들 대부분은 깨어남이 어떠하리라는 아주 자세한 생각을 이미 품고 있다는 것이다. 그런데 막상 일어나는 결과는 항상 그들의 기대와 달랐다. 대부분 그것은 훨씬 광대하고, 또한 훨씬 단순했다. 그것이 실제로 일어난 진정한 깨어남이라면 그것은 당연히 우리가 상상하는 바와는 다를 수밖에 없다. 그 까닭은, 우리는 꿈꾸는 것과도 같은 상태에서 깨달음을 상상하기 때문이다. 우리의 의식(consciousness)이 꿈속에 있는 채로, 그 꿈 바깥의 무언가를 상상한다는 것은 불가능한 일이다.

깨어남 이후에는 삶이 어떻게 바뀌는가

깨어남과 함께 삶을 인식하는 방식에도 전면적인 구조조정이 일어난다. 아니면 최소한 구조조정 과정이 개시된다. 그 까닭은 깨어남 자체가 아름답고도 놀라운 경험이긴 하지만, 거기에는 종종 길을 잃은 것과 같은 혼란의 느낌이 잇따르기 때문이다. 비록 '하나'로서의 당신은 깨어났지만, 거기에는 아직도 인간이라는 당신의 전체 구조, 즉 당신의 몸과 마음이라는 체계와 개성이 남아 있다. 이러한 인간이라는 구조체에게 깨어남은 몹시 혼란스럽게 경험될 수 있는 것이다.

그래서 내가 이야기하고자 하는 것은 바로 깨어남 '이후'에 일어나는 과정이다. 이미 말했다시피, 극히 적은 수의 사람에게만 완전한 깨우침의 순간이 허락된다. 이 경우는 어떤 의미에서 그것으로 마지막이어서, 연이어 계속되어야 할 변화과정이 전혀 필요치 않다. 그런 사람들은 아마도 카르마(業)의 무게가 지극히 가벼운 경우라 할 수 있을 것이다. 비록 깨어남에 도달하기까지 말 못할 고통을 겪었겠지만, 그들의 카르마나 다루어내야 할 삶의 조건들은 그리 깊지 않았을 것이다. 이런 경우는 매우 드물다. 어느 세대든지 단 몇 사람만이 더 이상 밟아야 할 변화과정이 필요 없는 수준의 깨어남을 얻는다.

나는 기회 있을 때마다 이야기한다. 자신이 바로 그런 사람이 아닐까 하는 기대는 말라고, 그보다는 차라리 나머지 사람들 쪽을 택하라고 말이다. 이 말의 뜻은, 처음 깨어남을 얻은 뒤엔 무언가 '수행 과정'을 밟아야 한다는 것이다. 깨어남이 여행의 끝은 아닌 것이다. 여기서 나의 의도는 여행을 시작하는 여러분에게 유용하고도 올바른 방향을 제시해보려는 것이다. 나의 은사는 이렇게 말하곤 했다. "그것은 이제 막 대문 안으로 발을 들여놓은 것과 같다. 대문 안으로 발을 들여 놓았다고 해서 등불이 절로 환하게 밝아지진 않는다. 이제 막 깨어난 낯선 세상 속으로 항해해 가는 법을 그새 다 배워 알아버렸다고 할 수는 없다."

이 책은 지금까지 내가 사람들에게 이야기해왔던 내용을 바탕으로 쓰인 것이다. 이 책을 통해 깨어남 이후에 일어나는 일에 대해 이야기 할 수 있게 되어서 매우 기쁘다. 사실 깨어남 이후의 삶에 관한 이야기가 알려지는 것은 그리 흔치 않은 일이다. 거의 모든 경우, 그것은 오로지 영적 가르침을 주는 스승과 제자 사이에서만 오가던 것이었다. 이러한 접근법의 문제점은, 많은 이들이 깨어남의 순간을 경험하고 있는데 이들을 위한 일관된 가르침을 찾아보기가 힘들다는 것이다. 그런 의미에서 이 책은 새로운 세계, 새로운 일체성(oneness)의 상태로 여러분을 맞아들이는 환영의 인사라고도 할 수 있다.

혹 독자 중 어떤 이는, '난 이런 깨어남을 잠시 맛본 적조차 없어. 내가 정말 깨어났다고는 생각지 않아'라고 여길 수도 있을 것이다. 또 어떤 이는 자신이 경험했던 것이 깨어남인지 아닌지가 확실치 않을 수도 있다. 당신이 지금 영적인 여행길의 어디에 있든지 간에, 이 글은 의미가 있다고 믿는다. 곧 밝혀지겠지만, 깨어남 뒤에 일어나는 일은 깨어남 이전의 일과도 연관되어 있기 때문이다.

사실상 영적 과정은 깨어남 이전이나 이후나 조금도 다르지 않다. 다만 깨어남 이후에는 그 과정이 좀 다른 관점에서 벌어진다는 것뿐이다. 그것은 하늘을 나는 새의 관점과 땅 위의 평면적 관점의 차이로 생각해볼 수도 있다. 깨어남 이전에는 우리는 자신이 누구인지를 모른다. 우리는 분리되고 고립된 개인으로서, 어떤 특정한 육신에 갇힌 채로 자신과 별개인 어떤 세상을 돌아다닌다고 생각한다. 그러다 드디어 깨어남을 경험한다. 여전히 우리는 같은 세상을 돌아다닌다. 하지만 우리는 이제 자신이 어떤 특정한 몸이나 인격에 한정된 존재가 아니며, 사실은 주변 세상과 분리되어 있는 것도 아니라는 것을 알고 있다.

이와 함께 유념해야 할 것이 있다. 깨어남의 순간을 가졌다는 것만으로 다시는 인식의 오류가 없는 상태가 되는 건 아니다. 자신 안의 특정한 고착상태(fixation)나 삶의 조건(conditioning)은, 우리가 일체성의 경지에서 모든 것을 바라보게 된 이후에도 남아서 어른거릴 것이다. 이제 깨어남 이후의 우리의 행로는 아직 남아 있는 고착상태나 장애물을 녹여가는 과정이라 말할 수 있다. 그 길은 깨어남을 향한 이전까지의 길, 즉 자기 내부의 온갖 망상과 의식이 오므라드는 경향성을 녹여나가는 행로와 크게 다르지 않다. 차이점이 있다면, 깨어남 이전에는 우리의 자아상이 온통 삶의 조건들에 에워싸여 있기 때문에, 개체성의 덩어리가 훨씬 더 무겁고 단단하게 느껴진다는 것이다. 반면 깨어남 이후에는, 우리의 심신체계가 나만의 개인적인 것이 아니라는 것을 알게 되고, 또 그것이 우리를 한정지을 수도 없다는 것을 알게 된다. 바로 이러한 앎, 이 살아 있는 진리가 우리를 묶고 있는 미망迷妄의 실타래를 훨씬 더 쉽게 풀어나가게 해주는 것이다.

우리의 영적인 행동방식은 깨어남 이전이나 이후나 거의 비슷하다. 단지 행동하는 관점이 다를 뿐이다. 깨어남 이전에는 나와 세계가 따로 나뉘어 있는 관점에서 행동하지만, 깨어남 이후에는 나뉨 없는 관점에서 행동하게 된다. 어쨌든, 우리가 실제로 벌이는 행동이나 접근법이나 행동의 과정 자체를 보면, 깨어남 이전이나 이후나 아주 비슷하다. 어찌 보면 같은 일이 단지 존재의 다른 차원에서 일어나고 있는 것이라고 해도 좋을 것이다. 앞으로 이어질 이야기는 거의 모두가 여러분이 처한 각각의 수준에 그대로 적용될 수 있다. 그것들을 여러분 각자의 경험에 맞게 번역하기만 하면 되는 것이다.

서슴없이 모든 것을 의심해보는 자세

나는 진리를 선언하는 식의 강의 따위는 하고 싶지 않다. 진리를 말로 옮기려는 것 자체가 어리석은 짓이기 때문이다. 깨어남 이전에는 흔히 그런 식의 접근법을 택하게 된다. 즉 진리란 무엇이다, 하고 개념화해놓고서는 그 개념을 믿어버리는 것이다. 나는 어떤 신학이나 철학이라기보다는 하나의 '전략'으로서 이야기를 전개하고자 한다. 즉 깨어남을 얻기 위한 전략과, 깨어남 이후에 도움이 될 전략을 제공하고자 하는 것이다.

내가 사용하는 모든 말은 하나의 포인터로 쓰이기 위한 것이다. 선가(禪家)에는 이런 말이 있다. "달을 가리키는 손가락을 달로 착각하지 말라." 이 말을 수백 번 들으면서도 우리는 여전히 같은 잘못을 거듭하고 있다. 앞으로 나는 많은 단어와 맥락과 비유를 동원하겠지만 여러분은 내가 이야기하는 모든 것이 결국은 깨우쳐 이해되어야만 하는 내용이라는 걸 잊지 마시길 바란다. 그 내용이 참된 것이 되려면 삶으로서 경험되어야 한다. 내 '이야기'는 결코 여러분 자신의 진면목을 알게 되는, 그 참되고도 직접적인 '경험'을 대신할 수가 없다. 여러분은 기꺼이 모든 것을 의심하고, 스스로 물을 필요가 있다. '내가 알고 있다고 여기는 이것을 나는 정말 알고 있는가, 아니면 그저 다른 사람의 신념이나 의견을 흉내 내고 있는 것인가? 실제로 내가 알고 있는 것은 무엇인가? 나는 무엇을 믿고 싶은가, 혹은 무엇을 상상하고 싶은가? 내가 확실히 알고 있는 것은 무엇인가?'

'내가 확실히 알고 있는 것은 무엇인가?'라는 이 한마디 의문은 엄청난 힘을 지니고 있다. 여러분이 이 의문을 깊숙이 들여다볼 때, 이 의문은 실제로 여러분의 세계를 파괴할 것이다. 또한 여러분의 모든 자아관념을 파괴할 것이다. 그것은 그렇게 작용하게 되어 있다. 지금까지 스스로에 대하여 알고 있다고 여기던 모든 것, 세계에 대하여 알고 있다고 여기던 모든 것이 가정과 신념과 견해에 근거한 것일 뿐임을 알게 된다. 그것들은 모두 여러분에게 진실이라 교육되고 길들여져서 스스로 믿어버리게 된 것들이다. 이러한 잘못된 인식을 꿰뚫고 그 실상을 깨달을 때까지 우리의 개체의식은 계속 꿈속에 갇혀 있을 것이다.

'이럴 수가, 내가 아는 것이라고는 거의 없군! — 나는 내가 누구인지 몰라. 나는 이 세계가 무엇인지 몰라. 나는 그것이 진실인지 아닌지도 몰라.' 우리가 스스로 이렇게 인정하게 될 때, 비로소 우리 안의 무언가가 열리게 된다. 우리가 미지 속으로, 그리고 미지의 속성인 불안 속으로 기꺼이 발을 들여 놓고서 도피나 안락을 구해 도망쳐 나오지 않을 때, 그리고 다가오는 불길한 느낌에 꿋꿋이 맞서서 머뭇거림이 없을 때, 마침내 우리는 자신의 진짜 얼굴을 만나게 될 것이다.

또한 '내가 확실히 알고 있는 것은 무엇인가?'라는 의문을 파고 들어가는 작업은 깨어남 이후 더없이 소중한 도구가 된다. 이 질문을 스스로 해가는 것은 여러 제약과 개념, 그뿐 아니라 무언가를 고착시키려는 경향성(이 모두는 깨어남 이후에도 계속 존재한다)이 녹아 없어지는 데 도움을 준다.

여러분이 영적 행로의 어디에 있든지 가장 중요한 것은 바로, 자신의 내면에서 서슴없이 일어서서 이 질문을 던지고 또한 자신이 발견한 것에 진지하게 열려 있으려는 자세이다. 그것이야말로, 완전한 깨어남과 깨어남 이후의 완전한 삶이 걸려 있는 분수령이다.

제2장

진정한 깨어남 – 뒤따라오는 혼란

깨어남에 관해 우리가 듣는 대부분의 이야기는 깨달음(enlightenment)*을 상품처럼 팔아 보려는 상술처럼 들린다. 상품의 구매를 권유받을 때 우리는 가장 좋은 측면의 말만 듣게 되고, 심지어는 실제로 있지도 않은 이야기까지 들어야 한다. 깨달음을 사라고 외치는 장사판에서 우리가 듣는 것이라고는, 이 깨달음이란 것이 온통 사랑과 황홀경과 자비와 합일 등 온갖 고상한 경험으로 가득하다는 이야기뿐이다. 거기에다 기상천외한 애깃거리들까지 더해지면, 깨어남이란 으레 기적이나 신비한 힘 같은 것과 깊이 연관되어 있다고 믿게 되어버린다. 그중에도 가장 흔한 상술은, 깨달음은 지복의 경험이라는 것이다. 그 결과 사람

---

* 이 책에서 '깨달음'은 깨어남의 경험에서 얻어지는 어떤 통찰(realization)을 의미하는 경우와, 저자가 말하는 '머무는 깨어남' 곧, 영구적으로 깨어 있게 되는 궁극적 상태(enlightenment)를 의미하는 경우가 있는데, 문맥을 살펴보면 구분이 어렵지 않을 것이다. 역주.

들은 '내가 영적으로 깨어나기만 하면, 신과의 합일을 이루기만 하면 영원한 황홀경 속으로 들어갈 수 있을 거야'라고 생각한다. 물론 이것은 깨어남이 무엇인지에 대해 매우 잘못 알고 있는 것이다.

깨어남에 따르는 지복상태가 있을 수는 있지만, 사실 그것은 깨어남의 부산물이지 깨어남 자체는 아니다. 그 부산물을 좇아다니는 동안에 우리는 진짜를 잃게 된다. 이것은 문제라고 할 수 있다. 영적 수행법들은 대개 깨어남의 부산물만을 재생할 뿐이지, 깨어남 자체를 선물하지는 않기 때문이다. 우리가 어떤 명상기법을 배울 때, 예를 들어 진언을 외운다든가 찬송을 부른다든가 하면 어떤 긍정적인 경험들이 솟아나온다. 사람의 의식은 엄청나게 유연해서, 영적수행이나 기법 또는 고행 따위에 참가하면 깨어남의 부산물(지복의 상태나 열림의 현상 등)을 많이 경험할 수 있다. 그렇지만 대부분은 깨어남의 부산물뿐, 정작 깨어남 그것은 얻지 못한 채 끝나고 만다.

깨어남이 무엇이 '아닌지를' 아는 것, 그것이 중요하다. 그럼으로써 더 이상 깨어남의 부산물만을 좇아다니지 않게 되는 것이다. 우리는 영적 수행을 통해 뭔가 긍정적인 감정상태를 얻어보려는 추구를 포기해야만 한다. 깨어남의 길은 어떤 긍정적인 감정상태에 관한 것이 아니다. 오히려 깨달음이란 전혀 쉽지도, 긍정적인 것이지도 않을 수 있다. 우리가 가진 망상을 부수기란 쉬운 일이 아니다. 오랫동안 지니고 온 인식을 놓아 보내기가 그리 쉬운 것이 아니다. 오히려 큰 고통을 주고 있는 그 망상들을 직시하는 것에조차 엄청난 저항을 느낄 수도 있다.

이것이 바로 우리가 깨어남의 원정길을 떠날 때, 지금 자신이 무엇을 향해 자신을 던지고 있는지를 모르고 있는 부분이다. 가르치는 사람으로서 내가 학생들에 대해 비교적 일찍이 알게 된 사항은, 그들이 과연 진정한 실재에 관심이 있는가, 즉 이들이 정말 진리를 원하고 있는가, 아니면 사실은 그저 기분 좋은 정도를 바라는 것뿐인가 하는 것이었다. 진리를 발견하는 과정은 갈수록 점점 더 기분 좋아지는 그런 것이 아닐 수도 있다. 그 과정은 자신의 일들을 정직하게 진지하게 있는 그대로 직시해야 하는 것일 수도 있다. 그리고 그것은 쉽게 해낼 수도 있고, 그렇지 못할 수도 있다.

실재에서 실재로 이어져 들려오는 진실한 목소리, 깨어남으로 손짓하는 진실된 그 목소리는 우리 안의 깊숙한 곳에서 울려나온다. 그 소리는 좋은 기분보다는 진리를 더 염원하는 바로 그곳에서 나온다. 만약 우리의 목표라는 것이 그저 당장의 좋은 기분을 원할 뿐이라 한다면, 우리는 계속하여 자신을 속이고 있는 것이다. 지금 이 순간의 멋진 기분을 원하는 그 생각이 바로, 우리가 스스로를 속이는 방식이기 때문이다. 어떻게 보면 망상이라는 것이 우리를 기분 좋게 만드는 것 같기도 하다. 우리는 이런저런 기분에 집착해서는 안 된다. 누구나 더 나은 기분을 원한다. 그건 인간의 경험적인 본능이기도 하다. 즉 우리는 쾌감은 되도록 많이, 고통은 되도록 적게 요구하도록 '배선되어' 있다. 하지만 우리 안에는 더욱더 깊은 충동이 있다. 나는 그것을 '깨어나고자 하는 충동'이라 말하고 싶다.

자기 스스로를 속이고 있는 온갖 방식들을 직시할 수 있는 용기를 주는 것이 바로 이 깨어나고자 하는 충동이다. 또한 그것은 우리 스스로의 삶에 대한 책임을 우리 자신이 지지 않으면 안 된다고 말하는 충동이다. 깨달은 스승의 옷자락에 매달리는 것으로 깨달음에 이르게 되지는 않는다. 그러려다가는 장님이 되기 십상이다. 더 이상 스스로의 힘으로 생각하려 하지도 않게 된다. 일을 스스로 살펴보려 들지 않게 된다. 우리가 눈을 감은 채로 남이 시키는 대로 하게 되면, 또는 오랜 역사가 있다거나 숭배 대상이라는 이유만으로 어떤 계명을 맹목적으로 따르게 되면 우리는 결국 자신이 구하고 있는 그것, 곧 깜깜한 무지無知에 종착하고 만다.

깨어남 혹은 깨달음에 관한 또 다른 커다란 오해는, 그것을 뭔가 신비적인 경험이라고 생각하는 것이다. 천지자연과 하나가 된다거나 바다 속으로 녹아든다거나, 또는 신과 합일된다거나 하는 경험을 기대할 수도 있다. 이것은 올바른 것이 아니다. 또한 깨어남이란 것이 무슨 엄청난 통찰, 예를 들어 온 우주의 이치를 깨달았다든가, 또는 '실재'의 내부 메커니즘을 통찰했다든가 하는 것을 뜻하지도 않는다.

이런 예를 들자면 한이 없다. 하지만 우리가 알아야 할 사실은, 영적 깨어남이란 신비적인 경험을 하는 것과는 사뭇 거리가 멀다는 것이다. 신비 경험은 물론 아름답다. 여러모로 그것은 '내가' 향유할 수 있는 가장 깊은, 그리고 가장 즐거운 경험이다. 이 '나'는 항상 무언가와 하나가 되기를 추구한다. 사람들이 몰두하는 많은 영적 수련법들은 실제로 무엇과 하나로 녹아든다든지, 신을 본다든지, 의식이 시공간을 넘어 확대되는 느낌을 갖는다든지 하는 다양한 신비적 경험을 얻게끔 고안되어 있다. 그러나 다시 말하지만 이런 신비의 경험은 깨어남과는 다르다.

　물론 이 신비 경험들이 아무런 가치가 없다는 것은 아니다. 또한 그 경험이 무엇을 변화시키는 힘이 없다는 말도 아니다. 실제로 그것이 이런저런 변화를 가져오는 경우도 흔하다. 많은 경우 신비 경험은 매우 긍정적인 측면에서 에고적인 자아의 구조를 극적으로 바꿔놓을 수 있다. 그러니 물질적인 상대세계에서 신비 경험은 가치가 있다. 그러나 우리가 영적인 깨어남에 관해서 이야기할 때, 그것은 '나'의 경험에 대해서가 아니라, 이 '나'라고 하는 것으로부터 깨어나는 것에 대해 이야기하는 것이다. 하나의 패러다임으로부터 완전히 다른 어떤 패러다임으로, 하나의 세계로부터 다른 하나의 세계로 이동하는 것에 대해서 이야기하고 있는 것이다.

　깨어 있는 사람은 여러분이 보는 것과 다른 세상을 본다는 뜻이 아니다. 여러분이 이 의자를 보는 것과 똑같이, 깨어 있는 사람도 의자를 본다. 여러분이 자동차를 볼 때, 깨어 있는 그 사람도 역시 같은 자동차를 본다. 차이점이라면, 완전히 깨어나 있는 사람은, 즉 이원성의 베일 저편에 건너가 있는 사람은, 나머지 사람들에게는 서로 다르게 보이거나 유별나게 보이는 물건들이 근본적으로 똑같이 인식된다는 점이다. 의자를 보지만, 동시에 자신을 의자와 별개의 무엇으로 여기지 않는다. 우리가 보는 것, 느끼는 것, 듣는 것 하나하나가 모두 말 그대로 동일한 것의 한 현현顯現인 것이다.

진정한 깨어남의 징표는
구함(seeking)이 끝나는 것

진실되고 확실한 깨어남을 경험하면 우리가 누구이며 무엇인지가 분명해진다. 그에 대해서는 더 이상 의문의 여지가 없게 된다. 그건 이제 끝난 얘기다. 진정한 깨어남의 징표는 구하는 행위가 종식되는 것이다. 즉 여러분은 더 이상 밀고 당기고 하려는 흥을 느끼지 않는다. '구하는 자'는 그 나름으로 하나의 가상현실로서 기능하였을 뿐, 또 그렇게 사라져 간다. 어떤 의미에서, 구하는 자는 그 할 일을 다 마친 것이다. 그는 의식, 혹은 '영'으로 하여금 꿈속 상태와의 동일시로부터 빠져나오는 데 필요한 힘을 주었고, 본래의 존재상태로 돌아가도록 도와준 셈이다.

만약 그 깨어남이 머무는 형태의 깨어남이라면, '구하는 자'와 '구함'은 모두 완전히 녹아 없어질 것이다. 반면에 그 깨어남이 스쳐가는 깨어남이라면, 구하는 자와 구함은 녹아내리고 있는 도중이라서 아직 완전히 녹아 없어지지는 않았을 것이다. 그 어느 쪽이든지 간에, 구하는 자가 녹아 없어진다는 사실 그 자체가 사람의 삶을 변화시킬 수 있다. 영적인 행로를 걷는 이들은 온통 구도자(구하는 자)라는 자아상의 탈을 덮어쓴 채 살아왔을 것이다. 삶이란 문자 그대로 '영적 추구'로, '신, 합일상태, 깨달음을 향한 열망'으로 정의되었을 것이다.

그러다 별안간에 깨어남이 일어난다. 구하는 자와, 구함과, 영적 갈구에서 생겨나 쌓아올려진 모든 에고의 구조물들이 갑자기 사라져 없어진다. 우리의 자아상은 그저 있는 그대로 — 별 의미 없고 쓸모없는 것으로 — 바라보이게 되면서 떨어져 나간다.

깨어남의 밀월여행

구하는 자가 떨어져 나간다는 것은 커다란 안도의 경험이다. 나는 이것을 '깨어남의 밀월여행'이라 부르고 싶다. 구하는 자, 그리고 구함이 떨어져 나가는 것은, 최소한 내게는, 마치 엄청난 무게의 짐이 어깨로부터 벗겨져 나가는 듯한 느낌이었다. 그것은 분명한 육체적 느낌이었다. 문자 그대로 어떤 쇳덩어리가, 지금껏 그걸 짐 진 채 다녔다는 것조차 까맣게 모르고 있다가, 그대로 떨어져 나간 것만 같았다.

이것은 사람들이 깨어나면서 겪게 되는 공통된 경험이다. 의식이 분리의 꿈으로부터 깨어나는 순간에, 크나큰 안도감이 생겨난다. 사람들이 울거나 웃기 시작하고, 또 여러 가지 감정을 격렬하게 표출하게 되는 것도 이 때문이다. 그들은 마침내 꿈꾸는 상태 밖으로 빠져나오게 되었다는 사실에 안도하는 것이다. 나는 가끔 이 순간을 '첫 키스'라고도 표현한다. 깨어남은 어쩌면 최초의 영적 입맞춤, '실상(reality)'을 처음으로 대면하여 경험하는 진짜 입맞춤, 혹은 자신이 누구이며 무엇인지, 드디어 그 진짜 모습을 알게 되는, 진실의 피로연과도 같은 것이다.

이 밀월여행은 하루 정도 지속되기도 하고 일주일, 6개월 혹은 몇 년을 끌 수도 있다. 그 기간은 사람마다 차이가 있다. 밀월여행 기간을 특징짓는 것은 바로 완전한 '흐름'이라는 것이다. 여러분의 존재, 여러분의 경험 안에는 어떠한 저항도 없다. 모든 것이 그저 흐르고 있다. 삶은 하나의 흐름이며, 모든 것이 자기 의지를 가지고 생겨나는 것만 같다. 모든 것이 절로 '되어가고' 있고, 분리된 존재로서의 '나'가 '하는' 것은 아무것도 없다는 것을 경험적으로 알게 된다.

가장 깊은 의미에서 이 밀월여행은 완전한, 절대무저항의 경험이다. 이 무저항 안에서 삶은 놀랍고도 아름답게, 그리고 거의 마술에 홀린 듯이 흘러간다. 어떤 일이 일어날 필요가 있을 때, 정말 그 일이 일어난다. 실제로 무엇을 결정하지도 않았는데 제때에 결정이 내려진다. 모든 것이 투명하고 명료하다는 느낌으로 있다. 그것은, 망상이나 삶의 조건이나 자기모순 따위에 전혀 물들지 않은 '영靈'의 경험이다. 이 흐름은 찰나의 경험일 수도 있고, 혹은 더 길게 지속될 수도 있다. 어떤 이들은 이 밀월의 힘에 휩쓸려 한동안 아무 일도 못하게 되기도 하고, 지복 상태 속에서 일주일, 한 달 혹은 몇 년을 보내기도 한다.

옛날에는 이런 경험을 하게 된 사람들은 자신을 이해해줄 수 있는 수도원 등 안전한 곳을 찾아갔다. 그리고 쾌적하고 조촐한 방에 안내되어, 홀로 그 과정을 거칠 수 있었다. 그들은 자신에게 알맞은 장소를 제공받아 주변 사람들의 이해를 받고 정상인 대접을 받으며 깨어남을 경험할 수 있는 행운을 누렸던 것이다.

오늘날의 사회에서는 이러한 깨어남을 경험하는 사람들이 수도원 같은 데서 지내는 경우는 거의 없다. 우리는 우호적이라고 할 만한 환경에 놓여 있지 않다. 실제로 우리 사회에서는, 일요일에 어떤 놀라운 깨달음을 얻었다 하더라도 월요일이 되면 아침 일찍 사무실로 출근해야만 한다. 지복상태 속에서 '정신이 나가' 있다면 이보다 정신없는 일이 또 있겠는가! 하지만 이것이 우리가 지금 처해 있는 상황이다. 대부분의 현대인들은 몇 달이고 동굴 안에 앉아서 모든 일이 저절로 풀릴 때까지 세월을 보내는 호사를 누리지 못한다. 우리가 사는 세상형편이 이러하니, 어떤 이들에게는 힘든 도전이 될 수도 있는 것이다.

깨어남 이후에 흔히 겪는 혼란

깨어남의 밀월여행이 하루가 되든 한 해가 되든 간에, 어느 시점에서 주위를 둘러보면 모든 것이 많이 달라져 있음을 깨닫게 된다. 삶에서 우리에게 기준이 되어주던 것들이 이제는 사라지고 없다. 우리가 붙들고 살던 신념, 우리 스스로를 정의해오던 신념이 이제는 텅 비어 있는 것임이, 아무런 내용이 없는 것임이 드러난다. 우리가 품어왔던 에고의 동기가 대부분 사라져버린 까닭에 매우 큰 혼란을 느낄 수도 있다. 이전까지 삶 속에서 자신을 움직여왔던 거의 모든 것이 자기본위였음을 비로소 깨닫게 되는 것은 오로지 이 특별한 기간뿐이다. 이렇게 말하는 것은 꿈속과 같은 상태를 부정적으로 보거나 비판하는 게 아니다. 다만 우리가 꿈 같은 상태에 있을 때는 삶을 뚫고 나아가게 하는 추진력이 매우 자기중심적이라는 뜻이다. 그때 우리의 행동 동기는 '내가 원하는 것은 무엇인가?' 그리고 '내가 원치 않는 것은 무엇인가?'

하는 것으로부터 뒷받침된다. 우리는 끊임없이 묻고 있다. '나는 무엇을 이룰 수 있을까? 누가 나를 사랑해줄까? 얼마나 기쁨을 얻을 수 있을까? 얼마나 행복을 얻을 수 있을까? 불행을 얼마나 피할 수 있을까? 내게 맞는 직장을 얻을 수 있을까? 사랑하는 사람을 제대로 찾아낼 수 있을까? … 나는 깨닫게 될까?' 이것은 모두가 에고 상태의 의식으로부터 힘을 얻고 있는 자기중심의 동기들이다.

물론 이것은 나쁜 것도, 옳지 못한 것도 아니다. 이것은 그 나름대로의 신념일 뿐이다. 꿈과 같은 상태는 분리를 느끼는 상태이다. 우리는 우리가 분리된 어떤 '것'이거나 분리된 어떤 존재라 생각한다. 분리된 존재는 언제나 무언가를 만나고자 찾아 헤맨다. 사랑이나 남의 인정, 성공, 돈, 그리고 깨달음까지. 그러나 진정한 깨어남과 함께, 이 모든 분리 구조는 발아래서 녹아내리기 시작한다.

그런데 거기에는 아직도 '인간'이 남아 있다. 우리는 한 모금 연기처럼 사라지는 것이 아니다. 우리의 개성 역시 고스란히 남아 있다. 예수는 개성을 지니고 있었다. 부처도 개성이 있었다. 지구상을 걷고 있는 자는 모두가 개성을 지니고 있다. 갓난아이도 엄마의 뱃속에서 태어나면서부터 개성을 지닌다. 우리가 저마다 다른 개성을 지니고 있다는 사실은 존재가 지니는 아름다움의 하나다. 개와 고양이, 새들, 나무들까지도 각기 다른 개성을 지니고 있다. 우리가 아무리 깊숙이 '보았고' 또 대단한 변화가 일어났다 하더라도 기본적인 개성이라는 구조물은 아직 그대로 남아 있다.

단지 차이점이 있다면, 분리의 베일 너머를 한 번 보고 나면 자신을 특정한 개성을 지닌 인격과 '동일시'하는 그것이 드디어 녹아내리기 시작한다는 것이다. 우리의 개성, 즉 모든 낡은 기준과 원칙, 자기본위의 충동들을 먹여 살리던 것들이 사라져버렸거나 사라져가고 있는 것이다.

개인적인 이야기지만, 스물다섯 살 때 나는 처음으로 흘깃 그 베일 너머를 보게 되었다. 그것은 스쳐 지나가는 깨어남이었고, 영구적인 깨어남이 아니었다. 그럼에도 깨달음의 어떤 조각은 결코 나를 떠나지 않았다. 내면의 어딘가에서 나는 모든 것이 하나임을, 나는 영원하며 태어나지도 죽지도 않으며 누구의 창조물도 아님을 늘 알고 있었다. 또한 나는 나의 본래 성품이 개성이라는 구조물 속에도, 내가 깃들어 있는 몸속에도 한정되거나 구속되지 않음을 이해하고 있었다. 다소 급작스러운 방식으로, 내가 지금껏 알고 지내던 세상과, 내가 당연시해오던 자아가 녹아내리고 있었다. 이전까지 나의 삶을 채우고 있던 그 숱한 행동동기들을 떠나보낸 채 이곳저곳 걸어 다닌다는 것은 정말 야릇한 기분이었다. 아직 어느 정도의 자기중심적 동기와 에고 중심의 에너지가 남아 있기는 했으나 그와 동시에, 에고의 차원에서, 그리고 에고에서 비롯된 근본적 에너지의 차원에서 엄청난 양의 녹아내림이 있었다. 나는 걸어 다니면서 스스로에게 말하고 있었다. "이걸 내가 왜 해야 하지? 그걸 해야만 하는 이유가 뭐야? 이제 이런 건 더 이상 하고 싶지 않아." 얼마 전까지만 해도 내가 그렇게도 좋아하던 일들이 이젠 그리 흥미롭지 않았다. 내가 그 일을 저항했거나 역겨워했다는 게 아니다. 이전까지 이런저런 추구로 나를 끌고 다니던 자기중심적 에너지가 그만 사라져버렸다는 뜻이다.

　이런 일은 드문 일이 아니다. 사람들이 내게 와서 종종 이렇게 말한다. "이럴 수가 있을까요? 예전엔 하고 싶은 일이 그리도 많았는데… 예전엔 내게도 취미생활이란 게 있었는데… 예전엔 저녁 파티에도 곧잘 나갔었는데… 예전엔 연날리기에 푹 빠졌었는데…" 혹은 달리기에, 혹은 그때까지 사랑해 마지않던 그 무엇에든 말이다. 그런 이야기를 들을 때마다 나는 말해준다. 그런 흥밋거리들은 차츰 줄어들게 되어 있다고, 특히 그 흥미가 분리의 에너지로부터 뒷받침되어 나온 것일 때는 더욱 그렇게 된다고. 그런 것들은 모두가 에고로부터 나오는 분리의 표현으로서, 어느 사이엔가 '그 좋았던 것들이 다 어디 갔지?' 할 정도로 변해버리는 것이다.

　우리가 어떤 영적인 수행을 하고 있다면 우리의 희망사항은 에고가 녹아 없어지는 것이다. 우리는 에고 상태의 고통을 너무나 잘 알고 있고, 그 고통에서 영원히 놓여나기를 희망한다. 하지만 깨어남 자체가 곧 에고의 용해와 동일한 것은 아니다. 에고가 녹아 없어지든 그렇지 않든, '깨어날' 수는 있다. 사실은 매우 강력한, 때로는 파괴적인 에고까지도 깨어날 수가 있다. 다만 깨어남은 하나의 '과정'을 가동시킨다. 그리고 깨어남이 가져오는 최후의 결과는 에고의 급격한 용해이다.

　에고가 이 과정에 순순히 협조할 거라는 이야기는 아니다. 에고는 온갖 수단을 다하여 이 용해의 과정에 저항할 것이다. 그러나 과정은 이미 시작된 것이다. 궁극적으로, '실재'를 잠시라도 일별했다면 때가 이르러 에고가 용해되는 것은 막을 수가 없다.

용해가 일어날 때는 아주 혼란스러울 수 있다. 깨어남 자체도 역시 아주 혼란스러울 수 있다. 여러분이 정말이라 여겨왔던 모든 것들이, 알고 보니 사실이 아닌 것이다. 자기 자신이라 여겨왔던 이 사람이, 알고 보니 자기가 아닌 것이다. 바로 그 점이 더없는 행복이기도 하고 엄청난 안도이기도 하면서도, 바로 그것 때문에 당혹스럽게 느껴질 수가 있다. '이제 난 어떤 사람이 될까? 무엇이 나를 움직이게 될까? 무엇이 이 인간을 움직이게끔 자극하게 될까?'

그가 완전히 깨어 있는 상태라면, 이런 의문은 생기지 않는다. 그러나 처음엔 그런 경우가 드물다. 대부분의 사람들에게는 깨어남 이후에 더 밟아가야 할 변화과정이 남겨져 있다. 그래서 그들에게 이런저런 의문이 일어나는 것이다. 이 의문에 대해 마땅한 대답은 없다. 어떤 대답이 주어지든 간에 에고에게는 그 대답이 곧바로 또 하나의 목표가 되어버릴 것이기 때문이다. 그나마 나은 해결책이라 한다면, 이런 의문투성이의 혼란 역시 변화과정의 일부이거니, 하고 이해하는 것이다. 하긴 혼란스러워지는 것도 당연하다. 모든 게 새롭기 때문이다. 자기 자신이 새로우며, 인식이 새로우며, 이젠 모든 것, 모든 사람에 대한 인식이 바뀌었기 때문이다.

혼란이 일어나는 것은 우리의 마음이 새로운 흐름 속에서 방향을 잡으려고 기를 쓰고 있기 때문이다. 그것은 마치 비행기에서 떨어지는 것과도 같다. 그냥 떨어지는 대로 내버려둔다면 아무런 문제가 없다. 하지만 위치를 잡아보려고 허공을 움켜쥐려 할 때, 여러분은 몹시 혼란스러워진다. 어디가 위인지 아래인지 모른 채로 허둥대기만 할 테니까.

그러니 깨어난 관점 속에 혼란 상태가 처음부터 내재되어 있는 건 아니다. 혼란은 마음이 옳은 방향을 찾으려는 데서부터 일어난다. 깨어난 관점에 이르는 하나의 열쇠라면, 거기에는 어떤 옳은 방향도 없다는 것이다. '실재'는 어떤 옳은 방향도 필요로 하지 않는다. 만약 옳은 방향이 있다면 그것은 깊은 안도감이 느껴지는 쪽, 또 모든 것을 그대로 용인하는 쪽일 것이다. 말 그대로, 우리는 방향을 찾고자 하는 노력을 그만둠으로써 방향을 찾게 되는 것이다. 즉 온전히 '내려놓음(letting go)'으로써 방향을 찾게 된다.

내려놓음에는 거쳐야 할 단계가 있어서, 삶을 움직여줄 새로운 에너지가 곧바로 솟아나는 것은 아니다. 그러나 이 새로운 에너지는 분명히 존재하며, 또 끊임없이 우리를 관통하여 흐르고 있다. 새로운 에너지란 바로 '나뉨 없음'의 에너지다. 이것은 일체의 왜곡이 없이 존재의 근원으로부터 곧바로 솟아나오는 에너지이다. 그러나 에고의 동력이 용해된 이후에 우리의 의식 속에서 새 에너지가 솟아나오기까지는 시간적인 간격이 있다. 그래서 깨어남 뒤에는 어떤 새로운 에너지가 우리를 이끌고 갈지, 한동안 갈피를 못 잡는 기간을 겪게 될 수도 있는 것이다.

여기서도 중요한 것은, 에고의 용해 과정이 저절로 일어날 수 있도록 그저 모든 것을 허용하는 것이다. 대부분의 사람들에게는 이 용해과정이 몇 년 동안이나 계속된다. 나의 경우에는 6년이라는 긴 시간이 흐르고 난 뒤에야 더욱 깊은 깨달음(realization) 내지 깨어남이 일어났다. 이전의 경험과 근본적으로 다르지는 않았지만, 분명한 것은 나중의 경험이 처음 것보다 훨씬 명료하고, 심오하며, 더 완전했다는 것이다. 더 깊은 깨달음이 일어나기 위해서 6년이라는 기간 동안의 에고의 용해가 필요했고, 세월이 지나고 나서야 비로소 그걸 알 수 있었다. 그러니 나도 대부분의 사람들과 다르지 않다. 최초의 깨어남이 스쳐 지나간 뒤, 우리는 실재에 대한 더욱 명료하고 훨씬 더 심오한 인식으로 이끌어가는 변화의 과정을 겪게 되는 것이다.

제3장

"찾았어, 그런데 잃어버렸어"

스쳐 지나가는 깨어남으로부터 머무는 깨어남으로 건너가는 여정을 설명할 때 내가 잘 사용하는 비유가 있다. 그것은 로켓의 비유이다. 로켓이 하늘을 날아올라 마침내 우주로 나아가려 할 때는, 대지를 박차고 떠오른 다음 중력장을 뚫고 가기 위해 엄청난 양의 추진력과 에너지를 필요로 한다.

만약 충분한 연료가 들어 있고 또 지구로부터 충분히 멀리 떨어져 나왔다면 로켓은 지구의 중력장을 벗어날 수 있을 것이다. 로켓이 지구의 중력장을 벗어나면, 지구는 더 이상 로켓을 아래로 끌어내릴 힘을 미치지 못한다.

하나의 비유로서, 우리는 에고라는 구조물 혹은 여기서 '꿈속 상태'라 부르는 것을 지구라고 생각해볼 수 있다. 이 꿈속 상태는 중력을 지니고 있다. 그것은 의식을 자기 쪽으로 끌어당기는 성질이 있다. 바로 이 중력이야말로 영적 여정의 온 기간 동안 모두가 씨름을 벌이고 있는 대상인 것이다. 깨어남이란 이 중력을 깨고 벗어나는 것이다. 처음에는 그것이 그저 꿈속 상태를 떠나는 것, 즉 '나'라는, 분리라는, 고립이라는 꿈속 상태로부터 깨어나는 것일 뿐인 경우가 많다. 그러나 깨어났다는 것이 곧 의식이 꿈속 상태의 중력을 이겨냈음을 뜻하는 것은 아니다. 이 중력장을 완전히 벗어나버리지 못하는 한 우리는 다시 '나'라고 하는 이 경험, 따로 분리되어 있다는 인식 속으로 끌려 들어와버릴 것이다.

이것은 이른바 '찾았어, 그런데 잃어버렸어'라 부르는 현상을 일으킨다. 사람들은 진리에 대한 놀라운 깨달음을 얻었다고 말한다. 그리고는 다음날, 다음주, 다음 달 혹은 다음 해에, 그만 그걸 잃어버렸다고 느낀다. 그건 마치 로켓이 땅을 떠나 대기 속으로 수 마일을 솟구치다가, 그만 연료가 바닥나서 다시 지구로 끌려 내려오는 것과도 같다.

로켓의 비유를 든 것은 깨어남의 과정을 생각해보기 위한 하나의 방편이다. 깨어남의 순간, 즉 꿈속 상태로부터 '실재'로 옮겨가는 순간은 어떤 일정한 과정이 아니다. 그것은 언제나 저절로 일어난다. 하지만 에고의 용해에는 시간이 소요된다. 깨어남의 순간은 찰나이지만 그 이후에는 전개되어가는 어떤 과정이 있다. ― 꿈속 상태의 중력 너머로 건너뛰는 과정 말이다.

"난 깨어났어, 그런데…"

사람들이 내게 와서 말한다. "아디야, 난 깨어났어요, 그런데…." 그들이 "그런데"라고 말하는 순간 나는 곧 이들이 지금은 깨어 있지 않음을 알아차린다. 그들은 이원성의 감옥을 뚫고 나와 실상을 일별하는 순간을 가졌지만 아직 머무는 깨어남을 경험하지는 못한 것이다. 바로 지금 그들은 깨어 있지 않다.

깨어남과 관련해서 가장 중요한 것은 바로 여기, 그리고 바로 지금이다. 어제 일어난 일은 오늘 일어나고 있는 일과는 별 상관이 없다. 문제는 '내가 깨어나는 경험을 했는가?' 하는 것이 아니다. 문제는 '그 깨어남이 바로 여기, 바로 지금 깨어 있는가?' 하는 것이다.

어떤 이가 내게로 와서 "아디야, 나는 깨어나는 경험을 했어요"라고 말한다면 내가 그에게서 제일 먼저 확인하고 싶은 것은, 그의 '마음'이 그 깨어남을 제멋대로 접수해버렸는지의 여부다. 왜냐하면 만약 그가 깨어남을 경험한 '나'를 에고로서, 개인적인 '나'로서 이야기하는 거라면, 그것은 단지 또 하나의 환상일 수밖에 없기 때문이다. 만약 그것이 진정한 깨어남이라면 우리는 그 깨어난 주체는 '내가' 아니라는 것을 알게 된다. 깨어 있음(awakeness)이 '나로부터' 잠깨어 일어난 것이다. '영'이 에고와의 동일시로부터 잠깨어 일어난 것이다.

에고는 깨어나지 않는다. '나'는 깨어나지 않는다. 우리는 에고가 아니다. 우리는 개인적인 '나'가 아니다. 우리는 에고와 개인적인 '나'로부터 깨어나 있는 존재다. 우리는 '세상'으로부터 깨어 있는 존재이다. 또한 진정한 관점에서 볼 때는, 우리가 바로 온 세상이다.

그래서 가르치는 사람으로서 나는 첫째로, 누군가가 에고의 입장에서 깨어남을 주장하고 있지는 않은지를 살핀다. 그 사람은 정말로 개인인 '내가' 깨어났다고 믿고 있는가? 물론 우리는 일상 언어 가운데서 '내가', '나를' 등의 용어를 자주 쓴다. 이런 말을 쓴다고 해도 전혀 문제될 것은 없다. 그러나 교사의 입장에서 우선 분명히 해두고 싶은 것은, 또 우리 모두가 자기 안에서 분명히 해야 한다고 생각하는 것은 바로, 깨어난 쪽은 '내가' 아니라는 것이다. 깨어 있음(awakeness)이 '나로부터' 잠깨어 일어난 것이다.

혹은 내가 가끔 쓰는 표현이지만, 깨닫는 것은 깨달음(enlightenment)이다. 깨닫는 쪽은 '내'가 아니다. 깨닫는 쪽은 이 '사람'이 아니다. 깨닫는 쪽은 '깨달음'이다. 이 말은 직접 체험해보기 전에는 이해하기 어려울지도 모른다. 비단 이 경우뿐 아니라 모든 이치가 다 같다. 모든 것은 스스로가, 자기 안에서 실증되어야 하는 것이다.

"찾았어, 그런데 잃어버렸어" 하는 이 현상은 두말할 것도 없이 우리의 진정한 본성과 상상 속의 나 사이의 싸움이다. 그것은 우리의 의식이 아직 에고의 꿈속 상태의 중력장을 벗어나 있지 못하다는 의미이다. 그래서 우리는 자신의 본성과 상상 속의 나 사이에서 끊임없이 이리저리 흔들리는 것이다.

이것은 어떤 면에서는 매우 당혹스럽고, 어쩌면 제정신이 아닌 것처럼 느껴질 수도 있다. 우리는 한 번 깊은 실상을 보았으나 이제 다시금 꿈속 상태로 되돌아와 있는 것이다. 물론 자신의 어디에선가는 그 깊은 실상을 잊지 않고 있다. 우리의 일부는 에고라는 틀이 실체가 아니라는 것을 알고 있다. 또한 우리의 마음이 믿는 것이 무엇이든, 해석이 만들어내는 것이 무엇이든 간에 그것들은 말 그대로 몸과 마음속의 한바탕 꿈에 지나지 않음도 알고 있다. 그러나 꿈속 상태의 중력은 여전히 강력한 힘을 발휘할 수 있다. 비록 존재의 진실을 알고 있다 하더라도, 우리는 여전히 에고를 믿고 있을 수 있다. 생각이란 게 아무런 가치가 없으며 절대적으로 거짓이란 것을 알면서도 그것을 믿고 있는 자신을 발견할 수도 있다.

깨어나기 전까지만 해도 우리는 어떤 생각을 믿거나 믿지 않거나, 둘 중 하나였다. 그게 우리가 할 줄 알던 것의 전부였다. 이거 아니면 저거였던 것이다. 하지만 깨어남이 잠시 스쳐 지나간 후에는 모든 게 사뭇 달라 보일 수 있다. 한 생각을 믿을 수도 있고, 그와 동시에 그걸 믿지 않을 수도 있다. 나뉨 없는 관점과 상반된 어떤 행동을 저지를 수도 있다. 그것은 마치, 우리가 이해할 수 없는 어떤 내적인 힘에 사로잡혀서 진실이 아니라는 것을 뻔히 아는 행동을 어쩔 수 없이 하게 된 처지와도 같다.

이런 식의 경험은 예가 얼마든지 있다. 여러분이 이러한 현상을 겪게 될 때 내가 해줄 수 있는 말이 있다면, 그것은 그런 일이 아주 흔하다는 것뿐이다. 그렇다고 그것이 아무렇지도 않다는 뜻은 아니며, 오히려 어쩌면 이전보다 훨씬 나빠진 것 같은 느낌이 들기가 일쑤다. 어떻게 하나의 생각을 믿으면서 동시에 그 생각을 믿지 않을 수가 있단 말인가? 누군가와 대화하는 가운데 에고의 관점에서 말해대고 또 그렇게 하는 자신을 빤히 보면서도 어떻게 버젓이 그 짓을 계속할 수가 있단 말인가? 매우 당황스러운 일이 아닐 수 없다.

이쯤 되면, 대부분 사람들은 무언가 문제가 생긴 걸로 짐작하게 된다. "뭔지는 모르지만 한참 잘못된 것 같아." 여기서 알아야 할 중요한 사실은, 잘못된 건 아무것도 없다는 것이다. 이것은 깨어남의 다음 단계일 뿐이다. 다음 장이 열리고 있는 것이다. 이미 말했듯이 최초의 깨어남이 곧장 지속적인 깨어남으로 굳어지는 경우는 드물다. 그런 일도 없지는 않지만 대부분의 경우, 그런 순간은 잠깐일 뿐이고 깨달음은 이내 흔들린다.

깨달음이 흔들린다면 그건 진정한 깨어남이 아니라고 주장하는 교사들도 있다. 나는 그렇게 생각지 않으며, 그 이유는 이미 말한 바 있다. 우리가 진리를 보았다면 진리를 본 것이다. 진리를 2초 동안 보았든, 아니면 2천 년 동안 보았든 그 진리는 똑같은 것이다.

깨어날수록 위험은 커진다

깨어남이 흔들리는 바로 이 단계에서 당신은 어떻게 해야 할까? 깨어남의 상태는 마치 누군가가 아무렇게나 눌러보는 조명 스위치처럼 켜졌다 꺼졌다 하는데, 당신은 그것을 통제할 힘이 없다. 여러분이 처한 상황이 마치 그와 같다면 어떻게 할 것인가?

우선 여러분은 여기에 아무런 잘못도 없다는 것과, 이런 일은 그저 자신의 행로의 다음 여정일 뿐임을 이해하기 바란다. 만일 여러분이 이 경험으로부터 도망친다면, 뒷걸음질을 쳐서 앞서의 깨어난 상태를 다시 찾아 헤매는 식으로 이 딜레마를 해결해보려 한다면, 그것은 여정의 이 부분을 피해서 돌아나가려고 하는 것과 같다. 여기에 아무런 문제가 없다는 것을 깨닫기만 하면, 비록 어느 정도의 혼란과 고통이 있더라도 큰 상관이 없다. 깨어남 이후에도 흔들린다는 건 물론 고통스러운 일이다. 어떤 행동이 진실이 아님을 알면서 그렇게 행동한다는 건, 우리가 그 사실을 인식하는 한 더더욱 고통스러운 일이다. 물론 우리가 진실되지 못한 쪽으로 행동하던 적도 있었다. 하지만 그땐 뭐가 뭔지를 몰랐었다. 그때 우리는 완전히 꿈속 상태에서 헤매고 있었던 것이다. 마치 "저 사람들을 용서하소서, 저들은 스스로가 하는 일을 모르고 있나이다" 하던 예수의 기도와도 같이, 꿈속 상태에 있을 때 우리는 자신이 무슨 짓을 하고 있는지도 몰랐다. 우리는 뿌리 깊이 프로그램된 바대로 행동하고 있었던 것이다. 그러나 일단 사물의 진정한 본성을 깨달으면, '영'이 우리 안에서 눈을 뜨게 되면, 우리는 문득 지금 자신이 무슨 짓을 하고 있는지를 알게 된다. 지금 자신이 움직이고 말하고 생각하는 것이 진실에서 비롯된 것인지, 그렇지 않은지를 훨씬 예민해진 감각으로 느끼게 된다. 자신이 알고 있는 바에 거슬러서 거짓으로 행동하게 되면, 우리는 그 거짓을 인식하지 못했을 때보다 훨씬 더 고통스러움을 느낀다. 진실이 아님을 알면서도 누군가에게 하는 말은, 그와 똑같은 말을 스스로가 옳다고 믿으면서 할 때보다도 훨씬 더 고통스런 내적 갈등을 불러올 것이다.

그러니 깨어남과 함께 위험은 커진다. 더 깊이 깨어날수록 더욱 위험해지는 것이다. 나는 한때 불교사원에 머물렀던 적이 있다. 그곳의 원장은 아름다운 여성이었는데, 설법 가운데 그녀는 깨어남의 과정을 사다리를 오르는 것에 비유하였다. 한 계단 한 계단 오를 적마다 우리는 아래쪽을 내려다보는 경향이 점점 줄어들게 된다. 위로 올라갈수록 진실이 아닌 행동, 진실이 아닌 말을 점점 하지 않게 된다. 그리고 옳지 않은 행위의 '열매'가 점점 커지는 걸 스스로 인식하게 된다. 더 깊이 깨어날수록 그 열매는 더욱 커진다. 마침내는 그 열매가 엄청나게 커져버려서, 진실과 부합되지 않는 행위는 아무리 사소한 것이라 하더라도 더 이상 견딜 수가 없게 되어버린다.

이런 차원의 책임과 우리가 그저 상상해보는 깨어남의 상태와는 거리가 있다. 우리는 흔히 깨어남을 속박의 감옥에서 자유로이 벗어나는 무슨 허가증 같은 것으로 생각한다. 깨어남이라는 영적 자유에 대한 우리의 관념은 처음엔 아무래도 유아적인 면이 있다. 우리는 자유를 개인적인 것으로 여긴다. 무언가 말할 수 없이 좋고 홀가분한 느낌 정도로 여기는 것이다. 하지만 자유란 그보다 훨씬 큰 무엇이다. 그것은 개인적인 것이 아니다. 그것은 우리의 소유물일 수도 없다.

의식이 밝아질수록 행위의 결과가 눈에 점점 더 밝게 들어오게 된다. 모든 행위에는 결과가 따른다. 자신이 아는 진실과 부합되지 않는 행동을 할수록 그 결과는 점점 더 심각해진다. 사실 이것은 참으로 멋진 원리이다.

나는 이것을 '맹렬한 은총'이라고 부른다. 이것은 부드러운 은총이 아니다. 나를 고양시키는 아름답기만 한 어떤 은총이 아니다. 하지만 이 역시 은총임에 틀림이 없다. 진실이 아닌 행동을 할 때는 스스로에게 고통을 초래할 뿐임을 우리는 알게 된다. 이 앎이 곧 은총인 것이다.

'실재'는 언제나 스스로 진실하다. 여러분이 이 실재와 조화를 이룰 때 여러분은 지복을 경험한다. 실재와의 조화를 잃으면 그 즉시 고통을 경험한다. 이것은 우주의 법칙이다. 본디 그리되도록 짜여 있는 것이다. 누구도 이 법칙에서 벗어날 수 없다. 나에게 이 앎은 은총이다. 실재는 한결같다. 실재와 다투거나 실재를 거스르면 어김없이 고통이 뒤따른다. 스스로를 고통스럽게 하고 다른 사람을 고통스럽게 하며 모든 존재 사이에 싸움을 퍼뜨린다.

그러나 이 맹렬함이 또한 그대로 아름다운 것이다. 그것은 우리 자신의 진정한 본성 안에 더욱 깊숙이 들어서도록 도와준다. 우리는 자신의 진정한 본성에서 벗어난 어떠한 행동도 자신에게 파괴적일 뿐만 아니라, 그에 못지 않게 세상과 주위의 모든 이들에게도 파괴적이라는 사실을 마침내 깨닫게 된다. 또한 이것을 더 깊이 이해할수록 우리는 바른 길을 벗어날 때마다 스스로를 추스를 수 있게 된다.

삶의 조건이 부리는 힘

그렇다면 깨어남은 왜 흔들리는가? 대부분의 경우 그것은 우리가 얽매여 있는 '삶의 조건(conditioning)'과 관련이 있다. 우리 안에는 너무나 단단히 조건화條件化된 영역이 존재하고 있어서, 적어도 처음에는 깨어남마저도 그곳을 뚫고 나갈 수가 없다. 우리는 아직 온전히 자유로워지지 않은 것이다.

이 삶의 조건을 다른 말로 하면 '카르마karma'이다. 카르마는 동양에서 온 말로, 난해한 뜻풀이를 다 생략하고 한마디로 말하자면 '인과因果'를 뜻한다. 그것은 삶의 경험으로부터 우리가 받아들인 조건, 그리고 우리의 과거 경험에 비추어 좋아함과 싫어함이 이미 정해진 것들을 말한다.

삶의 조건은 대체로 우리의 가계나, 우리가 살아온 생이나, 우리가 끌려 들어온 상황이나, 나날의 삶에서 얻은 경험으로부터 생겨난다. 부모와 사회가 자신들의 관점, 신념, 도덕 그리고 규범을 우리의 몸과 마음속에 심어주어 조건화시킨다. 이렇게 해서 우리는 어떤 것은 좋아하고 어떤 것은 싫어하게 되며, 어떤 상황은 원하고 어떤 상황은 원치 않게 되며, 명성이나 부나 돈 혹은 영성을, 아니면 사랑을 좇아 다니게끔 조건지어지는 것이다.

이 모든 것이 삶의 조건에 포함된다. 이것은 어쩌면 컴퓨터 프로그램과 비슷한 데가 있다. 여러분에게 컴퓨터가 한 대 있고, 거기에 어떤 프로그램을 입력한다고 치자. 지금 여러분은 컴퓨터가 이렇게 저렇게 작동하도록 '조건화'시키고 있는 셈이다. 이것은 우리 인간의 삶의 조건과 그야말로 똑같은 것이다. 삶의 여러 가지 상황과 성장과정, 그 밖의 모든 요소를 통하여 우리 인간은 이런저런 식으로 행동하도록 조건화되고 프로그램된다.

만약 여러분이 어떤 사람을 잘 알게 되면, 그래서 그 사람과 절친한 친구 사이나 연인 혹은 부부가 되면 그에 따라 여러분은 그 사람의 삶의 조건을 알아가게 된다. 그럼으로써 여러분은 주어진 상황에서 그가 어떻게 반응할지를 아주 정확하게 예측할 수 있게 되는 것이다. 그가 무엇을 원할 것인지, 무엇을 원하지 않을 것인지, 무엇을 회피할지, 무엇을 좇아갈지 등등. 서로의 삶의 조건을 알고 나면 상대방의 행동을 예측하기가 매우 쉬워진다.

대부분의 사람들은 자신의 모든 자아관념을 삶의 조건으로부터 구해다 쓰고 있다. 그들은 자기가 누구인지에 대하여 그야말로 조건화되고, 귀로 듣고, 또 배운다. 내가 착한 사람인지 나쁜 사람인지 쓸모 있는 사람인지 쓸모없는 사람인지 사랑스런 사람인지 그렇지 않은 사람인지 등등, 이 모든 것이 바로 조건화이며, 이것들이 거짓된 자아관념을 만들어내고 있다.

그리하여 우리는 특정한 방식으로 세상을 바라보도록 조건화된다. 우리는 이러저러한 시각을 통하여 세상을 바라보도록 교육받는다. 어떤 이는 세상이 멋진 곳이라 생각하고, 어떤 이는 세상이 험한 곳이라 생각한다. 어떤 이는 자유분방한 성향을 지니는가 하면 어떤 이는 보수적이다. 이 모두가 심신에 각인된 삶의 조건이며, 이 모든 것이 인생과 자기 자신을 이분법적으로 바라보는 관점을 형성하게 한다. 내가 삶의 조건을 거론할 때 의미하는 것도 바로 이 '이원성'이다.

진정한 깨어남의 순간에, '영' 또는 의식은 이 삶의 조건으로부터 자유로워진다. 우리의 의식은, 마치 꿈에서 깨어 일어나는 것처럼 자신의 조건화된 상태로부터 갑자기 깨어난다. 지금까지 조건화되어 있던 가짜 자아로부터 깨어나는 그 순간에서야, 우리는 삶의 조건이 짓누르고 있던 엄청난 무게를 실감하게 된다.

깨어남의 순간과 그 이후의 한참 동안은, 이러한 삶의 조건에 얽매인 상태가 다시 찾아오거나 문제를 일으키리라는 느낌 따위는 추호도 들지 않는다. 이것은 깨어난 상태를 보여주는 징표 중의 하나다. 다시는 조건화된 자아를 나 자신으로 보게 되지 않으리라는 어떤 느낌이 있다. 이제 또다시 분리된 상태로 되돌아가는 일 따위는 상상도 할 수 없어 보인다. 모든 게 끝났다는 결정적인 느낌이 이 깨어 있는 상태 안에 자리 잡고 있다.

그럼에도 불구하고 깨어남을 경험한 사람들 대부분이, 어느 시점이 되면 자신의 삶의 조건이 다시금 고개를 쳐드는 것을 목격한다. 물론 깨어남은 삶의 조건들의 상당 부분을 밖으로 '쓸어내어' 버리지만, 과연 얼마나 많은 양을 쓸어내 버리느냐는 사람마다 차이가 있다. 어떤 사람에게는 자기가 지닌 삶의 조건의 10퍼센트가 사라질 수도 있고, 어떤 사람에게는 90퍼센트가 사라질 수도 있다. 또 그 사이가 될 수도 있다. 깨어남이 왜 어떤 사람의 삶의 조건에는 이만큼 작용하고, 다른 사람에겐 저만큼 작용하는지는 말하기가 쉽지 않다. 이것에 대해 이런저런 추론으로 형이상학적 토론을 벌일 수도 있으나, 궁극적으로 '왜?'는 중요하지 않다. 어느 쪽이든 간에 결론은 같다. 즉 우리 각각의 존재가 타고나는 카르마는 똑같지가 않다는 것이다. 각자가 서로 다른 카르마의 짐을 짊어지고 살아가기 때문에, 자신의 카르마를 남과 비교하여 무거우니 가벼우니 불평하는 것은 무익한 일이다. 카르마는 카르마일 뿐이다. 카르마의 무게가 얼마인가 하는 문제는 우리가 깨어날 수 있는가 없는가 하는 것과는 실제로 별 상관이 없다. 그것은 단지 깨어남의 순간 뒤에 일어나는 일과 관련될 뿐이다.

올바른 물음

깨어남이 흔들릴 때 사람들은 이렇게 묻는다. "어떻게 하면 깨어난 상태에 계속 머물 수 있을까요?" 이것은 잘못된 질문이다. 영적 차원에서는 올바른 질문이 중요해진다. 깨어난 상태에 머무를 수 있는 방법을 궁금해하는 것이야 당연히 그럴만한 일이지만, 어쨌든 이 질문은 '꿈꾸는 상태'로부터 나온 것이다. '영'은 결코 '어떻게 하면 자신 안에 머물 수 있을까?'라고 묻지 않는다. 그건 엉뚱한 질문이다. 진정한 본성의 자리에서 볼 때 그것은 아무런 의미가 없는 말이다. 그보다 나은 질문은 '사람은 어떻게 해서 미혹되는가?'일 것이다. 무엇이 아직 사라지지 않고 걸려 있는가? 무엇이 아직도 혼란스러운가? 삶에서 어떤 상황이 여러분으로 하여금 진실이 아닌 것을 진실이라 믿게 만들고, 또한 모순과 고통과 분리를 끌어들이고 있는가? 의식을 꿈속 상태의 중력장으로 유인하는 힘을 발휘하고 있는 이것은 정확히 무엇인가? 그러니 '어떻게 하면 계속 깨어 있을 수 있을까?' 하고 묻는 대신, 다음과 같이 묻는 것이 좋을 것이다. '나는 어떻게 나 스스로를 미혹되게

하고 있는 걸까? 나는 정확히 어떻게 하여 나 스스로를 환영 속으로 밀어넣고 있는 걸까?'

그 대답은 한두 가지가 아니다. 사람들은 여러 가지 이유로 해서 꿈속 상태의 중력장으로 끌려들어간다. 예를 들어, 여전히 작용하고 있는 무의식 속의 가정들과 신념의 패턴, 깨어남의 폭발적인 위력에도 용케 살아남아 다시 꿈틀거리는 무의식 속의 갈등, 그리고 다양한 형태의 삶의 조건 따위를 들 수 있을 것이다.

이 과정은 바야흐로 여러분이 자기 자신과의 올바른 관계를 찾아가는 단계이며, 또 자기를 분리의 환영 속으로 빠져들게 만드는 것이 무엇인지를 깊숙이 살펴보는 단계이다. 여러분은 자신을 꿈속으로 후퇴시키고 있는 구체적인 경로와 생각 그리고 신념이 무엇 무엇인지를 낱낱이 찾아내기 위해 나서야 한다.

그런데 깨어남 이후에 전개되는 이 과정은 반드시 고상한 영적 수행 같은 것만은 아니다. 인간세상을 뒤덮고 있는 무수한 삶의 조건은 좌충우돌하는 우리 존재의 한가운데서 그 모습을 드러낸다. 우리는 수많은 상황과 사람들과 연루되어 있으며, 사랑하는 이성과 친구와 아이들, 그 밖의 온갖 것들과 관계를 맺으며 살아간다. 그건 어쩌면 자갈투성이의 인생길을 영혼의 타이어에 의지하여 달리는 것과도 같다. 여기서 필요한 것은 삶이 여러분에게 부딪쳐오게끔 기꺼이 허용하는 일이다. 그것은 나에게 부딪쳐오는 삶을 스스로 바라보는 것이며, 자신이 어떤 식으로든 분리를 지어내고 있지는 않은지, 분별심에 빠져들지는 않는지, 누구를 비난하게 되지는 않는지, 무얼 '해야 한다'거나 '해선

안 된다'고 고집하지는 않는지, 자신이 아닌 다른 누구 쪽으로 손가락을 돌리고 있진 않은지를 바라보게끔 기꺼이 허용하는 것이다.

또한 이 과정은 우리에게 고통을 불러들이고 있는 자, 온갖 허상과 분리를 실재인 줄 알게끔 만드는 자, 그리고 이런 무지막지한 힘을 휘두를 수 있는 유일무이한 존재가 바로 다름 아닌 우리 자신이라는 사실을 몸소 실감하게 되는 때이기도 하다. 외부세계의 어떤 것도 깨어난 상태의 느낌을 빼앗아갈 수 없다. 우리가 만나게 되는 어느 누구도, 우리가 싸우고 있는 어떤 상황도 우리를 깨어남 밖으로 밀어낼 수 없다.

이것이야말로 우리가 이룰 수 있는 가장 중요한 깨달음 중의 하나다. 그것은 모두가 내면에서 일어나는 일이다. 그것은 모두가 우리가 우리 자신에게 저지르는 일이다. 잘못 알아서든지, 몰라서든지, 또 흔히는 무의식적으로든지 말이다.

그러므로 만일 우리가 진정으로 깨어난다면 깨어나기 전과 그 후의 차이점은, 남아 있는 인과의 조건이 나 개인과는 거의 관련이 없게 된다는 점이다. 깨어나기 전에는 우리가 짊어진 삶의 조건은 오로지 자기만의 개인적인 것이었다. 삶의 조건이 우리를 한정짓고 있었다. 우리는 삶의 조건으로부터, 거짓자아로부터, 신념과 견해와 욕망과 나머지 모든 것으로부터 우리의 자아관념을 획득해왔던 것이다. 깨어나기 전의 우리는 꿈속 상태라는 그물에 갇힌 신세였다. 꿈속 상태가 우리를 한정짓고 있었다. 그러나 깨어남이 일어난 뒤에는, 만약 그것이 진짜이고 진정한 것이라면, 비록 그 이후까지도 온갖 망상이 끈질기게 이어지더라도 그 망상은 나만의 개인적인 일이 될 수도 없고 그것이 나를 한정지을 수도 없음을 깨닫게 된다.

이것은 우리에게 매우 이로운 일이다. 망상에 의해 자아관념이 정의되지 않으면 문제를 다룰 때 일이 훨씬 수월해진다. 또한 이런저런 이유로 해서 놀랄 일도 크게 줄 것이다. 깨어난 상태에서 카르마가 나만의 개인적인 것이 아님을 인식하게 되면 — 그것이 어떤 자아나 몸이나 개인과도 무관한 것임을 깨닫게 되면 — 상황은 훨씬 쉬워질 거라는 말이다. 그때 우리는 우리가 경험하고 있는 것이 헛된 환영일 뿐임을, 우리가 잘못 이해한 결과일 뿐임을 이해하게 된다.

그것은 마치 여러분이 자동차로 고속도로를 질주하다가 갑자기 두 발을 가속 페달에서 떼어버리는 것과도 같다. 발을 떼는 그 순간은 깨어남을 비유한다. "그래 맞아, 이 차가 나를 정의할 수는 없어. 내가 이 차에 타고 있다는 사실 역시도 나를 정의할 순 없어. 가속 페달을 밟는 내 발이 나를 정의하지는 못해. 이 차가 향하는 목적지도 나를 정의하진 않아. 차가 통과하는 주변 환경도 나를 정의할 수 없어. 이중에 그 무엇도, 내가 누군지 또 무엇인지와는 아무런 상관이 없어!" 깨어남은 바로 이 사실을 드러내준다.

깨어나면 우리는 더 이상 '분리'라는 허깨비에게 먹이를 던져주지 않게 된다. 더 이상 거기에 에너지를 들이붓지 않는 것이다. 하지만 다시는 가속 페달을 밟지 않더라도 자동차는 아직 동력, 곧 카르마의 힘을 가지고 있다. 발을 떼자마자 차가 그 즉시 멈춰 서버리는 경우란 거의 없다. 동력이 소실되면서 속도가 느려지는 데는 상당한 시간이 걸린다.

게다가 남아 있는 동력에다가 도리어 에너지를 보태주는 경우도 있다. 우리가 자동차에 다시 훌쩍 올라타서 가속 페달을 밟게 되는 때가 언제인지를 잘 살펴 찾아보아야 한다. 우리가 자신을 삶의 조건이나 카르마와 동일시하게 될 때, 우리가 한 생각을 사실로 믿어버리게 될 때, 그럴 때마다 우리는 꿈속 상태에다 에너지를 보태주는 것이고, 가속 페달을 다시 밟는 셈이다.

그래서 깨어남 이후의 과정은 가속 페달을 밟지 않는 법을 배우는 것과, 무엇이 가속 페달을 다시 밟게끔 만드는지를 알아내는 것이 포함된다. 그런 일은 나만의 개인적인 경험이 아닐 수도 있다. 동일시로 되돌아가는 일이 저절로 일어날 수도 있다. 그런 일이 하필 누구에게만 일어나는 것도 아니고 또 어느 한 사람의 잘못이 아닐 수도 있다. 그렇다 치더라도 우리는 여전히 그것이 어떻게 일어나는지만은 밝혀둘 필요가 있다.

이런 점에서 볼 때, 삶은 그 자체로서 우리의 가장 큰 우군이다. 아까 말했듯이 삶은 영적 타이어로 길을 달리는 것과도 같다. 삶은 우리에게 어느 지점이 막혀 있는지를 보여준다. 삶 속에서 다른 사람과 섞여 살아가다 보면 자신이 어디서 힘들어하게 되는지를 분명히 깨닫게 된다. 정말로 진실하다면 우리는 이전에 깨어남을 경험했던 자신의 기억 속으로 숨으려 하진 않을 것이다. '영원불변의 깨달음' 속의 어딘가로 숨으려 하지도 않을 것이다. 우리는 숨어 있는 곳으로부터 걸어 나올 것이다. 우리는 그 무엇에도 매달리지 않을 것이다.

어떤 때는 깨어난 것처럼 보이다가도 바로 다음 순간은 잠꼬대하는 것처럼 보인다 해도 지극히 자연스러운 일이다. 지난주, 지난달 또는 지난해에 얻었던 어떤 깨달음을 잃어버렸다고 느낀다면 그 또한 자연스러운 일이다. 가장 중요한 것은 그것이 '자연스러운' 현상임을 아는 일이다. 그 어떤 것도 잘못된 게 아니다. 이제 모든 것이 더 깊은 차원을 향해 가고 있는 것뿐이다. 또한 우리의 모든 심신체계가 더 깊은 차원에서 말끔히 정돈되어가고 있는 것이다. 우리는 이제 스스로를 더 분명한 빛 속에서 볼 수 있으며, 분리 속으로 돌아가려는 스스로의 타성을 더욱더 생생히 볼 수 있게 되었다. 여러분은 이전까지 알지 못했던 것을 지금 보고 있다. 무슨 일이 일어나는지를 진정으로 이해하지 못한 채 여러분은 그것들에 끌려다녔다. 그러나 이제는 지금까지 무엇을 몰랐던가를 알아차리게 되었다. 이렇듯 모든 것이 더욱더 분명해져 가는 것이야말로, 깨어남 뒤에 일어나는 변화과정 중의 큰 부분이라 할 수 있다.

삶을 회피하는 수단으로서 절대성에 집착함

이 과정을 자아개발 프로그램 같은 것으로 오해하면 안 된다. 이것은 어떤 완벽한 존재가 되고자 하는 과정이 아니다. 이것은 자기 자신 안에서 무엇이 분리를 자아내고 있는가를 깨달아가는 과정이다. 깨어남이나 깨달음이란 완전해지거나 숭고해지거나 성자처럼 변하는 것과는 아무런 상관이 없는 일이다. 진정으로 숭고한 것이란 아무런 분리도 없는 '전체성'의 관점으로부터 인식하는 것이다. 내면에서 우리를 갈라놓고 있는 그것이 바로 치유가 필요한 부분이다. 깨어남이 스쳐 지나간 뒤에는 무엇이 필요할까? 그것은 바로 철저한 정직성이다. 아울러 우리가 스스로를 어떻게 미혹에 빠뜨리고 있는지, 자신을 어떻게 꿈속 상태의 중력장으로 다시 끌고 들어가는지, 우리 자신을 어떻게 분리시키는지를 기꺼이 직시하고자 하는 태도이다.

영적 교사의 입장에서, 사람들을 정직으로 이끌거나 권유한다는 것은 꽤나 어려운 일이다. 우리의 에고는 내면의 분리 상태를 숨기기 위해 깨달음을 핑계로 삼으려는 강한 습성이 있다. 예를 들어, 우리가 어떻게 스스로를 미혹하게 하는가를 인식하는 것에 대해 이야기하면 이런 식으로 반박하는 사람도 있다. "하지만, 그렇게 할 '사람'이 없는 걸요! 여기엔 개인이라는 게 존재하지 않아요. 에고라는 것도 '사람'이라는 것도 어차피 환영이기 때문에, 내면을 직시한다든지 할 '누구'라는 게 없단 말씀입니다." 아닌 게 아니라 깨어남의 관점에서 볼 때는, 모든 것이 완전히 엉망진창이 되더라도 아무런 문제가 없다. 깨어남의 관점에서는 어떠한 문제도 없기 때문에, 그러므로 굳이 해야만 할 어떤 일도 없는 셈이다.

"무언가 할 일이 남아 있는 것처럼 보인다면 아직도 미망 속에 있는 겁니다." 이런 상태에 들어앉아 있는 학생을 붙잡아서 절대차원에 묶인 관점만을 고수하는 편집증상을 멈추게 한다는 건 매우 힘드는 일이다. 깨어남에 종종 수반하는 위험 중 하나가, 어느 한쪽으로 치우친 견해에 집착하는 경향성이다. 우리는 깨어남의 절대적 관점을 붙들고 늘어져서 다른 모든 것을 부정하게 된다. 이런 식으로 절대에 집착하고 있는 것은 결국 에고이다. 이 에고가 우리의 미혹된 행동이나 사고방식이나 이중감정 등을 감추기 위한 핑계로서 절대의 차원을 이용하고 있는 것이다. 한 관점만을 고집하면 곧바로 다른 모든 것에 장님이 되어 버린다.

　이 영적 여행의 고비에서 중요한 것은 자신에게 기꺼이, 전적으로 정직해지려는 진지한 결단이다. 말할 것도 없이 절대적인 관점은 존재한다. 근원의 관점에서는 아무런 문제도 없다는 것은 사실이다. 분리된 자아란 본래 없다는 것도 사실이다. 무엇을 행할 '사람'이 존재하지 않는다는 것 또한 사실이다. 그러나 내가 지금 하는 이야기는 에고를 향한 것이 아니다. 나는 에고를 향하여 무엇을 해야 한다거나 무엇을 할 필요가 없다고 이야기하고 있지 않다. 분리된 자아의 차원을 향하여 이야기하고 있지 않다. 내가 이야기하는 쪽은 실재 그 자체를 향해서이다. '영'이 '영'에게 이야기하고 있는 것이다. 실재가 실재에게 이야기하고 있는 것이다.

　지금 나의 이 말 역시 어느 누구에게 이야기하거나 어느 누구를 가르치려는 것이 아니다. 내가 말하고자 하는 바는 우리가 깨어남과 함께 갖게 되는 인식 안에 이미 다 있다. 깨어나 있는 것은 언제나 깨어나지 않은 것 쪽으로 움직이는 법이다. 깨어난 것은 깨어나지 않은 것에 대하여 어떤 두려움도 없다. 왜냐하면, 깨어난 것은 어떠한 것에 대해서도 자신과 분리되었다거나 자신과 다르다고 인식하지 않기 때문이다. 깨어난 존재는 망상이나 꿈속 상태까지도 자신과 분리되었다거나 자신과는 다르다고 인식하지 않는다. 깨어난 존재는 모든 것을 자기 자신으로 보고, 자기와 똑같이 동등한 존재로 본다.

그러나 그와 동시에 만약 우리가 정직하다면, 우리 존재의 진리 안에는 모든 제약을 녹여버리고 꿈속 상태로부터 우리 자신을 해방시키려 하는 어떤 본래적인 움직임이 있음을 감지할 수가 있을 것이다. 더 적절한 표현이 생각나지 않아서 아쉽지만, 존재 안에는 증오나 무지, 탐욕, 그리고 모든 의미의 구속으로부터 해방되고자 하는 욕망이 존재하고 있다. 우리 존재 속에 거하는 진리는 자기 내부의 오해나 집착이나 망상으로부터 스스로를 해방시킬 때까지 결코 만족할 줄을 모른다.

그런 해방이 일어나도록 하려면 우리는 한 인간으로서 스스로에게 정직하기로 마음먹어야만 한다. 자신이 본 것을 부인하지 않을 뿐 아니라 바로 지금, 바로 여기에서 무엇이 일어나고 있는지를 보아야만 한다. 우리는 바로 볼 필요가 있다. 우리는 이렇게 물어야 한다.

'내 안의 무엇이 아직도 분리로 빠져들 수 있는가?

내 안의 무엇이 아직도 증오와 무지와 탐욕 속으로 빠져들 수 있는가?

내 안의 무엇이 스스로 쪼개어져 나뉘고 고립되어 깊은 슬픔을 느끼게끔 만드는가?

내 안의 어느 구석이 깨어나 있지 못한가?'

우리는 이 부분을 바로 보아야 한다. 왜냐하면, 우리 내면의 깨어난 존재는 사랑으로 가득 차 있기 때문이다. 나뉨 없는 무조건적인 사랑, 그것이 존재의 천성이다. 깨어나지 못한 부분에게서 멀어지기는커녕,

오히려 그에 가까이 다가간다. 내면의 깨어난 존재는 우리의 사고방식이나 행동 속의 모순을 멀리하지도 않는다. 고착상태나 고통으로부터 도망가지도 않는다. 오히려 정반대다. 그것은 그쪽으로 더 가까이 다가간다.

이것이 바로 수많은 깨달은 존재들이 고통받는 이들과 진리를 인식하지 못하는 이들을 돕는 까닭이다. 깨달은 존재는, '모든 것이 좋다, 어떤 일도 괜찮다'고 여기는 이요, 그 어떤 것, 어떤 사람도 바꾸어야 할 필요를 느끼지 않는 이다. 진정으로 깨달은 이는 다른 이들의 행복을 위하여 일생을 바치는 경우가 많다.

그들은 왜 그렇게 할까? 만약 모든 것이 지금 있는 그대로 완벽하다면, 만약 어떤 것도 변할 필요가 없다면, 만약 모든 것이 지금 있는 그대로 성스럽고 신성한 거라면, 만약 모든 것이 (지금 괜찮지 않은데도 여전히) '괜찮다면', 왜 깨달은 존재는 굳이 자신의 일생을 다른 이들의 행복을 위해 바치는 것일까? 그 의미는 무엇일까? 글쎄, 의미라는 게 없을 수도 있다. 절대적 관점만이 유일한 올바른 관점이라면, 그들은 그렇게 하지 않을 것이다.

내 생각은 이렇다. 더할 나위 없이 깊은 깨달음을 얻었던 수많은 사람들이 타인을 위하여 일생을 바쳤던 것은, 그들이 이른바 '절대'라는 기준에 집착하지 않았기 때문이다. 완벽과 절대의 관점을 부인하지 않으면서도, 그들은 좀더 넓은 시야로 열려 있었다. 그들은 '실재' 그 자체가 품고 있는 사랑에 눈이 열려 있는 것이다.

'실재'는 자신의 모든 것을 자신에게로 일깨우는 과정에 있다. 우리가 만약 절대적 관점에 고착되어 있다면, 또 만약 절대라는 잣대를 핑계로 하여 우리 자신의 인간적인 면으로부터 숨으려 한다면, 이 대목을 이해하기가 매우 어려워진다. 우리가 가진 인간적인 면 역시 똑같이 신성하다. 우리의 인간성은 진리와 실재의 힘에 의지하여 승화되기를 희구하고 있다.

완전한 깨어남의 과정은 그야말로 전적인 진실함을 요구한다. 이것은 치료적인 접근법과는 전혀 다르다. 우리가 자신을 파고드는 목적은, 행복해지기 위해서 모든 것을 뜯어고치려는 게 아니다. 그런 것은 우리가 아직도 꿈속에 있다면 꿈속 상태에서나 통하는 방법일 뿐이고, 나는 좀 다른 쪽을 말하고 싶다. 즉 우리의 목적은 자신의 모든 것을 스스로에게 일깨우는, 실재의 내재적인 본성을 인식하는 것이다. 바로 그것이 실재가 하고 있는 작업이다. 여러분 자신과 모든 사람들의 내면에서, 실재는 자신의 모든 부분을 자신에게로 깨워 일으키기 위해 움직이고 있다. 우리의 인간적 구조 속에 들어 있던 모든 부분들은 이 과정 속에서 껍질을 벗고 드러나게 된다.

우리는 삶의 모든 면에서 몸을 숨기고 있던 곳으로부터 완전히 걸어나와야만 할 것이다. 가끔 사람들은 이렇게 묻는다. "그런데 그 말이 무슨 뜻입니까? 도대체 내가 뭘 해야 한다는 거죠?" 나의 대답은 이렇다.

무엇이라도 간단한 것부터 시작할 것.

다만 더 이상 회피하지 말 것.

자신의 내부에 아직 풀리지 않은 문제가 있다면 그쪽을 향해 갈 것.

그 문제를 직면할 것.

똑바로 응시할 것.

다른 길로 비켜가지 말 것.

자기 안에서 아직 깨어나 있지 못한 부분을 외면하는 수단으로 과거의 깨어남을 악용하지 말 것.

직면하기 시작하라. 꿰뚫어보라. 기꺼이 여러분 자신을 직시하려는 순수한 태도와 순수한 진실성 안에서, 진실은 스스로를 자신에게 드러내기 시작할 것이다. 이것은 특정한 기법이 중시되는 노력의 과정이 아니다. 기법이 있다면 그건 단지 진실함(sincerity) 한 가지뿐이다. 즉 진정으로 진리를 염원해야 한다는 뜻이다. 어쩌면, 진리를 경험하고자 하는 것보다도 더 절실하게 진리 그 자체를 원하여야 한다. 이 진실함은 우리가 지니는 태도 같은 게 아니다. 그것은 실재 자체 안에 이미 갖추어져 있는 것이다.

어떤 사람들에게는 이같이 지극한 진실성이 드러나게 하기가 힘들 수도 있다. 한때 사물의 본성을 일별하는 놀라운 순간을 경험했는데, 다시금 이원성의 중력장으로 끌려 들어와서 몸과 마음이 여전히 심한 갈등을 일으키는 꼴을 본다는 것은 적잖이 놀라운 일일 수도 있는 것이다. 이것은 비단 내면에서 갈등을 겪는 본인만이 아니라 그 주변사람들에게도 매우 놀라운 일이다. 한때 대단히 지혜로웠던 사람이 어느 순간 형편없는 미망 속으로 굴러떨어지다니, 그것은 결코 당사자에게만 혼란스러운 일이 아니다. 주변의 모든 사람도 혼란스럽게 한다.

사실은 가끔씩 이런 일들이 깨어남이라는 것의 본질 자체를 의심하게끔 만들기도 한다. 엄청난 깨어남의 경험을 갖고서도 여전히 어리석은 짓을 저지르다니, 그런 식이라면 깨어남 따위가 무슨 소용이란 말인가? 이런 의문이 드는 것도 일리는 있다. 하지만 그런 식으로 결론짓는 것은 깨어남의 과정을 완전히 이해하지 못하고 있기 때문이다. 삶의 진정한 본질을 깊숙이 꿰뚫어 보았더라도 인간적 차원의 여러 영역에서는 여전히 온갖 갈등과 미망 속을 헤맬 수도 있는 것이다. 이제 우리에게는 그런 경험을 더 이상 부끄러워하지 않고, 깨어 있지 못한, 그리고 하나가 되지 못한 어떤 영역이든 똑바로 직시할 수 있는 진실성이 필요하다. 자기 안에서 분리를 느낄 때, 우리는 그것을 똑바로 직면해야만 한다.

제4장

삼사라를 거쳐 열반에 이른다

깨어남의 순간을 경험한 후에도 다시는 '생각'이라는 환영에 사로잡히지 않을 수만 있다면 멋진 일일 것이다. 하지만 말했듯이, 그런 일은 흔하지 않다. 우리는 우리의 본성에 대해 깊은 깨달음을 얻을 수도 있다. 아울러 마음이라는 것이 한낱 꿈에 지나지 않으며 지금껏 자기라고 여겨오던 이 '나' 또한 꿈일 뿐임을 똑바로 보게 될 수도 있다. 하지만 그렇다고 해서 다시는 생각이라는 것에 현혹되지 않는다는 것은 아니다. 어떤 생각은 계속하여 일어난다. 그 생각을 나는 '찍찍이(접착천)' 생각이라 부른다. 여기서 '찍찍이' 생각이란, 우리를 고착상태에 빠트리는 상황이 벌어질 때마다 자동적으로 일어나는 생각이다. 이 생각은 거의 즉각적으로 우리의 사고방식과 한 덩어리가 되어버린다. 그것은 수치감이나 왜소함을 느끼게 하는 분별심일 수도 있고, 분노나 비난을 일으키는 생각일 수도 있다.

이렇게 '끈적거리는' 사고방식이 깨어남 이후에도 계속 반복된다는 건 대부분의 사람에게 적잖이 실망스러운 일이다. 그들은 아마 진정한 깨어남을 얻기만 하면 다시는 고통을 불러오는 생각 따위는 하지 않게 되리라고 믿었을 것이다. 하지만 그것은 사실이 아니다. 사실은, 영적 깨어남이 깊어질수록 우리는 점점 더 명확히 볼 수 있게 되고, 그 반면에 생각에 사로잡힐 여지는 점점 줄게 된다는 것이다.

언젠가, 내가 존경하는 인도의 현자 중 한 사람인 니사르가닷타 마하라지Nisargadatta Maharaj에게 누군가가 물었다. "당신에게도 에고의 개성이 올라온 적이 없습니까?" 그는 아무렇지 않게 대답했다. "그야 물론 있고말고. 하지만 그게 환영이란 걸 금방 알아보고 버리는 거지." 아름다운 이야기였다. 마하라지와 같은 영적 거인들까지도 해묵은 조건들의 경향성이 얼마든지 나타날 수 있다고 말하고 있는 것이다. 그는 그것이 일어나는 순간 그것이 환영임을 금방 알아차리는 것이고, 그 앎 속에서 그것은 버려진다. 그것은 용해된다.

마하라지와 같은 인물들, 영적 깨어남이 매우 숙성된 이들은 그런 식으로 해낼 수 있다. 그의 경우를 다시 보자. 먼저 하나의 생각 패턴이 올라온다. 그것이 가지는 환영과 같은 성질이 즉각적으로, 동시적으로 드러난다. 그리하여 그것은 금방 용해되어버린다. 그러나 대부분의 경우는 처음부터 그런 식으로 되지는 않는다. 어쩌면 매우 깊은 깨어남을 얻은 뒤까지도 그렇지 못할 수가 있다.

아주 깊숙이 박혀 있던, 단단하기 짝이 없는 생각 패턴이 깨어남 직후에 일어나는 것은 사실 전혀 드문 일이 아니다. 이런 일이 때로는 사람들에게 놀라움으로 비쳐지기도 한다. 우리가 깨어날 때 일어나는 일 중 하나는, 지금껏 짓눌러 온 것들의 뚜껑이 벗겨져 나가버리기 때문에 이제는 그것을 묶어두기가 너무 힘들다는 것이다. 깨어남의 결과로 매우 강력한 사념체, 곧 우리 자신 안에 아주 깊숙이 묻어놓았던, 무의식 속에 가둬져 있던 것들이 드러날 수 있다. 이제는 모든 것이 존재의 밝은 빛 속으로 모습을 드러내고 있는 것이다. 그러니 어떤 생각이 우리를 동일시의 상태로(일시적이긴 해도 마치 찍찍이와도 같이 말이다) 묶어버리는 힘을 가진 듯이 여겨진다 하더라도 전혀 이상한 일이 아니다.

성찰의 질문을 통하여 자유를 얻기

이 기간에 중요한 것은 이른바 '영적인 우회'라는 수법, 즉 재차 동일시 상태로 돌아가 버렸다는 사실을 부인하고 무시하는 술수를 쓰지 않는 것이다. 우리는 그런 술수로서 재빨리 일원론을 갖다 붙인다. 우리는 스스로 이렇게 타이른다. "그저 하나의 동일시 작용일 뿐이야. 아무 상관 없어. 왜냐면 무언가를 행하는 주체란 애초에 없는 거니까. 모든 건 결국 저절로 일어날 뿐이야."

이것은 우리가 경험이라는 것으로부터 스스로를 숨기는 교묘하고도 효과적인 수법이다. 또한 이것은 동일시로 돌아가는 경향을 직시해야 하는 걸 피할 수 있게 해준다. 우리에게 중요한 것은, 이러한 동일시의 순간을 명확히 그리고 정직하게 바라보려는 의지를 갖는 것이다.

자기성찰이라는 질문작업을 실행하기 위한 방법은 여러 가지가 있다. 나의 경우에는 글로 적어가는 작업이 도움이 되었다. 깨어남 이전은 물론 깨어남 뒤에도 나는 한동안 그렇게 해왔다. 어떤 동일시 속으로 미끄러져 들어갈 때마다, 나는 종이와 연필을 들고 커피숍을 찾곤 하였다. 그리고는 거기 앉아서 그 문제에 관하여 적어나가기 시작했다. 일어난 일을 적는 작업은 내가 '동일시의 반복'을 초래하는 생각의 패턴 속으로 파고드는 데에 실제로 도움이 되었다. 그때마다 나는 어떤 생각, 어떤 신념이 나를 붙잡고 있는지, 그리고 그 생각 속에 담긴 세계관이 무엇인지를 정확히 찾아낼 수 있었다.

예를 들어 우리가 바보같이 어처구니없는 일을 저지른다면 우리의 마음은 이렇게 생각할 것이다. '그렇게 하지 말았어야 했는데.' '참 멍청한 짓을 저질렀어.' 만약 여러분이 사소해 보이는 그런 생각을 하나 골라 정말로 그 속을 들춰보기 시작한다면, 생각과 느낌이 이어져 있다는 것을 금방 깨닫게 될 것이다. 어느 한쪽은 다른 한쪽으로 이어지는 입구가 된다. '그렇게 하지 말았어야 했어'라는 '생각'은 어떤 '느낌', 즉 당혹감이나 분노 같은 느낌을 동반한다. 거기서 우리는 그 생각이 품고 있는 세계관, 그리고 그것이 우리를 어떻게 동일시로 끌어들이는지를 살펴볼 수가 있다.

이런 형태의 질문작업을 단지 정신적 수준의 도구로만 사용하지 않도록 해야 한다. 만일 그렇게 되면 우리는 모든 것을 정신적 수준에서만 이해하려 들 것이다. 문제는, 정신적 수준은 종종 감정적 수준과 동떨어져 있는 수가 많다는 점이다. 마음으로는 어떤 것을 분명히 이해하고 있지만 감정적으로는 여전히 갈등을 겪고 있을 수도 있는 것이다. 질문작업에서는 몸과 마음, 즉 느낌과 생각 두 가지를 다 사용하는 것이 중요하다. 어떤 생각이 어떤 느낌을 일으키는지, 또 어떤 생각이 '느낌으로부터' 생겨나는지를 보아야 한다. 그것은 하나의 순환고리이다. 하나의 생각은 하나의 느낌을 만들어내고, 그 느낌이 다음의 생각을, 또 그 생각이 그다음 느낌을 만들어낸다.

노트와 연필을 가지고 커피숍을 찾을 때마다, 나는 그 동일시가 되풀이되는 순간을 초래한 생각이 정확히 무엇이었는지를 아주 구체적으로 가려내어 그것에 대해 적어나가기 시작하였다. 나는 그 생각이 정확히 어떻게 세상을 바라보는지를 들여다보았다. 그러기 위해서는 '내가 어떻게 느끼고 있는지' 그 속을 들여다봐야 했다. 도대체 어떤 믿음 위에서 그 낱낱의 생각이 — 그것이 비난이든 당혹감이든 무엇이든 간에 — 느낌의 수준에서 생겨나고 있는지를 정확히 조준해 들어가야만 했다. 그러고 나서는 느낌 속으로 들어가 '그 느낌을 느끼도록' 나 자신을 내맡겼다.

그다음 단계는 느낌이 지니는 신념의 패턴에 대하여 물을 차례였다. 이 느낌은 세상을 어떻게 바라보고 있는가? 자아를 어떻게 바라보고 있는가? 그것이 지니는 세계관은 어떠한가? 거기서 내가 보기 시작한 것은, 하나하나의 생각과 느낌은 각각 그 안에 그 자체로서 하나의 세상, 하나의 완전한 신념의 구조물을 품고 있다는 것이었다. 느낌 속으로 기꺼이 들어감으로써 나는 느낌이 어떤 '목소리'를 가지고 있음을 발견하였다. 나는 마음속에서 목소리를 들을 수 있었고, 그 목소리 안에는 어떤 특정한 신념이나 생각이 들어 있음을 알게 되었다.

우리는 자주, 생각과 느낌 속에 깃든 신념이나 생각이 우리 자신의 유년시절에서 비롯된 것임을 발견한다. 그것은 우리가 아주 어렸을 적에 당황스러웠거나 혼쭐이 났거나 수치스러웠거나 공포에 떨었거나 화가 치솟았거나 슬픔에 겨워했던 기억 등으로부터 올라올 수도 있다. 몸과 마음을 연결시켜주는 명상적인 방법을 통해 이것을 탐사하기 시작하면 질문작업은 내면 깊숙이 감춰진 이런 경험들을 드러내줄 수 있다. 그것은 생각만으로 끝나는 문제가 아니다. "이건 하나의 생각일 뿐, 사실이 아니야"라는 한마디 말로써 끝낼 수 있는 게 아닌 것이다. 나는 어떤 하나의 생각 패턴의 맨 밑바닥에 가 닿을 때까지 커피숍에서 몇 시간이고 버티면서 자리에서 일어나지 않았다. 나는 알고 있었다. 만약 그 생각이 나를 반복되는 동일시의 수렁으로 빠트릴 수 있다면, 다른 생각 역시도 그럴 수 있다는 것을 말이다. 우리가 깨어날수록, 반복되는 동일시가 주는 아픔은 더욱 커진다. 그것은 마치 강제로 천국에서 지옥으로 쫓겨나는 것과 같다. 자신이 지옥에 갇힌 듯이 느껴진다면, 거기서 벗어나기 위하여 여러분은 무슨 짓이든 하려 들 것이다.

나 역시 당연히 엄청난 노력을 들여 질문작업 과정에 몰두하였다. 나는 동일시의 순간에 이르는 낱낱의 경로를 알아낼 때까지 포기하지 않았다. 나는 내부로부터 그것이 완전히 떨어져 나간 후에야 목적을 이루었다는 걸 깨닫곤 했다.

어떤 특정한 패턴을 띤 생각, 느낌 그리고 반응의 경우에는 여러 가지 다른 상황에서, 몇 번이고 그것 속으로 찾아가야만 했다. 그럴 때마다 통찰은 더욱 깊어졌고 더욱 많은 것을 드러내주었다. 그에 힘입어 나는 생각, 신념, 그리고 느낌의 핵심에 가 닿을 수 있었다. 내게 필요한 것은 환영이 뿌리째 뽑힐 때까지 질문작업에 매달리는 집요한 태도뿐이었다.

그것은 마치 마당의 잡초를 뽑는 것과 같다. 내가 마당에서 잡초를 뽑을 때는, 좀 부끄럽지만, 풀의 끄트머리만 잡아채곤 했다. 반면에 아내는 좀더 부지런했다. 아내는 잡초를 뿌리째 캐냈다. 아내의 제초작업은 그걸로 끝이었다. 그 후 몇 달이 지나도록 잡초가 보이지 않았다. 내가 하고 난 후에는 그 다음 주면 새로 풀이 올라왔다.

다행스럽게도 내적인 삶에서만큼은 나는 그렇지 않았다. 질문작업의 과정에서 나는 대단한 집중력을 발휘했다. 나는 고통스러운 반응을 유발하는 그 어떤 생각이든, 아주 깊이 맨 밑바닥까지 내려갔다.

모든 사람이 나처럼 글로 쓰는 방법을 택해야 한다는 뜻은 아니다. 우리 각자는 자신만의 방도를 찾아내야 한다. 글로 쓰는 것이 도움이 될 수도 있다. 명상적인 방법으로 생각의 패턴을 탐색하는 것이 도움이 될 수도 있다. 어쨌든 중요한 것은 생각과 느낌의 과정의 한가운데로 들어서는 것이다. 그래야만 현재의 순간에 고통을 만들어내는 환영의 신념을 발견해낼 수 있다.

우리 대부분은 삶에서 힘든 순간을 겪어왔고, 그런 가운데 부지불식간에 그에 대응할 전략을 만들어냈다. 아직 어린 나이에 혼자 감당하기에 힘겨운 고통을 주는 일이 생기면 우리는 그 상황에서 살아남게 해줄 신념을 찾아낸다.

어쩌면 부모가 제 구실을 못했었을 수도 있다. 아이로서는 부모가 자기를 알뜰히 보살펴줄 수 없다는 사실을 도무지 감당할 수가 없다. 그 사실이 자신의 행복에 너무나 위협이 되기 때문에 아이는 이 상황을 견뎌내게끔 도와줄, 무언가 덜 위협적인 시나리오를 만들어낸다. 아이는 부모가 제 구실을 못한다는 것을 인정하는 대신 다름 아닌 '자기 자신'이 뭔가 잘못됐다는 신념의 패턴을 만들어낼 수도 있는 것이다. 그 당시의 순간만큼은 그런 신념을 만들어내는 것이 힘겨운 시절을 견디고 벗어나는 데 도움이 된다. 우리는 어린 시절에 이런 습성을 붙이지만 그것이 나이가 들고 나서까지 이어질 수도 있다.

이러한 신념의 패턴 속으로 진지하게 추궁해 들어가 보면 우리는 그것이 더 이상 쓸모 있는 전략이 아니라는 것을 알게 된다. 과거에는 그것이 어려운 상황을 견딜 수 있도록 도와주었으나 이제 그것의 역할은 다 끝났다. 사실 생각이라는 것 자체가 유용한 전략이 못 된다. 어떤 사건에 대하여 스스로에게 무슨 이야기를 하든 간에 그것은 항상 고통을 불러온다. 궁극적으로, 과거나 현재에 대하여 우리가 마음속에서 만들어내는 모든 관념은 있는 그대로의 삶, 즉 실제 일어나고 있는 것들과 부딪치게 마련이다.

이러한 찍찍이 생각이나 감정이 일어날 때 중요한 것은, 그 아래에 깔려 있는 신념의 구조를 어떤 것이든 직면하여 캐들어가는 것이다. 그때 질문작업은 바로 여러분의 영적 수행이 된다. 이 수행을 회피하는 것은 자기 자신의 깨어남을 회피하는 것이다. 삶에서 무언가를 회피하면 그것은 다시 찾아온다. 여러분이 기꺼이 그것에 직면하여 그 진정한 본질을 깊이 들여다보려 할 때까지 몇 번이고 말이다.

우리가 어떤 것의 본래 모습을 깨달았음을 알 수 있는 유일한 증거는 그에 관해 우리 자신에게 속삭이는 '이야기'가 사라져 없어진다는 것이다. 이제 그것은 환영으로 '보일' 뿐만이 아니라 환영으로 '느껴진다.' 나는 학생들에게 그 이야기가 떨어져 나갈 때까지 달라붙어야 한다고 말해준다. 고요한 가운데 질문작업 아니면 희생자가 되기, 그 둘 중 하나를 선택할 수 있다. 스스로의 관념과 신념에 갇힌 희생자가 될 것인가, 아니면 그것이 떨어져 나갈 때까지 느낌 속으로 파고들 것인가는 여러분의 선택에 달렸다.

질문작업을 통하여 우리는 모든 신념이 똑같은 가치를 지닌다는 것을 깨닫게 된다. 어떤 사람이 이걸 했어야 한다, 또는 하지 말았어야 한다는 등의 나의 '생각'은 아무런 가치가 없다. 그들이 실제로 했던 어떤 행동과, 그들이 했어야 한다고 내가 생각하는 그 행동은 똑같은 가치를 지닌다. 우리의 생각과 판단과 견해는 그 반대쪽과 똑같이 진실임을 깨달을 때, 비로소 양극단의 생각은 상쇄되어 없어진다. 만일 반대되는 생각이 내가 믿는 생각과 똑같이 옳다면, 그 생각의 구조물은 송두리째 무너져버린다. 나의 의견과 다른 어떤 의견이 똑같이 존재할 권리가 있다면 어느 쪽 의견이 옳다고 말할 수가 없게 된다. 그 양쪽이 모두 참이든가, 아니면 모두 거짓인 것이다. 이것을 깨달으면 반대되는 것들 사이의 내적 균형이 이루어지고 생각은 더 이상 양분되어 대치하지 않게 된다. 생각이 이런 식으로 균형을 이룰 때, 사고과정의 양분된 구조는 비로소 힘을 잃고 무너져 내리기 시작한다.

이것은 한 차례만 깨닫고 마는 것이 아니다. 이것은 필요할 때마다 언제 어디서든 깨닫게 되는 무엇이다. 지나간 깨어남 같은 것은 존재하지 않는다. 지나간 깨어남은 지나간 것이다. 의미 있는 유일한 것은 현재이다. 나는 바로 지금, 마음속에서만이 아니라 내 온 존재 안에서 진리에 깨어 있는가? 우주의 마음 안에서는 개인적인 세계관과 개체자아의 모든 구조물이 한낱 꿈일 뿐임을 나는 실제로 깨닫고 있는가? 중요한 것은 이뿐이다.

어제 우리가 얻은 깨달음이 오늘 의미를 가질 수도, 그렇지 않을 수도 있다. 만약 그 깨달음이 지금도 생생히 살아 있어서 우리가 그 경지로부터 우주를 바라보고 있다면, 좋다. 우리는 자유다. 만일 그렇지 못하다면, 우리는 부인否認의 태도로부터 빠져나와야 한다. 우리가 무언가를 굳게 믿고 있음을, 무언가를 꽉 움켜쥐고 있음을 직시할 용기를 가져야 한다.

환영을 비켜가지 않으려는 용기는 정말 중요하다. 나의 은사는 말하기를, 우리는 삼사라samsara(윤회계)의 한가운데를 거쳐서 열반에 이른다고 하였다. 우리는 속박의 길을 통해 진리와 자유에 이른다. 우리는 사물의 환영과 같은 성질을 꿰뚫어봄으로써 사물의 진정한 본질을 깨닫게 된다.

삼사라를 피해 돌아가서는 열반에 이를 수가 없다. 지옥을 회피하거나 에둘러감으로써는 천국에 이를 수가 없다. 혼동을 회피함으로써는 명확함에 이를 수가 없다. 자유롭지 못한 상태를 회피함으로써는 해방에 이를 수가 없다. 진실은 그와는 정반대이다.

우리가 가지는 환영, 우리가 매달려 사는 신념이야말로 해탈 쪽으로 열려 있는 통로이다. 우리는 그저 그 환영을 움켜쥐지도 않고 멀리하지도 않으면서, 그 안으로 들어서기만 하면 된다. 그것을 믿어서는 안 되며, 동시에 그것에서 도망쳐서도 안 된다. 어느 모로 보거나 속박이 분명한 순간순간을 해탈로의 초대로 맞아들일 줄 알아야 한다. 그때 그것은 더 이상 도망치지 않는, 사랑의 행동이 되고 자비의 행동이 된다.

매 순간순간이 모두 일어날 필요가 있는 순간이다. 우리가 겪는 하나하나의 경험이 모두 신성의 초대장이다. 그것은 갖가지 무늬가 새겨진 아름다운 초대장일 수도 있고, 아니면 매우 사나운 초대장일 수도 있다. 모든 순간이 초대장이다. 너무나 중요한 사실이 있다. 이 삶이라는 흐름은 매 순간순간마다 그 자체가 해탈을 드러내 보여주고 있다는 것이다. 삶 자체가, 해탈을 얻기 위해 우리가 꿰뚫어 보아야만 할 것들을 낱낱이 보여주고 있는 것이다.

그러니 우리는 삶으로부터 도망치지 말아야 한다. 정직하고도 일관된 태도로 지금 일어나고 있는 일을 실제로 맞닥뜨려야 한다. 이렇게 할 때 우리는 과연 삼사라의 한가운데를 통하여 열반에 이르게 됨을 깨닫는다. 이 말은 우리가 삼사라에 갇혀서 지내야 한다는 뜻이 아니다. 반대로 우리는 자신을 삼사라로부터 벗어나게 하는 것이다. 우리는 윤회하는 환영과 같은 생각들을 놓아 보내고, 그렇게 함으로써 끝내는 열반에 이르게 되는 것이다.

깨어남은 우리 안에 이미 완전한, 본연의 자유를 드러내어준다. 깨어남은 또한 우리를 고통과 동일시 속으로 끌어당기는 힘을 지닌 모든 것을 들여다보게 하는 도구인 명확함과 용기를 키우는 터전이 되어준다. 시간이 지남에 따라 이 알아차림과 그에 따르는 해방은 자연스러운 것이 된다. 그것은 자동적인 것이 된다. 처음에는 약간 지루하게 느껴질 수도 있다. 적지 않은 시간과 의지가 필요하며, 진지한 노력과 훈련이 필요할 수도 있다. 그러나 시간이 지남에 따라서 그것은 점차 자연스러워지고 자동적인 것이 된다. 어느 시점에 이르면 알아차림과 해방은 아주 내면화되어서 거의 자동화되어버린다.

한 생각이 일어난다. 그때 어떤 동일시의 순간이 지나간다. '질문'이 그 생각에 가 닿으면 생각은 스스로 풀려서 놓여난다. 일단 이렇게 내 안의 해방이 깊이 내면화되면, 이 모든 과정이 눈 깜박할 사이에 완결된다. 이것이 바로 깨어남이 작용하는 방식이다. 때로는 그 작용이 일어나는 것을 인식조차 못할 수도 있다. 하지만 그것은 분명 일어나고 있다. '순수의식(awareness)'은 스스로를 한없이 끊임없이 해방시키고 있다. 그리고 앞서도 강조했지만, 핵심적인 요소는 '진실성'이다. 즉 몸과 마음에서 일어나고 있는 것이 무엇이건 간에, 진지하고도 정직하게 거기에 맞닥뜨리려는 용기이다. 이것이 해탈로의 진정한 관문이다. 오로지 지금, 지금, 또 지금 이 순간에만 생겨나는 해탈인 것이다.

제5장

숨은 곳에서 완전히 나오기

한 가지 이야기를 여러분과 나누고자 한다. 몇 년 전 마우이 섬에서 강연을 하고 있을 때였다. 깨어남 이후 삶의 한가운데서 진리가 어떻게 모습을 드러내는가에 관한 이야기였다. 나는 청중에게 다음과 같은 의문을 함께 숙고해보자고 제안했다. 우리가 진실이라고 알고 있는 것을 피하지 않고 직면한다면 어떻게 될까? 우리 삶의 모든 측면에서 더 이상 숨지 않고 걸어 나온다면 어떻게 될까? 우리가 자신을 외면하고 회피하는 짓을 완전히 그만둔다면 — 그것이야말로 문자 그대로 깨어난 삶일 테니까 — 어떻게 될까?

다음날 질의응답이 포함된 추가적인 모임이 있었다. 대략 오륙십대로 보이는 신사 한 사람이 손을 들었다. 그가 들려준 이야기는 아름다웠다. "나는 어젯밤 당신의 강의를 듣고 있었습니다. 진실함에 대해서, 정직성에 대해서, 그리고 그저 있는 모습 그대로의 자신을 바라볼 뿐,

과거의 깨달음 따위의 뒤로 숨지 않는 용기 등에 대해서요."

"아내와 난 이미 오랫동안 이혼 직전의 상황에 놓여 있었습니다. 강연이 끝나고 집에 돌아온 우린 곧바로 자리에 마주 앉아 서로의 진실을 말하기 시작했습니다. 각자가 정말이라고 믿는 얘기를 시작한 겁니다."

그는 말을 이어갔다. 그들의 대화는 과거에 으레 하던 식의 대화가 아니었다. 예전에는 자기의 진실을 상대에게 강요하는 식이었다. 한쪽이 옳고 다른 쪽이 틀렸다는 이야기였다. 하지만 이번엔 아주 단순히, 그저 진실을 이야기했을 뿐이다. 그들은 서로가 각자 오랫동안 겪어온 바 그대로를 고백했다. 서로가 멀리 떨어져 외로웠다는 것을 고백했다. 따로 떨어져 외롭다고 느끼게끔 만드는 각자의 비밀들을 있는 그대로 고백했다. "우리는 그저 마주 보고 자신의 진실을 이야기했습니다." 그는 말했다. "내가 이야기를 마치면 아내가 진실을 이야기하고, 그다음 내가 하고, 또 아내가 하고, 그렇게요."

그들은 무슨 문제를 풀어내거나 결론을 내보려고 애쓰지 않았다. 자신이 숨어 있던 곳에서 걸어나오고 있었을 뿐이었다. 그들은 밤 11시부터 새벽 3시까지(그래서인지 약간 피곤하고 눈도 흐릿하다고 그는 덧붙였다) 대화를 계속했다.

그는 이때가 자신의 평생에 가장 특별한 저녁이었노라고 하면서 말을 마쳤다. 진실을 이야기하게 된 바로 그 저녁시간이 말이다. 진실을 '주장' 하지도 않았고, 진실을 '부인' 하지도 않았으며, 단순하게 그리고 아주 진지하게, 숨어 있는 곳에서 완전히 걸어나왔던 것이다.

나는 지난 수년 동안 만나본 사람들, 심지어는 매우 깊고 심오한 깨어남을 겪었던 이까지도, 타인에게만이 아니라 자신에게 진실해지기, '정말로 정직해지기'에 대한 두려움이 있음을 깨달았다. 이 두려움의 핵심은 이렇다. 대부분의 사람들은, 만약 완전히 진실해지고 완전히 순수하고 정직해져버리면 그땐 더 이상 내가 누구를 통제할 수가 없게 되리라는 것을 직감하고 있다는 것이다.

진실한 관계를 맺고 있는 사람은 통제할 수가 없다. 우리는 절반의 진실만을 나누든가, 진실을 깎아내릴 때에만 사람들을 통제할 수 있는 것이다. 완전한 진실을 말할 때, 우리의 안쪽은 갑자기 바깥쪽으로 나오게 된다. 더 이상 아무것도 숨겨지지 않게 된다. 대부분의 인간에게 있어서 그러한 드러남은 엄청난 두려움을 몰고 온다. 그들 대부분은 이렇게 생각하면서 걸어 다니고 있다. "하나님 맙소사, 혹 누군가가 내 안을 들여다보기라도 한다면, 지금 내 속에서 무슨 일이 일어나고 있는지, 내 두려움이 뭔지, 내가 품은 의심이 뭔지, 내 진실이 뭔지, 내가 정말 어떤 인식을 갖고 있는지를 알아보는 날에는 아마 놀라자빠질 거야!"

사람들은 대부분 스스로를 감싸고 있다. 그들은 많은 것을 자기 안에 품고 산다. 그들은 정직하거나 진실하거나 진지한 삶을 살지 않는다. 왜냐하면 그렇게 사는 날엔 곧바로 통제력을 잃어버리기 때문이다. 통제력은 물론 없지만 무언가를 통제하고 있다는 환상조차 가지지 못하게 되는 것이다.

어쨌든 이 신사는 자신이 보낸 그날 저녁이 얼마나 특별했는지를 이야기하면서 이렇게 덧붙였다. "그건 그렇고, 솔직히 말하자면 우리가 함께 살지 어떨지는 잘 모르겠어요." 여러 해가 지났고 아직도 함께 지내고는 있으나, 그 순간까지는 어떻게 할지를 모르겠다는 것이었다. 그럼에도 그들은 진실을 이야기할 정직성만은 지니고 있었다. 서로에게 진실을 말함으로써, 정직해짐으로써, '진짜'가 됨으로써 자신들이 하나의 출발점을 열었다는 걸 깨닫게 해준 정직성을 가지고 있었다. 그렇다고 어떤 결과를 이끌어내려고 애쓰지도 않았다.

대부분의 사람들은 진실을 얘기하다가 무수한 상처를 입으면서 어린 시절을 지나온다. 누군가가 우리에게 이렇게 말하곤 했다. "그런 말은 안 돼." "그렇게 말하면 못써." "그런 말은 하지 말았어야 했어." 그 결과 우리 대부분은 자신의 본모습 그대로 살면 안 된다고 깊이 각인된 조건화를 갖게 된다. 우리는 진실하고 정직해도 괜찮은 순간이 있고, 진실하고 정직해서는 안 되는 순간이 있음을 믿게끔 조건화되어왔다. 실제로 대부분의 사람들의 내면에는 — 마음속에만이 아니라 몸과 감정에도 — 자기가 만약 정직해지거나 '진짜'가 되는 날엔 무언가 좋지 않은 일이 일어날 거라는 각인刻印이 자리하고 있다. '누군가는 이걸 곱게 보아 넘기지 않을 거야. 내가 진실을 말하는 날엔 더 이상 주변을 통제할 수가 없을 거야.'

하지만 진실을 말하는 것은 깨어남의 일면이다. 그게 과연 그럴까 여겨지겠지만, 진실 그것은 너무나도 실제적이며 또 인간적인 것이다. 진실은 초월적이지 않다. 그것은 순수의식에 관한 것이 아니다. 그것은 순수의식이 분리 없는 하나의 인간으로서 발현되는 방식에 관한 것이다. 우리는 자신이 깨달은 모습 그대로를 드러낼 수 있어야 하며, 어떤 상황에서든 진실을 드러내지 못하게 하는 우리 안의 그 힘을 이해하고 알아차리기 시작해야만 한다.

그런데 대중 앞에서 이런 이야기를 하고 나면, 거의 어김없이 누군가가 찾아와 말을 걸어오곤 한다. 이를테면 이런 식이다. "저번에 진실과 정직 등에 대해 이야기한 거 기억하시죠?" "네, 기억합니다." "있잖아요, 강연이 끝난 뒤에 어떤 여자가 주차장에서 말하기를, 자기가 그간에 나에 대해서 품어왔던 별의별 험한 속생각들을 이젠 다 털어놓아야겠다고 마음 먹었다네요. 정직이란 이름으로요."

나는 고개를 흔들었다. 이렇게 되면 진실이라는 주제에 대해 말을 꺼내는 것조차 조심스러워진다. 너무나 오해하기가 쉬운 주제인 까닭이다.

진실은 매우 높은 수준의 것이다. 진실은 한낱 놀이거리가 아니다. 우리 안에 무엇이 진실이냐를 이야기하는 것은 우리의 '생각' 속에 담긴 것을 이야기하는 것과는 다르다. 그것은 우리의 의견을 이야기하는 것이 아니다. 그것은 우리의 마음이라는 쓰레기통을 다른 이의 머리에다 쏟아붓는 일이 아니다. 그런 것은 모두가 환영이며, 왜곡이고 투사投射다. 진실이란 우리가 가진 견해의 보따리를 누군가에게 풀어놓는 일이 아니다. 그런 것은 진실이 아니다. 진실은 사물에 대한 우리의 신념을 이야기하는 것이 아니다. 그런 것은 진실이 아니다. 실은 그런 것들이야말로 우리가 진실로부터 몸을 '숨기는' 방법들이다.

진실은 그보다 훨씬 더 본질적인 것이다. 진실을 이야기할 때, 거기에는 어떤 고백과도 같은 느낌이 있다. 어떤 나쁜 짓을 고백한다는 말이 아니라, 우리가 숨은 곳으로부터 완전히 벗어나는 느낌 말이다. 진실은 단순하다. 진실을 이야기하는 것은, 완전하고도 절대적인 무방비 상태의 느낌으로부터 이야기하는 것이다.

일관성을 가지고 진실을 말하기 위해서는 우리 안에서 진실을 말하기 두려워하는 모든 측면을 직면해야 할 뿐만 아니라, '난 할 수 없어'라고 속삭이고 있는 신념 구조를 직시해야만 한다. 이들 신념 구조는 본질적으로 비실재非實在에다 그 바탕을 두고 있다. 아울러, 우리가 이런 사실을 아는 것만으로는 충분하지 않다. 여러분은 실제로 그것을 '보아야' 하며, 자신이 믿는 바 그대로를 정말로 인식해야 한다. 자신을 이분된 세계로, 갈등으로, 숨어 지내는 구석으로 끌어들이는 것은 정확히 어떤 신념 구조인가? 이것이 분명해진 때라야 비로소 여러분은 내가 이야기하는 차원에서 진실을 말할 수가 있다.

진정한 자유는 모든 사람, 모든 것에게 주어지는 선물

어떤 면에서 깨어남은, 만약 그것이 진실이고 진정한 것이라면, 온 세상에 나누어지는 자유의 선물이다. 깨어남으로 해서 모든 이에게 자유가 돌아간다. 진정한 자유란 단순히 "나는 자유롭다"는 것만이 아니다. 진정한 자유는 "모든 것이 자유롭다"이다. 이 말은 모든 이가 자신의 본모습 그대로일 자유가 — 그들이 깨어나 있든 아니든, 미혹 속에 있든 그렇지 않든 간에 — 있다는 뜻이다.

자유란 모든 사물, 모든 사람이 있는 그대로 존재한다는 깨달음이다. 그러한 견지에 이르지 못하였다면, 또 이것이 바로 '실재'가 사물을 바라보는 차원임을 깨닫지 못하였다면, 우리는 분명 세상으로부터 자유를 빼앗고 있는 셈이다. 우리는 자유를 하나의 소유물로서 보는 것이며, 오로지 자기 자신만 생각하고 사는 것이다. 나는 얼마나 즐거이 느끼고 있는가? 나는 얼마나 자유로이 느끼고 있는가? 진정한 자유는 실로 모든 것, 모든 사람에게 주어지는 선물이다.

깨어남의 순간에 붓다는 말했다. "나, 그리고 모든 곳의 모든 존재가 다 함께 해탈을 이루었도다." 보통사람의 마음으로는 이 말을 이해할 수가 없다. 사람들은 이렇게 중얼거릴 것이다. "만약 모든 것이 깨어났다면, 나는 왜 깨어나지 못했는가? 붓다의 말과 같이 그가 깨어났을 때 온 세상이 깨어났다는 게 사실이라면, 나는 왜 깨어나지 못했는가?" 나로서는 도저히 붓다의 선언을 보통사람의 마음에게 설명해줄 수가 없다. 여기서 붓다가 전하려는 뜻은, 깨어난 것은 붓다가 아니라는 것, — 깨어난 자는 이 한 개인이 아니라는 것, — 깨어난 것은 전체(totality)라는 것이다. '전체'가 붓다를 통하여, 깨어남을 표현하고 있다는 것이다.

중요한 것은 온 세상이 깨어나게끔 허용하는 것이다. 그리고 온 세상이 깨어나게끔 허용하는 길 중 하나는 온 세상이 자유롭다는 것 — 모든 이가 자유롭게 본모습대로 살아가고 있다는 것 — 을 인식하는 것이다. 당신을 인정하든지 말든지 간에 세상에게 자유를 주기 전까지는, 당신을 좋아하든지 말든지, 사랑하든지 미워하든지, 당신이 바라보는 식으로 사물을 보든지 다른 식으로 보든지 상관없이 모든 사람에게 자유를 주기 전까지는, 당신이 온 세상에게 자유를 주기 전까지는 당신은 결코 자유를 얻지 못할 것이다.

이것이 깨어남의 중요한 부분이며, 또한 놓치기 쉬운 부분이다. 온전히 깨어 있다면 이 사실을 놓칠 수가 없겠지만, 우리 대부분은 단박에 깨어나기가 쉽지 않다. 하지만 자유라는 개념은 아주 중요하다. 모든 이는 제 본모습대로 살아가게 된다. 모든 이가 본모습대로 살아가게끔 허용될 때만 — 여러분이 그들에게 원래 그들 자신의 것인 자유를 주었을 때만 — 여러분은 자신 안에서 정직해지고, 참되고, 진실해질 능력을 찾게 되는 것이다.

다른 이들이 우리 뜻을 따르기를 기대하거나 요구하는 한, 우리는 진실할 수가 없다. 그런 기대나 요구는 우리를 움츠러들게 한다. '그들은 어쩌면 내 말을 좋아하지 않을 거야, 어쩌면 반대할 거야, 나를 좋아하지 않을 거야' 등등. 우리가 자신을 방어할 때, 동시에 우리는 다른 이들의 자유를 빼앗고 있는 것이다. 우리가 모든 것, 모든 이로 모습을 드러내는 유일한 '영(Spirit)'임을 깨달을 때, 그 깨달음의 한가운데에 모든 존재의 전적인 자유가 있다.

이러한 깨달음에는 두려움을 모르는 어떤 담대함이 있다. 가끔 사람들이 내게로 와서 이야기한다. "아디야, 나의 내면에는 아직도 해결되지 않고 남아 있는 구석이 있어요." 이때 나는 그것이 대부분 어린아이 시절의 구석임을 알아차린다. "내가 진실이라고 알고 있는 본모습대로 되기를 두려워하는 구석 말이에요." 나는 곧장 이렇게 말한다. "그쪽을 잘 살펴봐야 해요. 당신 스스로가 어떻게 과거의 일로부터 하나의 신념구조를 만들어냈는지 말입니다. 그것을 깊이 들여다보아서, 그 신념구조가 정말로 참인지를 확인하세요." 그러나 이와 동시에 우리는 세상이 우리를 어떻게 받아들일 건지 알 수도 예측할 수도 없다는 점을 인식해야 한다. 어떤 면에서 깨어남은 기꺼이 십자가를 짊어질 위험을 무릅쓰는 것이다. 온 세상이 내 뜻대로 되는 것이 깨어남의 의미라 여긴다면, 그건 완전히 착각 속에 빠져 있는 것이다. 예수가 그 사실을 잘 보여주고 있다. 깨어남을 얻은 한 존재가 있었다. 그는 기독교에서 말하는 소위 하나님의 아들이었다. 그 하나님의 아들에게 무슨 일이 일어났는가? 진실이라 알고 있던 대로를 표현한 것 때문에, 그는 십자가에 매달려야 했다.

인간의 의식 안에는, '존재의 진실을 깨닫는 것은 좋지 않다'는 깊은 금기禁忌가 자리하고 있다. 좋지 않다는 것은 진리를 설교하는 것만이 아니라, '알고 있는 대로 존재하는 것' 자체를 말한다. 금기의 내용은 이렇다. "그건 너의 신상에 좋지 않아. 그러면 십자가를 지게 될 거야. 죽임을 당할 거야." 역사 속에서 사람들은 실제로 그 때문에 죽임을 당해왔다. 어느 사회에나 진실로 깨어난 사람들을 제거하고 죽이는 기나긴 역사가 존재한다. 왜? 진실한 깨달음은 꿈꾸는 상태와 부합하지 않기 때문이다. 사실상 많은 경우 꿈꾸는 상태는 진실한 깨달음 때문에 불편해지고 위협을 느낀다. 왜냐하면 진실로 깨달은 존재는 통제할 수가 없기 때문이다. 깨달은 존재는 죽이겠다는 위협으로도 통제할 수가 없다. 죽음의 위협은 예수를 통제할 수 없었다. 그는 자신의 삶을 살게끔 운명 지워진 대로 살아갔다. 그것이 그에게 생명을 뜻하는 것이든 아니면 죽음을 뜻하는 것이든 간에 말이다.

그러므로 우리는, 깨달음이란 '모두가 나를 사랑하는 것'이라는 식의 어리석음을 더 이상 고집할 수가 없게 된다. 어쩌면 정말 모든 이가 나를 사랑할 수도 있을 것이다. 하지만 대개는 나를 사랑하는 이들도 있는가 하면 그렇지 않은 이들도 있는 법이다. 그 반면에 일단 온 세상에다 자유를 주어버리고 나면, 그때 여러분은 스스로의 자유를 찾아 나선 긴 여정의 끝자락에 가 닿게 될 것이다. 이 두 가지는 떼려야 뗄 수 없이 연결되어 있다.

진실함이 열쇠다

자기가 알고 있는 진리를 누구에게 강요하지 않는 것이 가장 중요하다. 자기 스스로에게 진실한 것이 정말 중요하다. 자기 스스로에게 진실할 수 있으면, 여러분은 어느 누구와도 진실해질 수 있다. 나 이외의 다른 사람과 진실해야 한다는 데에 과도하게 무게를 두는 건 아무런 이익이 되지 않는다. 그것도 필요한 일이겠지만 출발점은 결국 자기 자신이다. 여러분은 자기 자신에게 온 마음으로 진실할 수 있는가? 여러분은 모든 비난을 넘어서, 모든 분별을 넘어서, '해야 한다' 혹은 '해서는 안 된다' 따위를 넘어서 그 경지에 다다를 수 있는가? 할 수 있는 진정을 다하여, 아직 갈등을 겪고 있는 자신의 어떤 부분에서도 물러서지 않으며, 진실을 알게 되었다는 것을 이용하여 자유와는 거리가 먼 것들로부터 숨으려 하지 않고, 거기에까지 다다를 수 있는가?

그것은 정말이지 진실함의 문제이다. 이미 말했지만 이것은 자아개발 프로그램이 아니다. 내가 말하고 있는 '진실함'과 '정직'의 수준을 이해했다면, 그 진실함과 정직은 바로 존재가 가지는 절대적 본성의 나타남이라는 것을 알게 될 것이다. 처음엔 이토록 자신에게 진실하기가 쉽지 않을 것이다. 자신이 보고 싶지 않은 것을 보게 될 수도 있고, 자신의 많은 부분이 자기가 깨달은 바와는 너무나 멀어 보일 수도 있다. 그렇지만 이것이야말로 깨어남이 향해가는 방향이다. 깨어남은 깨어나지 않은 것이 있는 쪽으로, 그 속으로 움직여가는 것이다. 이러한 움직임을 일어나게 하는 것이 바로 진실함이다. 여러분이 자신에게 진실하기만 하면 이 움직임은 반드시 일어난다.

분리 상태로 빠져들 때마다 자신이 숨어 있는 곳에서 완전히 나옴으로써, 또한 마음속에 고착된 구석구석을 기꺼이 직면함으로써, 여러분은 이러한 영역의 여행을 계속할 수 있게 된다. 이런 일이 일어날 때, 여러분은 가슴이 열리고 마음이 열려가는 것을 느낄 것이다. 지금껏 꿈꾸지도 못했던 여러 차원에서 자신이 열려가는 것을 느낄 것이다. 이 차원들이란 인간성을 초월한 것만 아니라 바로 인간성 속의 차원들도 포함한다. 여러분 안의 인간적인 존재와 신성한 존재 사이에는 어떤 분리도 없기 때문이다.

위대한 선승이었던 황벽黃檗은 말했다. "부처라 해서 더 나을 것 없고, 중생이라 해서 더 못할 것도 없다." 황벽의 말뜻은 부처와 중생이 따로 있지 않다는 것이다. 이 둘은 다르지 않다. 우리가 비록 꿈꾸는 상태로부터, 또는 하나의 중생(보통사람)일 뿐이라는 착각으로부터 깨어난다 하더라도, 잠 속으로 되돌아가는 일은 되풀이될 것이다. 우리 안의 신성(불성)과 인간적인 본성이 하나라는 사실, 즉 하나의 존재요 하나의 표현이요 하나의 진리라는 사실을 보게 될 때까지는 말이다.

열쇠는 진실함이다. 여러분은 모든 것을 기꺼이 직시하기를 원해야만 한다. 모든 것을 바로 보고자 할 때, 여러분은 반드시 그 모든 것을 보게 될 것이다.

회피수단으로서의 초월

나를 찾아오는 학생들 중 많은 이들이, 깨달음이란 그 어떤 경우에든지 완전한 행복, 전적인 지복감至福感, 전적인 자유를 느낄 수 있어야만 한다는 무의식적인 관념을 가지고 있다. 이것은 깨어남에 관하여 많은 이들이 흔히 잘못 알고 있는 무의식적 신념 가운데 하나이다.

깨어남 이후에는 외부의 상황이나 삶의 환경이 우리의 중심을 뺏을 만큼 더 이상 힘을 부리지 못하게 된다는 것은 사실이다. 하지만 깨어나면 깨달은 바와 조화되지 않는 삶의 행동패턴을 더 잘 알아차리게 된다는 것 또한 사실이다. 만일 당신이 깨달음이란 오로지 행복, 지복, 자유를 위한 것일 뿐이라는 잘못된 인식을 갖게 되면, 뜻대로 돌아가지 않는 삶의 영역을 회피하거나 '초월'하려는 욕구가 생겨난다. 하지만 더욱 깨어날수록 조만간에 우리는 지금껏 회피하면서 지내왔거나 온전히 의식하지 못한 채로 지내왔던 삶의 영역을 이제는 직면하여 다루어 내지 않을 수가 없음을 깨닫게 된다.

  깨어남의 엄청난 힘이 자기를 몰아가는 그곳, 더할 나위 없이 정직하고 진실하며, 또한 숨어 있던 곳에서 걸어나오지 않으면 안 되게끔 몰아세우는 그 경지를 깨닫게 되면 사람들은 무척이나 두려워한다. 나는 그것을 많이 보아왔다. 깨어남이란, 그저 삶을 초월해버리는 것이라든가 아니면 삶은 있는 그대로 내버려두고 어떤 내적 경험에만 파묻혀 있을 수 있는 그런 안전한 피안을 발견하는 것이라는 식의 생각과는 거리가 멀다. 오히려 깨어남은 그와 정반대이다. 깨어남이란, 우리의 삶을 있는 그대로 살아내는 능력을 발견하게 되는 하나의 '존재 상태'이다. 많은 이들이 삶의 이 과정을 두려워하는 까닭은, 이제는 삶의 모든 수준에서 자기가 숨어 지내던 곳으로부터 나오지 않으면 안 되기 때문이다. 그들은 지금껏 자기가 연루되어 온 어떤 인간관계의 진실이 속속들이 밝혀지는 것을 두려워하고 있다. 그 관계란 가족이나 친구사이, 연인이나 부부사이일 수도 있다. 진실로부터 숨어버리거나, 일상적으로 일어나는 여러 형태의 어려움으로부터 몸을 숨기는 것이 훨씬 마음 편한 측면도 있는 것이다.

  여기 이야기가 하나 있다. 자신의 인간관계를 직면한다는 것이 얼마나 힘든 일일 수 있는지, 또 그것을 몸소 직면하지 않으면 우리의 영적인 진화가 어떻게 멈추게 되는지에 관한 이야기이다. 어떤 이름난 선사에게 수제자가 있었다. 그는 장차 선사를 이어받아 제자들을 가르칠 훈련을 받고 있었다. 이 사람은 여러 해 동안 가정을 꾸려왔고, 아이도 셋을 두고 있었다. 그는 스승에게 아내와의 사이가 좋지 않다는 것을 이야기했다. 그의 아내는 남편에게 화가 나 있었다. 아내의 입장에서 볼 때, 남편은 점점 소원해져서 이제는 가정을 돌보지도 않고 자기와 아이들을 가까이 대해주지도 않았던 것이다.

그런데 이 부부는 둘 다 선사의 제자였다. 두 사람의 처지를 듣고 있던 선사가 말했다. "다음 달에 산중수련회가 있다. 두 사람이 함께 오너라." 두 사람은 과거에 늘 하던 식으로 매일 수차례씩 앉아 명상하고 침묵을 지키면서 자신의 내면을 응시하는 일 등을 예상하면서 수련회에 참가했다. 하지만 수련회가 시작됐을 때, 선사는 두 사람을 따로 불러 말했다. "너희 둘은 좀 다른 수련을 하도록 해라. 너희 두 사람이 쓸 침실을 마련해놓았다. 너희는 한 침대 위에서 스물네 시간 동안 함께 지내야 한다. 화장실 갈 때 말고는 침대를 떠나지 말아라. 침대에서 너희가 무얼 하든 상관하지 않겠다. 다만 너희는 스물네 시간 동안 그 침대에 있어야 한다. 그런 다음에 나에게 오너라."

스승의 말씀이었으므로 그들은 하는 수없이 분부대로 하였다. 그들은 침실로 가서 스물네 시간을 한 침대 위에서 지냈다. 그동안 있었던 일을 보고하러 찾아갔을 때 선사는 머리를 긁으면서 말했다. "가만 있자, 하루 더 하는 게 어떨까? 하루 더 그렇게 지내거라."

면담을 마치고 그 둘은 하루를 더 침대에서 지냈다. 수련회는 7일간 계속되었는데, 날이 바뀔 때마다 스승은 똑같은 지시를 내리는 것이었다. 침대로 돌아가서, 떨어지지 말고 지낼 것. 수련회가 끝나갈 즈음 둘은 다시 가까워졌다. 둘은 진실로 서로를 다시 만나게 되었다. 결혼은 깨어지지 않았다.

이 선사는 참으로 훌륭한 스승이다. 그는 자신의 수제자이자, 영적 스승이 될 과정을 훈련받고 있던 이 남편이 무언가 매우 깊은 깨달음을 얻었다는 걸 알고 있었다. 그러나 동시에 그는 깨달음에 뒤따르는 위험한 증상 중 한 가지를 보이고 있었다. 즉 바로 그런 때에, 삶의 힘든 상황이나 인간관계의 어려움으로부터 자신을 분리시키려 들 수가 있는 것이다. 세상과 관계함에 있어서, 우리는 어떤 초월의 경지 속에 숨어 지내려는 태도를 버려야 한다. 이젠 거기서 빠져나와서 사람들을 만나고 상황을 겪어내야 한다.

이 제자는 자신이 얻은 깨달음 안으로 숨어들기 시작했다. 불편하거나 어려운 일들을 외면하기 시작했다. 그는 자신의 깨달음을 불편한 일을 대면하지 않고 회피할 핑계로 이용했다. 지혜로운 스승은 이것을 정확히 짚어내어, 제자로 하여금 그의 아내, 그의 상황, 그가 맺어온 관계를 직면하고 다루지 않을 수 없는 상황으로 몰아넣은 것이다. 그리하여 제자는 초월의 경지 속에 마냥 숨어서 지낼 수가 없게 되었다.

결국 깨달음은, 그것이 진정한 깨달음이라면, 우리로 하여금 어떠한 일도 회피하지 못하게끔 만든다. 깨달은 관점에서는 삶의 어떤 부분으로부터도 고개를 돌리기가 어렵게 되고, 궁극적으로 그것이 불가능해진다.

그래서 흔히 사람들은 깨어난 후에 지금까지의 삶에서 눈에 잘 띄지 않던 어떤 패턴을 알아차리게 된다. 어떤 경우에는 자신의 인간관계나 삶의 패턴에서 모종의 변화가 필요하다는 걸 발견할 수도 있다. 이것은 수행과정에서 약간 뜻밖의 일로 여겨질 수가 있다. 어느 날 갑자기 자신으로부터 숨을 데가 없어지기 때문이다. 우리는 이렇게 중얼거린다. "내가 맺고 있는 관계가 더 이상 지속될 수 있을까? 그래도 괜찮을까? 사랑하는 사람이 나를 버리는 건 아닐까? 내 친구들이 이래도 나와 친구로 지내고 싶어할까? 내 직장이, 내 상사와의 관계 등등이 전과 같이 이어질까, 아니면 뜻하지 않은 방향으로 변해버리게 될까?"

그런데다가 대부분 사람들은 당연히 변화를 싫어한다. 변화를 바라는 경우도 있지만 변화란 언제나 미지의 요소를 품고 있다. 무슨 일이 어떤 식으로 벌어질지 모르는 것이다. 하지만 이것은 온전한 깨어남을 위해 중요한 부분이다. 우리는 그야말로 철저히, 숨은 곳으로부터 나와야만 한다. 또한 있는 그대로의 삶을 직면해야만 한다. 이 관계는 만족스러운가? 이 관계는 진실 위에 바탕을 두고 있는가? 이 말은 관계가 완벽한가, 이상적인가 하는 따위의 의미가 아니다. 그런 것은 상관이 없다. 관건은 이 관계가 정직과 진실, 그리고 온전함에 바탕을 두고 있는가, 그렇지 않은가에 있다.

우리가 관계하고 있는 서로 안의 그것은 정확히 무엇인가? 우리 관계의 뿌리는 어디인가? 우리는 상대방이 바로 나 자신이며 나 자신과 똑같은 본성을 가진다는 견지에서 관계를 맺고 있는가? 우리는 그런 쪽으로 행동하고 있으며 그런 쪽으로 움직이고 있는가? 우리는 몰려드는 두려움을 기꺼이 맞아들이려 하는가? 말했듯이, 대부분의 사람들은 변화를 두려워한다. 만약 우리가 숨어 있던 곳에서 나오면, 부인으로부터 벗어나면, 우리는 연인을 잃고 친구도 짝도 다 잃게 되는지도 모른다. 실제로 그럴 수도 있다. 알 수 없는 일이다.

나는 사람들에게 끊임없이, 깨달았다고 해서 반드시 삶이 자기 뜻대로 풀려간다는 어떤 보장도 없다는 것을 말해준다. 삶은 이전보다야 훨씬 나을 것이다. 하지만 그게 삶이 자신이 원하는 대로 펼쳐지리라는 뜻은 아니다. 결국 그것은 진실함에 관한 것이다. 우리 존재의 모든 측면에서, 모든 차원에서 진실해지는 것이 중요하다.

깨달음은 그저 도피해버리는 것이 아니다. 그저 초월해버리는 것이 아니다. 그것은 있는 그대로의 우리의 삶, 우리의 관계를 만날 수 있게 되는 '존재 상태'이다. 삶은 그 자체가 관계일 뿐이다. 만물의 궁극적인 관점에서 볼 때, 삶이란 '하나(One)'의 '하나'에 대한 관계이며, '영(Spirit)'의 '영'에 대한 관계이다. 그때 존재하는 것은 관계의 '나타남'이다. 관계의 춤이요, 삶의 춤이다. 그리고 이 춤마당에서 절대적으로 필요한 것은 그 무엇으로부터도 숨으려 하지 않는 것이다.

혹 여러분이 어떤 것으로부터 숨으려 하면, 예를 들어 어떤 풀리지 않는 관계나 혹은 견디기 힘든 직장생활 속에서 그 문제를 다루지 않고 부인하면 진정한 자유를 얻을 수 없게 된다. 결코 완전히 자유로워질 수가 없다. 왜냐하면 우리가 알지 못한 채 덮어버리기로 한 영역은 결국 타인에게만이 아니라 자신에게도 똑같이 영향을 끼치기 때문이다.

부인否認으로부터 걸어나와야 한다는 말은 무슨 의무 같은 것이 아니다. 어쩌면 그렇게 들릴 수도 있다. 마치 내가, "이것이 여러분이 할 일이다, 마땅히 이렇게 해야만 한다. 그렇게 하면 여러분은 더 나은 인간이 될 것이고, 더 나은 삶을 살 것이다"라고 이야기하는 것처럼 말이다. 그건 전혀 나의 관점이 아니다. 내 말은 단지, 깨어난 의식은 그 자체의 특정한 방식으로 움직인다는 것이다. 이 의식은 어떤 것도 부인하지 않는다. 숨지도 않는다. 그것은 삶의 어떤 부분도 회피하지 않는다. 있는 그대로의 존재, 완전히 깨어난 상태는 궁극적으로 완전히 삶에 몰입하기 때문에 어떠한 두려움도 없다. 그것은 무조건적인 사랑과 진실함으로부터 솟아나서는 자신의 방향대로 움직여 간다. 이러한 영적 삶의 차원으로부터 움츠러들게 하는 요인이 있다면, 그것은 단지 마음속에 자리한 두려움, 즉 에고의 환상을 지어내게 하는 두려움뿐이다.

나는 이 점을 분명히 하고 싶다. 만약 여러분이 자신의 삶에서 조화롭지 못한 어떤 측면을 회피하고 있다면, 부인을 계속하는 삶의 바로 그 측면, 바로 그런 종류의 회피가 영적인 깨어남을 막아서게 되리라는 것이다. 수행의 초기에는 그 영향이 크지 않을 수도 있다. 하지만 시간이 흘러 더욱 성숙한 깨달음이 열릴수록 부인이 허용될 여지는 점점 더 줄어든다. 사람들은 대개 이 사실을 깊이 생각하지 않는다. 무슨 이유인지 몰라도, 우리 대부분은 일단 깨달음을 얻기만 하면 그것이 자신의 삶에서 불편하게 여겨지는 일들을 다루지 않고 회피해도 되게끔 해주리라고 생각하고 있다.

깨어남은 모든 사람, 모든 상황을 만나는 장場이 될 수 있다. 삶의 모든 상황과 관계를 맺는 장이 될 수 있다. 하지만 이렇게 되려면 크나

큰 용기와 대담성이 요구된다. 여기에는 내가 계속 강조하고 있는 또 한 가지가 필요하다. — 지극히 순수한 진실함, 그것이다. 이런 차원의 진실함은 진실을 사랑하는 마음, 진실이 최상의 선이라는 마음으로부터 일어난다.

진정이 아닌 어떤 상태, 또는 무엇을 조금이라도 피하고 있는 상태는 내가 누구인지를 알게 될 경험을 감소시킨다. 학생들에게 자주 하는 말이지만, 삶에서 사람이나 상황에 진실하지 않은 것은 자신의 본성이 표현되지 못하도록 억누르는 것이다. 우리는 진실 그 자체가 최상의 선이며, 진실 그 자체가 가장 위대한 사랑의 표현이자 나타남이라는 것을 언젠가는 깨달아야만 한다. 궁극에 있어서 사랑과 진실은 같은 것이다. 그것은 동전의 양면이다. 사랑이 없이는 진실할 수가 없으며, 진실 없이는 사랑할 수가 없다.

깨어남은 우리 안쪽의 삶과 바깥의 삶 모두가 변화할 것을 요구한다. 다시 말하지만, 이 변화라는 것을 혹 완벽한 삶이나 완벽한 직업, 완벽한 배우자, 결혼, 친구관계 등을 뜻하는 것으로 생각하면 곤란하다. 이것은 완벽의 문제가 아니다. 이것은 온전함(wholeness)의 문제다. 이것은 우리가 어떤 것을 원하는 바대로 가지는 것이 아니라, 어떤 것을 그 있는 바 그대로 가지는 것이다. 우리가 사물을 있는 그대로 허용할 때 조화의 느낌이 자라난다. 우리가 얻은 깨달음과, 한 인간으로서의 우리의 모습 사이에 자리한 틈이 점점 줄어든다. 깨달음과 그 표현 사이에, 깨어남과 그 실현 사이에 이음매 없는 어떤 연속체가 드러나기 시작한다.

제6장

흔히 보는 착각, 함정, 고착상태

깨어남과 함께 찾아오는 몇 가지 함정이 있다. 그것은 막다른 골목이나 소용돌이 또는 고착상태 같은 것으로서, 우리는 거기에 쉽게 붙들리곤 한다. 이러한 함정을 이해하고 있으면 적지 않은 도움이 된다. 그것들은 아주 교묘하여 무슨 일인지 알기도 전에 어느새 우리 곁으로 다가오기 때문이다.

이러한 미혹들은 깨어남 자체에 내재된 것이 아니다. 수차 이야기했듯이 그것은 대부분의 사람들이 스쳐 지나가는 깨어남으로부터 머무는 깨어남으로 영역을 횡단해가고 있기 때문에 일어나는 일일 뿐이다. 이러한 횡단의 과정에는 에고로 하여금 깨어남을 붙들고 늘어지게 만드는 미혹이 일어날 수도 있다. 에고는 깨어남 속에 내재된 앎을 부여잡는다. 마치 깨달음의 싱싱한 에너지를 낚아채어, 그것을 제 목적에 이용하려는 듯이 말이다. 이러한 미혹이 교활하다는 건 무엇을 말할까? 이 중 어떤 것은 아주 미묘하여 주변 사람의 눈에는 뚜렷이 보이는데도 정작 자기 자신만은 알아차리기가 힘들다는 것이다.

한 가지 기억해야 할 점이 있다. 여기서 내가 이야기할 경험들을 모든 이가 똑같이 겪는 건 아니다. 깨어남은 선택의 여지가 없는 외길은 아닌 것이다. 내가 여기서 대략 이야기하는 것이 만일 여러분의 경험과 맞지 않는다면, 전혀 신경 쓸 필요가 없다.

우월감에 빠짐

깨어남 이후에 가장 흔히 나타나는 망상 중의 하나는 우월감이라는 망상이다. 이것은 영적인 집단에서 매우 흔히 나타난다. 사람들은 깨어나 있든 그렇지 않든 어떤 우월감 속에 빠져버릴 수 있다. 그것은 스쳐 지나는 깨어남에서 머무는 깨어남으로 옮겨갈 때 겪게 되는 함정일 수도 있고, 꿈꾸는 상태 속에 있는 함정일 수도 있다. 그러나 깨어남 이후의 경우에는 에고의 마음이 버젓이 걸어 들어와, 마치 깨어남으로 하여 자신이 남보다 더 훌륭해지기라도 한 것처럼 개인적인 우월감을 느끼기 시작한다. 이런 경우는 너무도 흔해서 수행 과정에서 거의 자연스러운 것으로 느껴질 정도이다.

이러한 망상 속에 내재되어 있는 것은 '뭔가를 안다'는 느낌이다. 나는 옳다. 깨어났으니까. 나는 '언제나' 옳다. 깨어났으니까. 꿈꾸는 상태라는 집을 짓는 자인 에고는 그러한 생각을 가지고 (내가 명명한

'깨달은 에고'라는 상태를 창조해내기 시작한다. 깨달은 에고만큼 정 떨어지는 것도 없다. 그것은 '나는 깨달았다' 혹은 '나는 깨어났다'고 생각하는 에고이며, 깨어남의 실현으로 얻어낸 얼마간의 에너지를 가지고 또 하나의 우월한 자아의 느낌을 지어내는 에고이다.

나는 그동안 확실한 깨어남의 순간을 경험한 사람들이, 그 깨달음을 자기가 직면하기를 원치 않는 모든 것을 무시해버리는 데에 이용하는 것을 보아왔다. 사람들은 내게 이렇게 말했다. "아디야, 하지만 여기엔 에고가 없어요. '나'라는 게 없다 이 말씀입니다. '나'가 없으니 아무것도 할 게 없지요." 그들에게 내가 묻는다. "좋습니다. 그래도 당신은 가끔 무의식적으로 꿈틀거리는 불가사의한 움직임도 당신 안에 존재한다는 건 알고 있겠죠?" 그러면 그들은 말한다. "글쎄요, 그건 맞을지 몰라도 그런 현상에 대해 반응할 누군가가 없다는 거죠. 이 모두가 저절로 펼쳐지는 현상이니까요. 어떤 식으로든 거기에 관여할 생각을 낸다는 것 자체가 또 다른 꿈속의 망상이지요."

이런 공간, 즉 모종의 통찰을 붙들고서 자신을 숨겨줄 공간으로 빠져 들어가버린 사람은 거기까지 뚫고 들어가서 만나기가 어렵다. 진정한 깨어남의 상태에 있을 때는, 우리는 결코 자신이 깨달은 바를 자신의 어떤 면을 외면하고 회피하는 수단으로 사용하지 않는다. 우리는 모든 것을 존재의 빛 속으로 맞아들인다. 우리가 혹시 무의식적으로 해대는 자신의 행동을 간과해버리는 수단으로서 깨달음을 이용하고 있다는 걸 알게 된다면 그 즉시 자신이 지금 미혹된 상태에서 행동하고 있음을 알아차려야 한다.

이미 말했듯이 사물에 대한 절대적 관점은 옳은 것이다. 따로 분리된 '행위자'는 없다는 것, 에고는 환영이라는 것 말이다. 궁극적으로, 무언가를 '하는' 분리된 존재는 없다. 그리고 모든 것은 저절로 일어난다. 그러나 그보다 더 깊은 진실이 존재한다. 이 진실에 문제가 있다면, 그것을 말로 설명하기가 몹시 힘들다는 점이다.

불교에 〈반야심경〉이라는 경전이 있다. 여기에는 '늙음도 없고 죽음도 없으며, 늙고 죽음이 다함도 없다'는 내용이 있다. 이것은 이 경전에서 대단히 중요한 구절이다. 늙음도 없고 죽음도 없다. 절대적 관점에서 볼 때, 이것은 진실이다. 그러나 동시에, 우리가 늙음과 죽음에 끝이 없다는 것을 깨닫지 못할 때, 우리의 깨달음은 완전하지 않다. 깨달음이 완전하지 않으면 그 깨달음은 에고에 의해 자신을 숨기는 구조물로 이용되거나 미혹된 온갖 행동을 합리화하는 데에 쓰이기 쉽다.

영적 세계에서는 이런 경우가 허다하다. 에고가 혼자서 이렇게 속삭이는 것을 흔히 볼 수 있다. '휴, 이제 나는 깨어났어. 드디어 나는 모든 현상이 저절로 일어나는 걸 보았어. 그러니 이제 나는 일어나는 어떤 일에도 책임이 없어. 이 말이 마음에 안 든다면, 유감이지만 할 수 없지. 그대가 실재의 궁극적인 본질을 깨닫지 못한 것일 뿐이니까.' 이것은 우월감에서 나오는 에고의 환상 중 하나다. 이미 말한 대로 이것은 매우 흔한 환상이다. 그래서 나는 잠시 스쳐가는 깨어남으로부터 머무는 깨어남으로 가는 여정에서 가장 큰 지원군은 바로 깊고도 철저한 진실성임을 강조하고 있는 것이다. 진실함만 있다면 우리는 이 우월감이 자만심의 한 형태라는 사실과, 마음이 잠시의 통찰을 방패삼아 그 뒤에 숨으려 한다는 것을 알아차릴 수 있다.

영적 교사의 입장에서, 이것을 사람들에게 깨닫게 하는 것은 어려운 일이다. 이 독특한 형태의 망상은 아주 잘 방어된 에고 구조 안에 있다. 그것은 꿰뚫기가 아주 힘들다.

가끔 겪게 되지만, 꿰뚫기가 가장 힘든 에고는 바로 실재를 잠시라도 보았던 에고이다. 흔히들 이렇게 생각할 것이다. 누군가가 실재를 잠시라도 정말로 보았다면 그것이 아무리 짧은 순간이라 하더라도 그 사람의 에고는 더 이상은 그토록 방어적으로 되살아나진 않을 거라고 말이다. 하지만 그렇지가 않다. 어떤 사람들은 깨어남의 경험을 하고 나서도 깊숙이 미혹되어 있다.

내가 가르치는 동안 지금껏 보아온 바로는, 이렇게 노골적인 우월감 속에 사는 사람들은 다른 사람이 자신의 이야기에 귀를 기울이는지, 또 자신이 아는 그대로 다른 이들도 알고 있는지를 확인하고자 애쓴다. 그들은 남들이 자기 말에 동의하는지, 아니 그보다 더 먼저, 자신이 깨달았다는 걸 남들이 알고 있는지를 확인하려 든다. 그들은 심지어 내가 가르치고 있는 단상 위로 뛰어 올라와 마이크를 움켜잡고는, 청중을 향해 자기식의 진리를 설하기 시작한다. 그때마다 나는 이런 사람들은 도저히 뚫고 들어가서 만날 수 없을 것 같은 느낌을 갖게 된다. 하지만 세월이 충분히 지나면, 그때는 삶이 그들을 꿰뚫고 들어갈 것이다. 삶에 멋진 점이 있다면, 우리가 진실이 아닌 차원에서 행동할 때 삶은 결국 우리 편을 들어주지 않는다는 점이다. 어느 시점에선가 그 삶은 무너져 내릴 것이다. 어떤 식으로든 우리는 스스로 무릎을 꿇지 않을 수 없게 된다. 우리는 결국 자기 자신을 직면하게 된다. 영원히 미혹에 빠져 살게 되는 일 따위는 없다. 삶은 그런 식으로 작동하지 않는 것이다.

우리는 모두 자신이 어떤 자만심이나 우월감, 깨어나지 못한 자들을 콧등 아래로 내려다보는 기분을 느끼지는 않는지를 잘 살펴야 한다. 만약 어떤 우월감을 느낀다면 분명히 알아야 한다. 즉 이것은 진정한 깨어남의 관점이 아니라는 것이다. 이것은 바로 깨어남의 경험을 움켜잡고서 깨어난 척하고 있는 에고의 관점이다.

중요한 또 한 가지가 있다. 깨어남 이후에 어느 정도의 우월감은 정상적이라는 것이다. 선가禪家에 '공空에 취한다'는 말이 있다. 이 말은, 깨어남 자체에 내재된 에너지와 아름다움에 잠시 도취되는 것을 뜻한다. 그런데 만일, 깨어나는 순간 에고의 구조가 정말 용해되었다면, 도취될 어떤 에고도 없어야 할 것이다. 하지만 대개 그런 일은 일어나지 않는다. 대부분의 경우, 남아 있는 에고 구조의 어떤 부분이 깨어남을 실현한 것을 두고 한껏 도취되게 마련이다. 다시 말하지만 이것이 나쁘다는 것이 아니다. 내 말은 단지, 노골적으로든 교묘하게든 간에 이런 현상이 일어나게 된다는 것이다.

만약 이런 일이 일어나는 것을 보게 되거든, 그것을 있는 그대로 인식하라. 여러분이 그 때문에 무서워한다고 해서 그 현상이 사라지지도 않을 것이며, 그것을 믿고 그것을 따라한다 해도 역시 사라지지 않을 것이다. 그 현상을 있는 그대로 보아 넘기도록 하라. 많은 사람들이 겪게 되는 깨어나는 과정의 일부로서 말이다.

만약 여러분이 진실한 자리에 머물러 있다면, 그 어떤 우월감도 참

된 것이 아님을 알게 된다. 이렇게 되면 여러분은 자기가 스스로에게 무슨 말을 속삭이고 있는지를 알게 될 것이다. 우월감을 느끼게끔 만드는 자신의 마음이 무슨 말을 하는지를 알게 될 것이다. 마음만이 우리를 미혹시키는 유일한 자이기 때문이다. 모든 망상은 마음에서 시작된다. 모든 망상은 우리가 스스로에게 속삭이고, 또 자기가 하는 그 말을 참이라고 믿는 온갖 방식들로부터 비롯되어 생겨 나온다.

모든 망상을 풀어헤쳐 우리를 분리시켜놓는 모든 것을 꿰뚫어보게 하는 열쇠는, 그것의 기원을 밝혀내는 것이다. 여러분은 스스로에게 무슨 말을 속삭임으로써 분리의 느낌을 만들어내고 있는가? 그것이 우월감이든, 아니면 무엇이든 간에 말이다.

한 여인에게 돌을 던지려는 무리를 만났을 때 예수는 이렇게 말했다. "죄 없는 자가 먼저 돌을 던져라." 여기서 예수는 나뉨 없는 경지로부터 말하고 있다. 그는 자기 자신을 돌 맞는 여인보다 더 나은 존재로 보지 않았다. 이 여인이 무슨 죄악을 저질렀든 그것은 상관이 없었다. 그의 말은, 어느 누구도 죄짓지 않은 자는 없다는 것이다. 여기서 죄란 좌표를 잃고 빗나간 것을 일컫는다. 어느 누구도 그릇된 견해를 피해 가지 못한다. 누구나, '그렇게 하지 않았더라면 좋았을걸' 하는 짓을 저지른 적이 있다. 우리 모두가, 깨달음과는 거리가 먼 방식으로 행동한 적이 있다. 우리 중에 어느 누구도 나머지 사람들과 하등 다를 것이 없다. 바로 이런 이유로 해서, 나뉨 없는 관점으로부터 행동하게 될 때는 모든 우월감이 사라진다.

만약 여러분이 자신에게서 어떤 우월감을 알아차리게 된다면, 그때 가장 중요한 것은 그것을 믿어서는 안 된다는 것이다. 그 느낌을 쫓아내라는 것이 아니라, 그것을 믿지 말라는 것이다. 그것을 믿지도 않고, 또한 자신으로부터 쫓아내버리지도 않는 차원에서 대응하면, 그때 용해현상이 일어난다. 만약 그것을 쫓아내려고 하면, '저항하면 더욱 끈질기게 달라붙는다'는 법칙을 경험하게 될 것이다. 무엇을 쫓아내버리려 할 때마다 실제로 여러분은 그것에 힘을 보태주고 있는 것이다.

나 자신의 체험 중에서 들려드리고 싶은 이야기가 하나 있다. 숨어 있는 우월감이 어떻게 머리를 쳐드는지, 그리고 그것을 어떻게 다룰 것인지를 잘 보여주는 예라고 생각한다. 나는 스물다섯 살 때 처음으로 본격적인 영적 깨어남을 경험한 걸로 기억한다. 그것은 매우 강력하고 또한 커다란 해방감을 주는 경험이었다. 그때의 나는 약관 스물다섯의 청년으로서 두려움이라고는 모르던 시절이었다. 나는 내가 불멸이라는 것, 어떤 해악도 당하지 않는다는 것을 알았고, 우리 안에 내재된 모든 생존본능이 사라져버리는 것을 보았다.

그 깨달음이 있은 지 몇 달 후에 나는 은사를 만나러 갔다. 그즈음 나는 일요일 아침마다 그녀를 만나곤 했다. 우리는 앉아서 명상을 하고 나서 은사의 가르침을 들었다. 그런 다음 잠시 더 명상을 하고 나서 모두 함께 아침을 먹곤 했다. 그런데 이번엔 내가 명상실에 들어가서 다른 제자들과 함께 앉았을 때, 바로 이 우월감이 내 안에서 솟아올랐다. 나는 정말 놀랐다. 이후로 나는 이것을 '우월맨(Superiority Man)'라고 이름 붙여 자주 써먹었다.

내가 방 안에서 명상에 잠겨 있을 때 갑자기 이 우월맨이 솟아 올라왔다. 주위를 둘러보는데, 방 안의 다른 사람들은 아무것도 모르고 있다는 느낌이 들었다. '저들은 진리에 대해 아무것도 모르고 있어. 실재에 대해 아무것도 모르고 있어. 반면에 나는 이 엄청난 깨달음을 이미 겪어서 알고 있어!' 나는 곧바로 어떤 두려움을 느꼈다. 왜냐하면 다행스럽게도 나는 이 기분이 진실이 아님을 알아차렸기 때문이다. 그 깨달음 자체가 우월감이란 순전히 꿈이라는 것, 그리고 에고의 환상일 뿐이라는 것을 내게 분명히 보여주었다. 하지만 그것이 이 우월맨이 튀어나오는 것을 막지는 못했다.

나의 마음은 깨어남이라는 '사실'로부터 엄청난 우월의 '느낌'을 만들어내고 있었다. 또한 동시에 이 느낌이 전혀 진실에 바탕을 두고 있지 않다는 더욱 깊은 앎이 있었다. 나는 이 우월맨을 없애보려고 갖은 노력을 다했다. 처음에는 '이것은 진실이 아니다'라고 계속 되새기면서 이 우월감이 존재할 수 없는 공간으로 다시 돌아가려고 애썼다. 하지만 그 뒤로 수 주일 동안 명상에 들어갈 때마다 이 우월감은 계속 솟아올랐다.

나는 온갖 수단을 다 동원했다. 처음엔 그것을 증오로써 죽여보려고 했다. 다음에는 그것을 사랑함으로써 죽여보려고 했다. 그것을 받아들이고 있는 그대로를 허용하면 그게 사라질 거라 기대했던 것이다. 나는 그것이 어디서 나오는지, 왜 솟아나는지를 주시하였다. 수 주일 동안 그것을 없애기 위해 동원할 수 있는 모든 술수를 써봤지만 나는 결국 실패했다. 나는 매주 일요일 아침 그곳에 출석하여 명상에 들었고, 그때마다 어김없이 우월맨이 나타났다.

어느 날 아침 마침내 나는 이 우월맨에 대해 실제로 아무것도 할 수 있는 일이 없다는 것을 깨닫게 되었다. 그야말로 완전한 패배였다. 이 놈을 없애보려고 모든 짓을 다 해보았지만 허사였다. 이젠 어떤 방법도 없었다.

그 깨달음은 회피나 무시가 아니었고, 눈을 감아버리는 외면도 아니었다. 그것은 확실하고 진실한 깨달음이었다. 그것은 처절한 패배의 순간이었다. 나는 내가 아무리 깊은 깨달음을 얻었더라도 여전히 패배할 수 있음을 알게 되었다. 진실이 아닌 것들, 그럼에도 완전히 없앨 수 없는 것들이 내 안에서 여전히 생겨날 수가 있다. 이미 깨어남을 겪은 후라 해도 말이다.

나는 거기 앉은 채로 패배를 받아들이고 있었다. 얼마 동안 명상을 계속한 다음, 다른 이들과 함께 자리에서 일어나 아침식사를 시작했다. 식사를 하려고 모두가 식탁에 앉는 순간 또다시 우월감이 올라왔다. 그건 내가 뭘 갑자기 알아차렸기 때문이 아니었다. 아무 까닭도 없었다. 나는 이미 내가 할 수 있는 일이 아무것도 없음을 깨닫고 있었다. 내가 아무리 애를 쓴다 하더라도 이 오만함은 없앨 수가 없다는 '사실'과의 조우. 그것은 개인의 의지라는 게 얼마나 무력한지에 대한 최초의(그 뒤에도 자주 있었지만) 경험이었다.

그러니 혹 여러분이 깨어남 이후에 어떤 우월감을 느끼게 되거든, 그것을 밀쳐내려 애쓰지 말아야 한다. 부정적으로 거부하려 들지 말라. 하지만 동시에, 그것에 먹이를 주지도 말라. 그저 있는 모습 그대로를 보아 넘기도록 하라. 이것이 가장 중요하다.

허무의 함정

스쳐가는 깨어남으로부터 머무는 깨어남으로 나아가는 수행과정에서 만날 수 있는 또 다른 함정이 있다. 다시 말하지만, 이러한 함정이나 막다른 길은 깨어남 자체에 내재되어 있는 것이 아니다. 그것은 깨어난 관점과 우리 마음과의 관계로부터 생겨나는 환영이다. 깨어난 관점은 마음이 이해할 수 있는 범위를 훨씬 넘어서 있지만, 마음의 타고난 본성은 보이는 모든 것을 자기 안에 담아 넣으려고만 한다. 이 마음이 바로 깨어남 뒤에 생기는 환영의 근원이다.

이 함정 가운데 가장 흔히 보는 것 중의 하나가 허무감(meaninglessness)이다. 실재를 보는 새로운 눈이 열리면서, 우리는 의미를 발견하려는 에고의 욕망으로부터 자유롭게 된다. 삶의 의미를 찾으려는 에고의 욕망은 실제로는 '삶 그것으로 있기'의 대용품일 뿐임을 우리는 알게 된다. 삶의 의미를 찾아 헤매는 것은 '나는 삶이다'라는 앎의 대용품일 뿐이다. 삶 그것에서 분리된 사람만이 의미를 찾아 헤맨다. 삶 그것에서 분리된 사람만이 목표를 찾아다닌다.

이 말은 의미나 목표를 구해서는 안 된다는 뜻이 아니다. 의미나 목표는 사람이 삶과 조화를 이루는 데 도움을 주는 꽤 현명한 전략이다. 하지만 잊지 말아야 할 것은, 삶의 의미나 존재의 목표를 찾으려는 열망은 궁극적으로 꿈꾸는 상태, 즉 내가 누구인지에 대한 진정한 앎도 없고 자신의 진정한 본성도 알지 못하는 상태로부터 비롯된다는 사실이다.

진실한 깨달음이 있으면(꿈꾸는 상태로부터 잠깨어나면), 의미를 찾아다니는 것이 더 이상 적절한 일이 아니라는 것을 알게 된다. 즉 우리가 삶과 곧바로 연결되어 있을 때에는 문득 의미나 목적 따위를 추구하는 것이 어쩐지 하찮거나 무가치한 일로 보이게 된다. 그것은 더 이상 우리의 삶에 동력이 되지 못하는 것이다. 의미와 목적에 대한 열망이 용해되는 까닭은, 우리가 이제는 다른 관점(그런 것들이 더 이상 존재하지 않거나, 적어도 이전의 방식으로는 존재하지 않는다는 관점)으로부터 출발하기 때문이다. 의미와 목표는 더 이상 에고의 입장에서 존재하지 않는다.

깨어나면 우리는 꿈꾸는 상태를 실상 그대로 직시하게 된다. 꿈꾸는 상태가 어떻게 의미를 가질 수 있겠는가? 꿈꾸는 상태가 어떻게 목표를 가질 수 있겠는가? 그건 한낱 꿈일 뿐이지 않은가? 이것이 진실이다. 하지만 몇 번이고 말했듯이, 깨어남 뒤에도 사물에 의미를 부여하려 하는 부질없는 마음을 지닌 '인간'이 있다. 마음은 심지어 깨어남 자체에까지 의미를 부여하려 한다. 대부분의 사람들에게는 에고가 완전히 사라지지 않기 때문에, 마음은 계속하여 깨어남의 통찰에 의미를 지어내려고 한다. 마음은 이렇게 중얼거린다. "맙소사, 이젠 목적도 의미도 다 없어져버렸어." 더 이상 에고의 목적이나 의미를 믿기에는 실상을 너무나 많이 보아버렸다. 그럼에도 아직도 의미나 목적을 찾아 기웃거리는 에고의 구조물이 아직도 많이 남아 있다. 의미란 존재하지 않음을 눈치챈 에고라는 환영은 진실 쪽을 힐끗힐끗 들여다보면서 혼란스러워하고 있다.

바로 이런 시점에서 어떤 사람들은 허무라는 덫에 걸려든다. 삶은 아무런 의미도 없는 것처럼 보인다. 가장 암울한 뜻에서, 삶은 아무런 목적도 없다. 그것은 마치 거대한 풍선이었던 에고의 공기가 죄다 새나가 버린 것과 같다. 실재를 인식하게 되면서 풍선은 쪼그라들어서, 이제 남은 것이라고는 흐느적거리는 고무조각뿐이다. 하지만 풍선 자체는 아직도 남아서 이렇게 묻고 있다. "어떻게 된 일이야? 삶의 의미에 무슨 일이 생긴 거지? 내 목적은 다 어떻게 된 거야?"

에고 구조의 잔재물이 아직도 남아 있다면 부정적인 의미의 허무와 무상함의 함정에 때때로 갇히기 쉽다. 그러나 깨어난 관점에서 볼 때는 어떤 의미도 목적도 없다는 말은 지극히 긍정적인 의미이다. 그 말이 긍정적인 이유는, 깨어난 자가 이제 의미나 목적보다도 더 나은 무언가를 발견했기 때문이다. 그는 바야흐로 '존재' 자체의 정수로서 깨어난 것이다. 무엇이 이보다 더 깊은 의미를 가질 수 있겠는가? 무엇이 이보다 더 높은 목적을 가질 수 있겠는가?

그러나 에고의 관점에서 바라보면, 이것은 차라리 재앙이다. 주의하지 않으면 우리는 에고의 소용돌이에 걸려들어 우울증 상태로 휘말려 들어갈 수도 있다. 지난 수년간 나는 아주 생생한 진실을 본 사람들을 만났다. 그런데 그들의 에고는 그들이 본 것에 반항했다. 에고는 눈앞의 실상에 말 그대로 반항하는데, 이 반항은 매우 부정적인 것으로 발전할 수 있다. 에고는 우울증에 걸릴 수도 있다. 의미와 목적이 용해되어 에고로부터 빠져나가 버리지만 에고는 아직도 살아남은 채로 주저앉아 우울해하고 있는 것이다.

어떤 이는 꽤 오랫동안 우울증에 빠진 채로 지내기도 한다. 이러한 허무감에 대한 해독제 중의 하나는, 우리가 실상을 오로지 에고의 관점에서만 바라보고 있음을 깨닫는 것이다. 깨어남에 에고를 위한 자리는 없다. 깨어남은 '에고로부터' 잠깨어 일어나는 것이므로, 에고의 관점에서는 아무런 이익이 없는 것이다. 깨어남은 '존재'에만 이롭다. 깨어남은 우리의 참모습 그것만을 이롭게 할 뿐, 에고에는 도통 이익을 가져다주지 않는다. 사실 에고의 자리에서 실상을 바라보는 것만큼 곤혹스러운 일도 없다. 에고가 진실을 볼 수 있게 된다면 참 좋을 거라고 생각할 수도 있다. 에고가 기쁨과 행복에 겨워 날뛸 것이라고 말이다. 하지만 그런 경우란 없다.

공空에 갇힘

여러분이 발견할 수 있는 또 다른 함정이 있는데, 이는 허무에 빠지는 경우와 비슷하다. '공空(emptiness)에 빠지는 경우'가 그것이다. 공에 빠진다는 것은 초월적 상태에 묶이는 것이며, 목격자의 자리에 묶이는 것이다.

처음에는 목격자의 상태에 들어서는 것이 아주 기분 좋은 느낌일 수도 있다. 이 상태에서는, 우리는 목격하는 자가 아니라 '목격' 그 자체임을 깨닫는다. 우리가 모든 사물에 대한 목격자라는 것은 진실이기는 해도, 여기에는 우리가 붙잡히기 쉬운 허황된 측면 또한 존재한다.

에고는 어디에든 진을 칠 수 있다. 에고는 변신술에 능하다. 우월감이 통하지 않으면 에고는 허무감을 동원할 수도 있다. 허무감이 통하지 않으면 멀찌감치 떨어져 있는 '목격자'로서 진을 칠 수도 있다. 에고는 끊임없이 연료를 주입받고 있다. 여러분이 에고의 이 주입구를 찾아낸다면, 즉 우리 존재의 한 측면에서 그것을 발견한다면 그것은 잠시 사라지겠지만 이내 다른 곳에서 모습을 드러낸다. 그것은 몹시 교활하여 눈에 잘 띄지 않는다. 사실상 내가 본 바로는 에고의 환영이야말로 자연계 전체에서 가장 괄목할 만한 세력 중의 하나이다.

'나', 곧 에고는 자신을 목격자로서 내세울 수 있다. 처음에는 이것이 엄청난 해방으로 느껴질 수가 있다. 특히 삶에서 많은 고통과 괴로움을 경험한 사람들에게는 말이다. 갑자기 목격자가 된 이 사람들은, 삶에서 자신이 주로 맡던 역할을 더 이상 계속하지 않아도 된다는 대단한 안도감을 느낀다. 그러나 목격자의 자리는 하나의 고착상태가 될 수 있고, 그것이 고착되면 어떤 삭막한 느낌이 스며들기 시작한다. 이런 상황에서 목격자는 목격되는 것과는 따로 떨어진 어떤 것으로서 자신을 보게 된다. 이것은 물론 진실하고도 철저한 깨달음이 없었다는 것을 의미한다. 이것은 뭐랄까 단지 반쪽만을 깨달은 것이며, 겨우 절반만이 깨어난 것이다.

위대한 현자였던 라마나 마하리시Ramana Maharshi가 즐겨 인용했던 옛말이 있다. "우주는 환영이다. 오직 브라만Brahman만이 실재한다. 우주는 브라만이다." 이 말은 깨어남과 함께 찾아오는 통찰을 이야기하고 있다. 그 첫 번째인 "우주는 환영이다"라는 구절은 한낱 철학적인 진술이 아니다. 깨어남이라는 경험의 일부는, 이 우주가 환영임을 깨닿는 것이다. 그것은 깨달아 알게 되는 하나의 지식이다. 우리는 자신과 별개로 외부에 존재하는 객관적 세계 따위는 없음을 발견한다. 그렇다면 이 첫 번째 진술은 깨달음과 함께 찾아오는 통찰을 가리키는 것이다.

그다음으로 "오직 브라만만이 실재한다"라는 진술은 영원한 목격자에 대한 인식을 가리킨다. 우주를 목격하는 자야말로 모든 실재가 있는 곳이다. 깨어남의 이러한 관점에서는, 목격자는 목격되는 대상보다 훨씬 더 생생히 경험된다. 목격되는 대상은 눈앞에 펼쳐지고 있는 하나의 꿈이나 무슨 영화나 소설처럼 우리에게 비쳐진다. 여기에는 엄청난 해방감이 있기도 하지만, 또 한편으로는 '나는 있는 모든 것의 목격자이다'라는 생각에 빠져들 수 있는 강력한 경향성도 도사리고 있다.

지금까지 우리는 "우주는 환영이다", "오직 브라만만이 실재한다"라는 두 진술이 진실임을 보았다(두 번째 진술을 "오직 목격자만이 실재한다"로 이해할 수도 있다). 하지만 마지막으로 "우주는 브라만이다"라는 진술이 없이는 진정한 일원성(nonduality)을 이룰 수가 없을 것이다. "우주는 브라만이다"라는 진술 속에서 우리는 진정한 일체성(oneness)의 깨달음을 얻는다. "우주는 브라만이다"라는 진술은 저 바깥에 있는 목격자의 자리를 무너뜨린다. 목격자의 자리는 총체성(totality) 속으로 무너져 내리고, 별안간 우리는 더 이상 바깥쪽에서 목격하고 있지 않다. 그 대신 목격은 모든 곳에서 동시에 일어난다. 안쪽에서, 바깥쪽에서, 주변에서, 위쪽, 아래쪽 등등 어디서든 말이다. 모든 것이 모든 곳에서, 안쪽과 바깥쪽에서 동시에 목격된다. 왜냐하면 목격되는 객체가 곧 목격하는 주체이기 때문이다. 보는 자와 보이는 자가 동일하다. 이것이 깨달아지지 않는다면 우리는 목격자의 위치에 묶여버릴 수 있다. 우리는 어떤 초월적인 공, 텅 빈 상태에 갇혀버릴 수 있다.

한번은 내게 어떤 여성이 찾아와 깨어남에 관한 자신의 경험을 이야기했다. 그녀는 그로부터 몇 년 후 내가 가르침을 시작해보도록 권하게 될 사람이었다. 처음 내게 찾아왔을 즈음부터 그녀는 자신이 보고 있는 것과 깨달은 바에 관해 이야기하곤 했었다. 그녀는 스승이 아닌, 대화를 나눌 누군가를 찾고 있었다. 그녀는 굳이 가르침을 받을 필요가 없었다. 단지 누군가 자신의 이야기를 들어주고, 자신이 보는 대로 함께 보아줄 사람이 필요했던 것이다.

우리는 방 안에 함께 앉아 이야기를 나누었다. 그녀는 자신에게 무슨 일이 일어났는지를 이야기했다. 깨달음 자체에서, 그리고 인간의 진정한 본성을 발견한 데서 솟아나는 행복감과 기쁨에 넘쳐 그녀의 뺨 위로 눈물이 흘러내렸다. 이윽고 내가 입을 열었다. "너무나 훌륭하고 아름다운 경험이로군요. 다만 한 가지, 불멸에게 너무 반하지는 마세요."

내가 그렇게 말했던 건, '초월상태에 빠지지 말라'는 뜻이었다. 초월은 실재하며 대단히 아름다운 것이다. 다만 거기에 빠지진 말라. 사실 우리가 빠져들 만한 곳은 아무 데도 없고, 자신을 고정시켜둘 만한 곳도 없다. 우리가 부여잡고 지켜야 할 대단한 관점 같은 것은 존재하지 않는다.

진정으로 깨어나고 진정으로 깨닫는다는 것은 모든 움켜쥠에서, 그리고 모든 관점으로부터 해방되는 것이다. 그 상태는 말 그대로 형언불

가능하다. 그러한 존재 상태를 개념으로서 다 설명할 수는 없다. 하지만 이 지점에 이르기 전까지는 다소 개념적인 설명을 얼마든지 할 수 있다. 가르치는 자로서 나는 깨달음의 어떤 측면, 내가 좋아하는 표현법으로, '깨달음이라는 보석의 한 단면'을 설명할 수 있다. 나는 언제든 어떤 단면, 어떤 각도에 관해 이야기할 수가 있다. 하지만 그 보석 전체에 대해서는 어떻게 이야기할 것인가?

대답은 그게 불가능하다는 것이다. 노자가 말했듯이, 말할 수 있는 도는 진정한 도가 아니다. 이 말은 '말할 수 있는 진리는 참 진리가 아니다'라는 것이다. 그게 바로 내가 학생들에게 늘 다음과 같이 말하는 이유이다. 즉, 내 가르침의 목적은 실패하는 것이라고, 할 수 있는 한 가장 보기 좋게 실패하는 거라고 말이다. 말할 수 없는 것을 말하려 한다는 것은 애당초 실패할 것을 잘 알고 있음이다. 그래서 나의 의도는 말할 수 없는 것을 말하는 데 최대한 실패하려는 데 있다. 보석 전체에 관해 이야기할 수는 없다 하더라도, 진리의 자리에서 이야기할 수는 있을 것이다. 그러면 아마도 내 이야기에 귀 기울이던 누군가가, 내가 말하던 '그 자리에서 들을' 것이다. 그곳은 나에게만 속한 자리가 아니다. 그곳은 우리 모두의 본래 모습에 걸맞은 진실한 자리이다. 그곳은 바로 '앎'의 자리이다.

진리는 소유하지 못한다. 어느 누구도 그것을 독점할 수도 없고, 다른 사람보다 더 많이 가지지도 못한다. 어떤 사람이 진리를 깨달을 수도 있고, 다른 사람보다 더 많이 기억할 수는 있겠지만, 중요한 것은 진리란 어느 누구에게 속하는 것이 아님을 이해하는 것이다. 어느 누구도 우리의 본래 모습을 소유하지 못한다. 그것은 모두가 똑같이 나눠 가지는 선물이다. 깨어남의 여정이란 단지 '우리는 누구인가?', '우리는 무엇인가?'를 기억해내는 것, '우리가 늘 알고 있었던 그것'을 기억해내는 것이다.

그래서 이 여행길의 도중에 우리가 묶여 있게 될 수 있는 우월감이나 허무감, 또는 목격자의 관점 같은 것은 모두가, 이른바 '깨달음'이라는 무소불위의 기운에 편승하여 에고가 미혹되어가는 여러 함정들의 보기들이다. 이렇게 말하는 것이 이치에 맞지 않게 들릴 수도 있지만, 그것은 현실에서는 늘 일어나고 있는 일이다. 그것은 아예 우리 여행길의 일부이기도 하다. 그래서 나는 이것이 자연스러운 일이라고 하는 것이다.

우리가 진실하다면 자신이 고착상태에 빠질 때마다 그것을 하나씩 알아차리기 시작하게 될 것이다. 어디선가, 무슨 이유에선가, 어느 시점에선가, 그리고 우리 안에서 무엇인가가, 자신의 깨어남이 완전치 않음을 깨닫게 될 것이다.

나는 여러 해 전 내가 '목격자'의 관점에 있었던 시절을 기억한다. 처음엔 목격자의 경험은 멋지고 놀랍고 심오하고 또한 새롭기 짝이 없는 것이었다. 하지만 시간이 지남에 따라, 직관을 통하여 어떤 작은 음성이 들려왔다. "이것이 전부가 아니다. 이것은 일체성이 아니다. 이것은 통일성이 아니다." 그 기간 동안에 이 목격자는, 내가 나라고 생각했던 그 '나'로부터 완전히 벗어난 것처럼 인식되었다. 나 자신이라 상상했던 그 '인간'으로부터 완전히 벗어난 것처럼 인식되었다. 그럼에도

'목격자는 목격되는 것과는 별개다'라는 망상이 계속 남아 있었다. 남들과 마찬가지로, 이제 나의 여정에서 다음 단계는 이 목격자의 관점이 무너져 내리는 것이었다. '만약 목격되는 것이 목격자와 다르다면, 그것은 이미 분리를 내포하는 것'임을 깨달을 때, 그 관점은 무너지기 시작한다. 이 분리를 자신이 알아차리게끔 허용하면 저 외부의 목격자는 붕괴하기 시작한다. 이 붕괴와 함께 여러분은 에고의 여러 측면들을 알아차리기 시작할 것이다. 그런 에고의 측면들은 목격하는 자리를 이용하여 회피하고 숨어들고, 삶으로부터 멀찍이 떨어지려 하고, 특정한 감정을 느끼려 하지 않으며, 인간답게 용기 있게 삶을 코앞에 맞닥뜨리려 하지 않는다.

거듭 말하지만, '진실 아닌 것'을 바로 보는 것이 이 붕괴에 있어서 가장 큰 요소라 할 수 있다. 오해하지 말기 바란다. 누군가가 내게 이야기해준 덕분에 내 안에서 고착상태를 알아차리게 되었다는 식으로는 충분치 않다. 누군가가 나를 대신하여 해주는 걸로는 충분하지 않다. 그것은 자기 안에서, 자기 스스로 발견되어야만 한다.

이런 점을 마음에 새기고 명상의 자리에 앉아 자세히 들여다볼 필요가 있다. 단지 내가 옳다고 말했다는 이유만으로 그것이 옳다고 치부하면 안 된다. 우리는 자기 안에서, 스스로의 힘만으로, 난생처음 해보는 것처럼 이것을 발견해가야 한다. 나의 가르침이라는 것은 다만 자기 자신을 더 깊게 더 가까이 들여다보고, 더 진실하고 정직해지라는 하나의 권유일 뿐이다.

왜냐하면 사실 어떤 의미에서 우리는 모두가 혼자인 까닭이다. 우리는 스스로 탐구해 나가야만 한다. 누구도 나를 대신해줄 수 없다. 그 누구도 여러분의 머리에 손을 얹어 "세상 마지막 날까지 영원토록, 아멘!" 하고 단박에 영원히 깨어나게끔 해주진 않는다. 결코 그런 일은 없다. 그런 망상은 빨리 벗어날수록 좋다.

완전한 깨어남은 자신을 책임질 때 비로소 찾아온다. 나의 이 말은 우리가 자신을 정말로 직시하고, 정말로 꿰뚫어보려는 책임을 짊어져야 한다는 뜻이다(이때 상상했던 것보다 훨씬 깊숙이 볼 수 있는 능력을 발견한다). 우리가 다른 사람이나 외부의 권위에 의존하는 한 그러한 능력을 발견하기란 쉽지 않은 일이다.

나는 여기서 여러분에게 힌트와 단서를 주고, 또 여러분이 진실이라 여기고 있는 대답들에 의문을 제기하고자 한다. 교사의 진정한 역할은 학생들의 대답에 의문을 제기하는 데 있는 것이지, 앉아서 자신의 대답을 던져주는 데에 있지 않다. 내게로 찾아오는 사람들은 대부분 자신이 뭔가를 알고 있노라고 생각한다. 나의 일은 그가 알고 있다고 생각하는 그것에 의문을 제기하여, 그를 다시 자신에게로 돌아가게 하는 데 도움이 되고자 하는 것이다.

자신을 깊이 직시함으로써, 우리는 막다른 골목들로부터 벗어나는 길을 발견하기 시작한다. 그렇게 하다 보면 무언가 다른 것이 펼쳐지게 될 것이다. 우리가 에고의 관점에 고착되기를 멈출 때, 즉 에고가 '깨달은 에고'로 자신을 되살리기를 멈출 때, 에고가 실재의 본성을 보고는 엉뚱한 결론을 지어내기를 멈출 때, 그때는 전혀 다른 어떤 인식이 펼쳐지게 될 것이다. 탐구와 명상, 그리고 깊이 살펴보기를 통하여 이러한 망상이 죽기 시작하면 우리의 영적인 삶에는 전혀 새로운 영역이 열리기 시작하는 것이다.

그것은 에고의 환영에 더 이상 끌려 다니지 않는 영역이다. 그 영역은 우리의 진정한 본성이 가지는 더욱 섬세미묘한 측면들이 끝없이 열리는 곳이며, 또한 그 측면들에 대한 더욱 깊숙한 기억이 회복되는 곳이다. 그곳은 우리 모두가 향해 가는 곳이자, 또한 영적 진화 그 자체에 이미 깃들어 있는 본성이다.

제7장

삶 자체가 우리를 일깨워주는 거울이다

이제 내 개인적인 영적 여정의 몇 가지 측면을 함께 나누고자 한다. 지금까지 우리는 이른바 스쳐가는 깨어남으로부터 머무는 깨어남으로 나아가는 과정에 대하여 이야기했다. 다른 이들과 마찬가지로 나 또한 처음의 커다란 깨어남 이후로 삶 속에 펼쳐진 어떤 과정이 있었다. 그 깨어남은 스물다섯 때였고, 그 이후에 전개된 과정은 7년간 이어졌다. 그간에 내게 일어났던 일들 중 일부는 이미 이야기했다. 하지만 이제 나는 영적인 논의에서 잘 거론되지 않는 주제를 이야기하고자 한다. 그것은 삶 자체, 즉 나날의 일상이 어떻게 가장 훌륭한 교사가 될 수 있는지에 관한 것이다. 이 점을 설명하기 위해 나 자신이 경험한 몇 가지를 이야기해 보겠다.

태생적으로 나는 경쟁을 좋아하는 성격이었다. 내 인생의 대부분에서 이 성향은 여러 가지 스포츠를 통해서 나타났다. 열세 살 때쯤에 나는 자전거경기 선수였다. 십대 후반에서 이십대 초반 무렵에는 꽤 높은 수준의 선수가 되어 있었다. 훈련과 경기가 내 생활의 대부분을 차지했다. 그래서 스물다섯 살에 깨어남의 순간이 찾아오고, 내 삶에서 완전히 다른 과정이 시작됐을 때 나는 놀라지 않을 수 없었다. 정말이지, 그건 전혀 상상하지 못했던 일이었다.

그 후 시간이 지남에 따라, 나는 내가 경험했던 깨달음이 완전치 않다는 느낌을 가지게 되었다. 내가 깨달았던 것, 내가 알고 있던 것과 완전히 정합되지 않는 내 에고의 인격이 아직도 일부 남아 있음을 알 수 있었다. 나는 이것을 영적 수련을 통해 다루어보려고 노력했다. 그 당시 나의 수련은 주로 스스로 질문하며 글로 적어가는 작업, 그리고 명상이었다.

하지만 영적인 수행 너머에는 삶 자체가 버티고 있다. 처음의 깨어남 뒤 1년이 채 못 되는 동안에, 나는 이런저런 병으로 인해 아주 녹초가 되었다. 그것은 육체적으로도 물론 힘들었지만 나의 에고구조에 남아 있던 부분에게도 힘든 경험이었다. 이전까지의 15년간 내 자아상의 대부분은 운동선수로, 그리고 육체적으로 단련된 사람으로 정의되어 있었다. 나는 주위 사람들의 99퍼센트보다 더 잘 단련된 육체를 지니고 있었다.

사람의 속성이 그렇듯이, 나 또한 육체적으로 지배성향이 강한 자아의식을 만들어 가지고 있었다. 지배성향이 강하다고 해서 내가 덩치가 컸다거나 한 것은 아니다. 실제로 내 체구는 좀 작아서 약간 단신에

체중도 가벼운 편이었다. 훌륭한 사이클 선수가 되려면 덩치가 커야 할 필요가 없었던 것이다. 또래들보다 탄탄한 몸을 가지는 것이 관건이었고, 나는 그런 면에서만은 똘똘 뭉쳐진 자신감으로 엄청난 자아상을 키워놓고 있었다.

병을 앓는 동안 내가 그때까지 지녀온 그 자아상은 허물어지고 있었다. 병상에 누워서 말라가는 형편에 잘나가는 선수라는 자아상을 지키고 있기는 어려운 법이다.

병을 앓게 된지 얼마 지나지 않은 초기에만 해도 조금씩 나아간다고 느껴질 때마다 다시 자전거를 타곤 했다. 물론 이렇게 하면 몸이 도저히 견디지 못하여 또 앓아누웠다. 그렇게 몇 달 동안을, 병을 앓다가 다시 강해지려고 애를 쓰다가 하는 중에 증상은 점점 심해져 갔다. 마침내는 병이 너무 깊어져서 무려 여섯 달 동안을 침대에 꼼짝없이 누워 지내게 되었다.

그 여섯 달이 다 지날 즈음, 나는 커다란 깨우침을 얻었다. 무슨 궁극적 깨달음이나 깨어남 같은 것은 아니라 하더라도, 그것은 분명 중요한 깨우침이었다. 나는 더 이상 운동선수가 아님을 깨닫게 되었던 것이다. 나는 더 이상 나 자신을 운동선수로 간주하는 판단기준을 갖지 않게 되었다. 나는 육체적으로 강하지 않았고, 강한 지구력도 없었으며, 더 이상 경쟁을 좋아하는 사람이 아니었다. '운동선수'라는 배역은 더 이상 나의 것이 아니었다.

몸이 조금씩 좋아지면서, 나는 엄청난 안도감과 해방을 느꼈다. 더 이상 이전처럼 육체적으로 지배적인 사람일 필요가 없었기 때문이다.

물론 스물다섯 때 홀깃 지나쳐간 깨어남의 경험 덕분에, 그 모습이 실제로 내가 아니라는 것쯤은 알고 있었다. 하지만 깨달음을 경험한 후에도 흔히 그렇듯이, 에고의 구조는 그리 쉽게 무너지지 않았다. 몸이 다시 좋아지자 나는 그 질병을 어떤 멋진 선물로, 어떤 은혜로 바라보기 시작했다. 어찌 생각해보면 그 질병은 나를 그야말로 약골로 만들어놓아 그 와중에 운동선수가 아니면 안 된다는 에고의 강박으로부터 풀려나 안도의 숨을 돌리게끔 만든 셈이다. 그건 문자 그대로, 아무것도 아닌 자, 그 누구도 아닌 자가 된 안도감이었다. 그 경험은 심지어 내가 스물다섯 때 깨달아 얻었던 것보다도 더 사무치는 느낌을 가져다주었다. 나는 그 누구도 아니며, 태어나지도 죽지도 않으며, 창조되지도 않는다는 깨달음 말이다. 그토록 인간적인 차원에서, 자신이 아무것도 아닌 자임을 느낀다는 것은 황홀한 경험이었다.

　에고의 자아가 용해되고 부서지는 것으로 모든 게 끝났다고 회고할 수 있었다면 좋았을 것이다. 하지만 몸이 좀 나아지자 나는 다시 운동을 시작했다. 나는 신체적인 훈련을 언제나 좋아했다. 몸을 쓰는 일이 좋았고, 육체적인 활동에서 큰 기쁨을 느꼈다. 숲을 지나고 산을 넘고 내가 살던 주변을 돌면서, 나는 다시 자전거를 탈 수 있게 된 기쁨을 만끽했다. 그 기쁨은 이전보다 오히려 더 크게 느껴졌는데, 이젠 더 이상 누구와 경쟁하지 않아도 된다는 사실과 함께, 운동 자체에서 오는 기쁨이 대단했기 때문이다. 누구를 신체적으로 물리칠 일도 없었기에 그저 자전거를 타는 걸로 족했다.

　그런데 그게 시간이 지남에 따라 자전거를 타며 즐기는 것만으로 끝나지가 않았다. 나는 눈에 띄지 않게 조금씩, 마치 다시 사이클 경주 선수라도 된 것 마냥 훈련 때의 섭생으로 옮겨갔다. 분명 나는 예전의 사이클 경주 선수는 아니었다. 수년전에 이미 은퇴한 몸이었다. 그럼에도 나는 마치 경기를 앞두고 있는 사람처럼 훈련하고 있었다. 나는 이 현상이 일어나는 과정을 지켜보고 있었다. 그럴 때마다 이렇게 중얼거리곤 했다. "나도 알고 있어. 지금 훈련하고 있는 이게 결국은 에고의 인격구조를 다시 만들어내려고 하는 짓이란 것쯤은 말이지." 당시의 나는 무슨 일이 일어나고 있는지까지는 인식하였으나, 그것을 놓아보낼 정도로 깨어 있지는 못하였다. 나는 아직 자신을 새로 일으켜 세우기를 포기할 준비까지는 되어 있지 않았다. 그리하여 나는 마치 올림픽에 출전이라도 할 것처럼 훈련에 몰입했다. 1년이 지난 후에 나는 전과 똑같이 심한 증세로 해서 6개월 동안을 다시 앓아누웠다. 다시 한 번 육체적으로 뛰어난 사람이라는 자아상이 모두 빠져나갔고, 내가 중요한 사람이어야 한다거나 어떤 특정한 시각에서 나 자신을 바라보아야 할 필요가 없다는 데에 다시금 커다란 안도감을 느꼈다.

두 번째로 아픈 이후로, 나는 이제 다시는 신체적으로 뛰어난 사람이라는 과거의 낡은 배역을 되찾으려고 애쓰지 않게 되었다. 그 후에도 여전히 운동을 하거나 몸을 놀리는 것이 즐겁긴 했지만, 그때의 두 번째 질병으로 해서 육체적 이미지로 형성된 자아상을 찾으려는 에고의 경향은 완전히 뿌리뽑혀버렸다. 그것은 커다란 안도이자 기쁨이었다.

이런 성과를 영적인 수행이나 자기 질문법 또는 명상을 통해 이루어냈다고 말할 수 있었다면 좋았으리라. 하지만 내 경우엔, (무수한 사람들도 나와 비슷하리라 여겨지지만) 에고를 녹이는 최상의 용해제는 바로 이 삶 속에서, 우리 인간 존재의 씨줄 날줄 안에서, 나날의 경험으로서 실제로 일어나고 있는 크고 작은 일 안에서 발견되었다.

바로 이 점이 영성과 관련한 주제에서 자주 간과되고 있다. 많은 사람들이 자신의 삶을 회피하거나, 정말로 볼 필요가 있는 것을 보지 않으려 하거나, 자신의 오해와 망상을 직면하지 않으려는 수단으로서 자신의 영성을 이용하고 있다. 삶 자체가 종종 가장 훌륭한 교사라는 것을 알아야 한다. 삶은 은혜로 가득하다. 그 은혜는 어떤 때는 황홀한 은혜, 아름다운 은혜, 지복감과 행복과 기쁨의 순간이며, 또 어떤 때는 질병이나, 실직, 사랑의 상실, 혹은 이혼 등과 같은 맹렬한 은혜이다. 사람은 가끔, 예컨대 중독에 찌들 대로 찌들어 있을 때 가장 큰 의식의 도약을 맞아 다른 존재방식을 향해 나아가기도 한다. 삶은 그 자체로서 우리에게 진실을 보여주고 우리를 깨워 일으키는 놀라운 능력이 있다. 하지만 우리 중 많은 이들이 이 삶이란 것을 슬슬 회피한다. 삶이 우리를 깨어나도록 돕고 있는데도 우리 대부분은 삶이라 불리는 도움의 손길을 피해 도망 다닌다.

신성이란 바로 우리 눈앞에 펼쳐지는 삶 그것이다. 신성은 우리 삶의 갖가지 상황을 이용하여 그 자체의 깨어남을 성취하며, 우리를 깨어나게 하려고 자주 어려운 상황을 선택하기도 한다.

대부분의 사람들이 고통스러운 상황을 피해 다니며 인생을 허비하는 것은 아이러니다. 그들이 실제로 고통을 잘 피한다는 말이 아니라, 고통을 피하려고 애만 쓴다는 말이다. 우리에게는 무의식적인 신념이 있다. 그것은 우리 의식의 가장 큰 성장은 아름다운 순간을 거쳐서 나타나리라는 신념이다. 물론 아름다운 순간을 통하여 커다란 의식의 성장을 경험할 수도 있다. 하지만 대부분은 힘든 세월을 겪어가면서 커다란 의식의 도약을 이루어낸다.

많은 이들이 이 부분을 인정하려 들지 않는다. 우리가 겪고 있는 가장 힘든 일들, 가장 고통스럽고 아픈 순간이 바로 맹렬한 은혜의 나타남이라는 사실을 말이다. 마음만 굳게 먹는다면, 그 고통은 깨어남을 위해 아주 효력 있고 또 중요한 성분이다. 되돌아서서 마주 볼 마음만 있다면 우리는 그것이 내밀고 있는 선물을 알아보고 받아들 수가 있다. 때에 따라서는 그 선물이 억지로 품에 안겨지는 느낌이 들 수도 있겠지만 말이다. 삶 속의 상황이 질병이든 사랑하는 이의 죽음이든 이혼, 중독 혹은 직장의 문제이든 간에, 그 각각의 상황 속에 담겨 건네지는 선물을 알아보기 위해서는 삶 속의 모든 상황을 직면해야만 한다.

하여간에, 내가 두 번의 병고를 겪고 나서 에고의 구조가 완전히 용해되어버렸다거나, 에고가 두 번 다시 되살아날 엄두를 내지 못했다거나, 언제 어디서라도 해맑기 그지없는 저 '있음'의 빛 속에 존재하게 되었노라고 할 수 있다면야 얼마나 좋겠는가. 유감스럽게도 나의 카르마는 그리 깨끗하지 못했다. 아직도 많은 일들이 나를 기다리고 있었다. 사실은 어찌나 많은지, 내가 상상도 하지 못할 정도로 말이다.

첫 번째 깨어남이 있은 후의 일이지만, 내 은사 중 한 사람이 그 당시로서는 매우 이상하게 들리는 이야기를 했다. 물론 그녀는 내게 일어난 일을 듣고서 기뻐했고, 모종의 중대한 일이 내게 일어났음을 인정했다. 그 자리에서 그녀는 조심해야 할 몇 가지 일을 꼽아주었다. "당신은 이러이러한 방식으로 자신이 깨달은 것을 팽개칠 수도 있고, 자신이 얻은 진리를 회피하게 될 수도 있어요. 그렇게 해서 스스로를 다시 잠에 빠뜨릴 수도 있어요."

내가 이 이야기를 꺼낼 때면 사람들은 항시 이렇게 묻는다. "그 방식이라는 게 뭐였죠? 그분이 정확히 뭐라고 말했나요?" 내 느낌으로 볼 때 은사가 말했던 그 방식이란 것은 나에게만 해당되었던 것이다. 그건 누구에게나 해당되는 경우가 아니었다. 재미있는 사실은, 은사가 조심하라 일렀던 너덧 가지 특별한 일들이 그 후 수 년 뒤에 한 치도 어긋나지 않고 일어났음을 깨닫게 된 것이다. 나는 그녀가 조심하라던 행동들을 하나하나 남김없이 저지르고 말았다.

물론 나는 그것을 하나하나 겪어내야만 했다. 이렇게 말하는 건, 나의 행동들이 다 잘못되었다는 뜻은 아니다. 사실 그 일을 모두 겪고서야 비로소 그러한 실수를 왜 경험해야 했던가를 깨달을 수가 있었던 것이다.

그때 은사가 아주 강력히 경고했던 것 중의 하나는 정말이지 엉뚱하게만 들렸다. 그녀는 나와 같은 단계에 있는 사람들은 종종 누군가를 만나 사랑에 빠지고 함께 여행을 떠남으로써 자기 자신을 회피한다고 말했다. 그때 난 이렇게 생각했다. '도대체 그게 무슨 말이람?' 아무래도 너무 억지스럽고 별난 이야기로만 여겨졌던 것이다. 누굴 만난다는 것만이 아니라, 그 뒤에 또 무슨 사랑에 빠지고, 여행까지 가다니. 도저히 내 경우에 들어맞는 얘기는 아니라고 여겨졌다.

하지만 이게 어찌된 일인가! 대략 4년 반이 지났을까, 나는 한 여성을 만났다. 한마디로 말해서 그것은 '찍찍이' 같은 관계로 얼룩진 것이었다. 나의 내부에 자리하고 있던, 궁핍하고 탐닉적이고 건강치 못한 모든 측면들이 이 사람과 정확히 맞물리고 있었다. 그녀 안에 있는 모든 불건강한 것들이 내 안의 불건강한 것들과 완벽하게 맞아 떨어졌다. 둘의 관계는 모종의 아주 무의식적인 양상으로 꼬여만 갔다.

유쾌하지 않은 이야기를 자초지종 길게 늘어놓고 싶지는 않다. 요점만 간추리자면, 우린 함께 해외로 여행에 나섰고, 둘 사이는 정말 말할 수 없이 힘들었다. 모든 신경이 곤두서 있었다. 나는 내가 그렇게까지 몰리게 되리라고는 상상도 못했던 식으로 내몰렸고, 생각지도 않은 갖가지 일로 괴로워해야 했다.

우리의 관계는 고칠 수 없는 재앙이었고, 나는 견디다 못해 마침내 감정적으로 폭발해버렸다. 그러는 와중에 나는 이 모든 것이 미친 짓임을 깨달았다. '내가 지금 뭐하고 있는 거야?' 나는 생각했다. '어떻게 이 지경까지 왔지? 어떻게 하면 여기서 나갈 수 있을까?' 그 순간 나는 한 가지 중요한 사실을 깨닫기 시작했다. 내가 자신에게 진실하지 않음으로 해서 또다시 스스로를 넘어뜨리고 있다는 것을 말이다. 나는 욕망과 집착에 이끌리도록 스스로를 내맡겨버렸고, 일어나고 있는 결과에 정직하지 않았던 것이다.

나는 드디어 깨달았다. 거기서 벗어나는 유일한 길은 나 자신에게 철저히, 깊이 진실해지기 시작하는 것이며, 내가 초래한 결말에 대해 완전히 책임지기 시작하는 것임을 말이다. 또 내가 정말 그렇게 할 수 있는 유일한 길은, 내가 자신에 대해 갖고 있는 모든 관념을 놓아보내는 것뿐임을 알게 되었다. 왜냐하면 내가 자신에 대해 지니고 있던 관념들은, 그게 좋은 사람이든 도움이 되는 사람이든 친절한 사람이든 깨어난 사람이든 현명한 사람이든 아니면 멍청이이든 간에, 그 모두가 무의식 중에 나를 지금의 이 상황으로 몰고 온 원흉이었기 때문이다.

그 관계에서 벗어나는 유일한 길은 무엇보다도, 나를 그 상황 속으로 끌어들였던 모든 것을 그만 놓아보내기 시작하는 것이었다. 나를 끌어들였던 것들이란 다름 아니라, 여전히 에고의 수준에서 나 자신을 바라보는 온갖 방식들이었다. 결국 내가 거기서 벗어날 유일한 길은, 스스로가 되고자 원하던 '그 사람'을 그만 놓아보내는 것이었다.

세세한 이야기는 이쯤에서 줄이기로 하자. 다만, 이 과정을 겪음으로써 예전에 경험했던 것보다 훨씬 더 깊고 특별한 에고의 용해가 일어났다. 그 용해는 명상 중에 앉아 있을 때처럼 자아의 느낌이 어떤 아름다운 존재상태 속으로 녹아드는 것 같은 경험은 아니었다. 그건 마치 누군가가 나의 살가죽을 한 겹 한 겹 벗겨내는 것만 같았다. 그건 정말이지 비참한 노릇이었다. 결코 우아하거나 부드럽거나 수월한 일이 아니었다. 어떤 존재가 내 코앞에다 거울을 들이대고는 한순간도 고개를 돌리지 못하도록, 그야말로 나를 꼼짝 못하게 붙들어 매고 있는 것만 같은 꼴이었다.

이것은 두말할 것 없이 내 평생에 가장 힘든 시기였다. 그러나 이 기간을 통하여 마침내 나는 스스로 나라고 여겨오던 모든 것을 놓아보낼 용기를 발견했다. 이제는 내 속에서 올라오는 자아의 느낌을 그 무엇이든 간에 다 놓아보낼 수 있게 되었다. 그 자아의 느낌이 훌륭한 자아이든 형편없는 자아이든 유익한 자아이든 쓸모없는 자아이든 간에 말이다. 마침내 나는 그 경험을 허용함으로써 깨어나고 정신을 차리게 되었으며, 모든 것을 내려놓을 수 있게 되었다. 두 사람 사이의 관계는 시작부터 끝까지 감정으로 얼룩진 채 바닥으로 내동댕이쳐졌다. 그것은 마치 넝마를 쥐어짜는 듯한 느낌이었다. 나에게서 모든 자아의 느낌이 빠져나갔다. 그런 경험을 하는 가운데서 나는 무언가 놀라운 일이 일어나는 것을 눈치챘다. 업력에 기인한 '삶의 조건'이 빠져나갈 때는 해방감이 찾아오는데, 그때 내가 느낀 것이 바로 이 해방감이었다.

스물다섯에 얻었던 깨어남의 경험과 함께, 나는 내가 나의 몸도 마음도 인격도 아님을 깨달았다. 나는 이 모두가 꿈이라는 걸 깨달았다. 그러나 내가 깨닫지 못했었던 것은, 비록 그것이 꿈임을 안다고 해도 여전히 나는 그 꿈을 다루어내야만 한다는 사실이었다. 만약 몸과 마음과 인격이 아직도 분리되어 있다면, 만약 내 안에 아직 해결되지 못한 갈등이 있다면, 거기엔 의식을 끌어내려 고통 속으로 빠뜨리는 중력이 존재할 것이다.

나는 몸과 마음에서 일어나는 일을 언제까지나 피해 다닐 수는 없음을 깨달았다. 모든 것은 결국 겪고 다루어내야 한다. 또 모든 것을 결국은 직시해야만 하게끔 되어 있다. 무릇 깨달은 바는 체화되어야만 하는 것이라면, 그것이 완전히 삶으로 나타나야만 하는 것이라면, 나의 이 과정은 아무리 힘들다 해도 평생에 가장 중요한 과정의 하나일 수밖에 없었다. 그것은 마치 아까 이야기했던 질병에 시달리던 기간을 뚫고 나오는 경험과도 같았다. 그 기간이 끝난 후 나는 또 한 번 내가 그 누구도 아니며 그 무엇도 아님을 느꼈다. 그 느낌은 단지 절대적 차원에서만이 아니었다. 깨어난 차원에서만도 아니었다. 그것은 한 인간으로서 삶 속에 구현된 차원에서 느껴지는 느낌 그것이었다. 나는 아무것도 아닌 자라는 것이 인간적으로 어떤 느낌인지를 이제 속으로부터 알게 되었다. 부정적으로 들릴 수도 있겠지만, 온전히 느끼게만 된다면 이것은 대단히 긍정적인 것이다. 가장 긍정적이고도 아름다운 의미의 겸허함 말이다.

나와 마찬가지로, 모든 사람이 각자 자기만의 이야기를 가지고 있을 것이다. 모두가 나름의 경로를 가지고 있으며, 삶이 그 안에서 거울을 비쳐주고 있다. 조건화된 자아를 짜내버리기 위해서, 욕망과 집착을 짜내버리기 위해서, 우리의 모든 신념과 생각과 개념과 자아상을 짜내버리기 위해서 말이다.

우리가 삶을 직시하려고만 한다면 삶은 언제나, 지금도, 우리를 일깨우고 있는 중임을 알게 될 것이다. 삶과 조화를 이루지 못하면, 삶에 저항하여 움직이면, 그때는 나의 삶에서 보았듯이 여러분도 아주 힘들어질지 모른다.

삶이 보여주려 애쓰는 것을 우리가 보려 들지 않을 때는, 보아야만 할 그것을 우리가 기꺼이 보려 할 때까지 삶은 그 강도를 높여갈 것이다. 이러한 관점에서, 삶은 그 자체로서 우리의 가장 큰 우군이다. 자주 쓰는 말로, 삶이야말로 가장 위대한 스승인 것이다. 학생들은 이 말의 의미를 잘 안다는 듯이 고개를 끄덕인다. 하지만 우리가 삶을 겪어낼 때에만, 삶이 우리를 위하여 거울을 들도록 스스로 허용할 때에만, 우리는 자신을 명확히 볼 수 있게 된다.

혹 깨달음이 최상의 경험을 통해서만 얻을 수 있는 것이라고 생각한다면 그건 스스로를 속이는 것이다. 물론 어떤 이들은 간혹 즉각적인 깨어남을 얻기도 한다. 그들은 겪어내야만 하는 업력의 관성이 그리 크지 않다. 그러나 그런 경우는 드물다. 우리들 대부분에게 깨달음으로 가는 길은 장밋빛 여정이 아니다. 우리는 바로 이 사실을 인정하지 않으면 안 된다. 그렇지 않을 경우에는 우리가 가고 싶은 길만을 따라, 깨달음의 길이 어떠해야 한다는 관념을 강화해주는 길만을 따라가게 되기 때문이다. 물론 대부분의 경우 깨어남으로 향하는 경로에는 멋진 순간들, 심오한 순간들, 그리고 깨달음이 존재한다. 하지만 동시에 그것은 좀 거친 길이기도 하다. 그것은 깨닫고 싶노라 외치는 사람 모두가 다투어 선택하는 길은 아니다. 사실을 말하자면, 깨어남을 원하는 사람의 대부분이 실제로는 깨어나기를 바라고 있지 않다. 그들은 그들 자신만의 각색된 깨어남을 원한다. 그들이 실제로 바라는 것은 자신의 '꿈꾸는 상태' 속에서 정말로 행복해지는 것이다. 하긴 그것도 괜찮을 것이다. 그것이 그 사람이 진화해온 수준이라면 말이다.

깨달음을 향한 진지하고도 실질적인 열망은 꿈꾸는 상태를 좀더 기분 좋게 해보려는 욕구와는 차원이 다르다. 그것은 깨어나기 위해 필요한 것은 무엇에든지 기꺼이 온몸을 던지려는 열망이다. 깨달음을 향한 진정한 열망이란, 완전한 깨어남을 가져다줄 수만 있다면 훌륭한 것이든 끔찍한 것이든 그 무엇이라도 좋다고 하는 간절한 내면의 기도이다.

그것은 우리가 무엇을 겪어내야 하는지에 대하여 그 어떤 전제조건도 달지 않는 열망이다.

이 진정한 열망은 좀 무서운 기분이 들기도 한다. 왜냐하면 그걸 느끼는 순간 이 열망이 '진짜'임을 알게 되기 때문이다. 모든 전제조건을 놓아버리게 되면, 즉 자신의 깨어남이 어떠해야 한다든가 삶의 행로가 어떠해야 한다든가 하는 것을 놓아버리게 되면, 그때 여러분은 삶을 통제하려는 환상을 내려놓게 된다.

그렇다고 해서 깨어남이란 힘들어야만 한다는 또 하나의 고정관념을 만들어내려는 것은 아니다. 그것 또한 환상이요 하나의 관념일 뿐이다. 깨어남 자체는 전혀 힘들어야 할 필요가 없다. 하지만 스쳐 지나는 깨어남에서 머무는 깨어남으로 옮겨가는 데에는 대개 우리가 상상하는 것 이상이 요구된다.

사실, 우리는 기꺼이 자신의 모든 세계를 잃어버릴 수 있어야 한다. 이 말을 처음 듣는다면 어쩌면 낭만적으로 들릴 수도 있을 것이다. "아, 좋아요! 그렇게 하고 말고요, 기꺼이 나의 모든 세계를 잃어버리겠어요." 그러나 자신의 모든 세상이 산산조각나기 시작하면서 상상도 못할 깊은 부인구역으로부터 벌거벗고 나오면, 그때는 전혀 다른 이야기가 된다. 그건 너무나 적나라하고 험한 자갈투성이의 길이다. 어떤 사람은 이 길을 선택하겠지만 어떤 사람은 그렇지 않을 것이다.

깨어나기 위해서는 무엇이 요구되는지, 그것이 쉬울는지 어려울는지 등에 대한 어떤 선입관도 가질 필요가 없다. 그것은 쉬울 수도 있다. 그것은 어려울 수도 있다. 그것은 쉬우면서 동시에 어려울 수도 있다.

그것은 여러분이 상상하는 것일 수도 있다. 혹은 전혀 상상할 수 없는 것일 수도 있다. 개인적인 이야기를 통하여 수행과정에서 이런저런 일이 일어날 수도 있다고 가르칠 때, 바로 이런 부분이 위험한 부분이다. 마음은 그런 말을 낚아채고는 이렇게 중얼거린다. "아, 깨어나려면 삶이 아주 힘들어지겠구나. 고달픈 시간들을 겪어야만 할 거야." 사실 꼭 그렇지만은 않다. 여러분이 기꺼이 달려들어야 할 것은 바로 자기 자신을 맞닥뜨리는 일이고, 스스로의 불확실성을 직면하는 일이다. 하지만 과연 얼마나 많은 사람들이 불확실성 속으로, 미지 속으로, 통제할 수 없는 것 속으로 자신을 내맡기려 하겠는가? 그에 대한 대답은 여러분의 예상을 뛰어넘을 수도 있다. 나는 이 여행길에 동참하고자 하는 사람들을 날이 갈수록 더 많이 만나게 된다.

이것은 무엇인가로 되어가는 여정이 아니다. 이 여정은 '자신이 아닌 무엇으로 되지 않기'의 과정이며, '자신을 속이지 않기'의 과정이다. 결국은 역설적인 일이 벌어진다. 우리가 마지막으로 도착하는 곳은 다름 아닌 우리가 언제나 있어왔던 그곳인 것이다. 언제나 있어왔던 그곳을 완전히 달리 인식하게 된다는 것만 뺀다면 말이다. 우리는 모두가 찾고 있는 그 천국에 자신이 이미, 그리고 언제나 있었음을 깨닫는다.

일체가 천국이다, 모두가 이미 깨어난 존재다, 모두가 이미 영이다, 하는 식으로 이야기하는 것은 또 다른 문제이다. 그 말은 물론 참이다. 하지만, 어떤 지혜로운 선사가 오래전에 이야기했듯이, "보물이 눈앞에 산더미처럼 쌓여 있어도 그걸 못 알아본다면 아무 소용이 없다."

다시 말하지만, 우리에게 요구되는 것은 정직성이다. 일체는 본래적으로 이미 완전하다. 그리고 이미 순수한 '영'이다. 우리는 이미 스스로가 그리되어갈 바로 그 모습이다. 하지만 문제는 '내가 그것을 알고 있는가?'이다. 우리는 그것을 깨달았는가? 만약 그것을 깨닫지 못하였다면, 그와 다른 쪽으로 인식하게 만드는 이것은 도대체 무엇인가? 만약 그것을 깨달았다면, 우리는 그 깨달음을 '살고' 있는가? 깨달음이 실제의 것으로 바뀌고 있는가? 그것이 우리의 삶 속에서 작동하고 있는가?

그래서 가장 중요한 단계의 하나는 바로, 더 이상 자신으로부터 회피하는 일이 없도록 자신의 삶과 정합을 이루는 것이다. 그때 놀라운 일이 생긴다. 더 이상 자신으로부터 회피하지 않을 때, 우리는 막대한 에너지와 엄청나게 잠재된 명확함과 지혜를 발견하고, 드디어 우리가 볼 필요가 있는 모든 것들을 보게 되는 것이다.

제8장

깨어남의 에너지적 요소

깨어남은 여러 모의 변성을 가져온다. 깨어남이란 '인격으로부터' 깨어나는 것이지만, 그것은 또한 그 인격 자체에도 심대한 영향을 끼치고 여러 면에서 변성을 가져온다. 나는 이야기에 구체적인 맛을 더하기 위해 나의 개인적인 경험, 즉 스물다섯 때의 깨어남과 뒤이어 일어난 몇 가지 시련에 대해 이야기했다. 그 이야기를 좀더 이어가 보려고 한다.

서른두 살 때쯤에 뜻하지 않게 또 한 번의 커다란 깨어남이 일어났다. 그 깨어남은 스물다섯 때의 깨어남과 본질적으로 다르지 않았지만, 그것과는 비교할 수 없이 명료한 것이었다. 스물다섯 때의 깨어남은 다소 흐릿한 편이었다는 말이 맞겠다. 마치 내가 밝은 햇빛 속으로 걸어 나오는데 안개가 자욱이 끼어 있는 것과 비슷했다. 확실히 인식의 변화는 있었지만, 아직 완전히 맑고 분명하지는 못했던 것이다.

서른두 살 때의 깨어남은 지극히 명료한 것이었다. 그것은 없던 일로 되돌릴 수가 없는 사건이었고, 다시는 돌이킬 수 없는 '견성見性 (seeing)'이었다. 그때 내가 본 것은 스물다섯 때와 근본적으로 다르지 않은 것으로서, 나는 모든 존재라는 것, 그리고 동시에 그 무엇도 아니라는 것이었다. 또한 나는 모든 존재를 넘어서 있으며, 동시에 그 무엇도 넘어서 있지 않다는 것이었다. 나의 진면목은 무어라 표현될 수가 없다는 것을 나는 깨달았다. 그것은 존재의 뿌리로 끝없이, 끝없이 뚫고 들어가는 느낌이었다.

여기서 내 개인적인 깨어남에 대해 시시콜콜 자세하게 이야기하고 싶진 않다. 다만 여기에 덧붙이고 싶은 말은, 그때 깨달아진 것이 그 이후로 다시는 흐려지지 않았다는 것이다. 깨달음은 결코 잊히지 않았다. 한 번 열려버린 틈은 다시는 닫히지 않았다. 또 그것과 동시에 육신의 차원에서 일어난 현상이 있었다. 여기서는 그 부분을 이야기하고자 한다. 육체적인, 혹은 에너지적인 이 현상은 대개는 깨어남의 한 부분이다. 내가 지금 이야기하고 있는 것 중의 일부를 깨어남이 있기도 전에 경험하는 사람도 있고, 그 이후에야 경험하는 사람도 있다. 여기서 내가 이야기하려는 것은 깨어남을 경험했든지 못했든지 간에 모두에게 해당한다.

우리가 존재의 진정한 본성을 깨달을 때는, 즉 존재 자체가 자신에게 깨어날 때, 깨달음에는 거의 항상 어떤 에너지적인 요소가 수반된다. 여기서 에너지적인 요소라는 것은, 우리의 심신체계가 작동하는 방식에 아주 심대한 재조율 현상이 일어난다는 뜻이다. 정신적인 차원에서는 마음속에 일종의 재배선이 일어나며, 감정적인 차원에서는 느끼고 인식하는 방식에 재배선이 일어난다. 보이든 보이지 않든 우리 몸 안의 모든 에너지 체계가 흐르고 움직이고 경험되는 방식에도 아주 커다란 변화가 생긴다.

깊은 깨달음과 함께 일어나는 가장 흔한 에너지적 변화 중 하나는 엄청난 양의 에너지가 날로 우리의 심신체계 속으로 쏟아져 들어온다는 것이다. 그것은 우리의 심신체계가 외부의 어딘가로부터 유입되는 에너지를 얻는다는 뜻이 아니다. 그 대신 의식이 정말 깨어나게 되면 방벽과 장애물, 곧 내부의 둑이 열리게 되는 것이다. 그와 동시에 막대한 에너지가 방출된다. 사실 에고의 구조가 용해될 때는 언제나 에너지의 방출이 일어난다.

우리는 꿈꾸는 상태, 즉 에고의 분리 상태는 그 자체가 엄청난 양의 에너지를 집어삼킨다는 것을 시간이 흐른 뒤에야 비로소 이해하게 된다. 에고가 용해되기 시작하고서야, 우리는 그동안 우리가 껴안고 살아온 분리된 인식을 계속 지탱하기 위해 얼마나 큰 에너지를 소모해왔는지를 깨닫게 된다. 꿈꾸는 상태에 있는 동안은 얼마나 많은 에너지가 분리라는 꿈을 위해 쓰이는지를 알 길이 없다. 여러분도 고통이나 좌절을 겪은 적이 있을 것이다. 그럴 때면 분리감이라는 것이 당신에게서 얼마나 많은 에너지를 빨아먹는지를 느낄 수 있다. 하지만 의식이 꿈꾸는 상태로부터 스스로를 해방시킬 때만 커다란 내적 방출이 있게 된다. 이것은 대개 에너지를 가로막고 있던 방벽이 사라져버리기 때문이다.

나는 이 에너지가 어떠어떠한 방식 또는 강도로 경험될 거라는 식의 인상을 심어주고 싶지는 않다. 어떤 사람에게는 이 에너지의 움직임이 매우 뚜렷하게 눈에 띄는 반면, 다른 이에게는 흡사 레이더 화면에 깜박이는 점처럼 매우 미묘해서 알아보기가 힘들다.

이 에너지가 열리기 시작하면서 생기는 가장 흔한 현상의 하나는 불면증이다. 심신체계는 안에서 휘돌고 있는 이 원초적 에너지에 힘들어하는 경우가 많다. 깨어남 이후 꽤 오랜 시간동안 우리는 심신체계가 '고속주행'을 하고 있는 것을 발견할 것이다. 인간의 내부 메커니즘, 즉 마음과 육체와 미묘한 신체(subtle body)가 밀려드는 새로운 에너지에 적응하는 데에는 약간의 시간이 걸릴 수 있다. 이러한 적응이 하루아침에 이루어지는 일은 거의 없다.

깨어남 이후에 대부분의 사람들은 심신체계 안에서 일종의 따라잡기 작용이 개시되는 것을 발견하고, 꿈꾸는 상태가 용해됨에 따라 새로운 에너지가 유입되는 것을 소화해내고 적응하느라 밤낮으로 애쓰게 된다. 사람들은 종종 내게 찾아와서 이야기한다. "아디야, 여섯 달 동안이나 잠을 제대로 못 잤어요." "지난 3년 동안 단 하루도 서너 시간 이상 자본 적이 없어요."

이러한 현상은 잘못된 것이 아니다. 마음은 일어나고 있는 일에 언제나 설명을 붙이려는 성질이 있다. 마음은 이렇게 중얼거린다. "잠이 부족해. 아무리 해도 잠을 잘 수가 없어. 뭔가가 아주 잘못된 거 같아." 그러나 다른 관점에서 보면 잘못된 것은 아무것도 없다. 몸 안의 모든 에너지가 재조율되고 있으며, 이전과는 다른 조화의 상태로 들어서고 있는 것이다.

그동안 나는 이 거친 물질적 에너지 차원에서 불면증뿐만 아니라

온갖 종류의 일을 겪는 사람들을 보아왔다. 어떤 사람은 가슴이 벌렁거리는 심계心悸증상을 겪기도 한다. 어떤 사람은 '자율진동' 현상, 즉 몸이 저절로 에너지를 방출하는(한쪽 다리가 씰룩거린다거나 한쪽 팔이 갑자기 번쩍 치켜져 올라간다거나 하는) 현상을 보이기도 한다. 마음이 이해하지 못하는 어떤 힘에 의해 심신체계가 움직이는 것이다.

한편 물질 차원에서 에너지가 유입되는 경우가 아니라 좀더 미묘한 차원, 즉 마음의 차원에서 일어나는 에너지적 변성을 많이 볼 수 있다. 서른두 살 때 깨어남이 있은 뒤 몇 년 동안 나의 마음은 뭐랄까, 마치 잭을 한쪽 단자로부터 빼내어 다른 쪽에 꽂아 넣어 연결해야 했던 옛날식 전화교환대라도 된 것처럼 느껴졌다. 마치 그것은 내 마음에 있던 연결선이 다 끊어지고 전과는 다른 방식으로 새로 이어지는 듯한 느낌이었다.

내가 당시에 일어나던 정황을 잘 알고 있었다거나 다소라도 이해하고 있었노라고 말할 수는 없다. 다만 내 마음이 지금 새로이 배선되고 있다는 느낌이었을 뿐이다. 나는 뇌 안에서, 또 마음이 작용하는 방식에 엄청난 구조조정이 일어나는 것을 느꼈다. 그 에너지 변화의 과정은 2년 동안이나 계속되었는데, 그것은 마치 무언가가 또는 누군가가 나의 뇌 속에 들어앉아 뇌세포들을 제멋대로 지휘하고 짜맞추고 있는 것만 같았다.

그렇게 수년을 보내고 나자 나는 마음의 명징함과 단순함이 엄청나게 증가된 것을 깨달았다. 내 마음은 더욱 미묘하고 더욱 강력한 도구로 변해 있었다. 나는 마음을 레이저와도 같이 아주 엄밀한 정확도를 가지고 구사할 수가 있게 되었다. 이러한 변성이 일어나기 전까지는 마음이 그처럼 깊은 수준에서 작동하지는 않았던 것으로 생각된다. 거기에는 집중과 명확성의 새로운 느낌을 가져다준 어떤 변성이 있었다.

또 거기에는 뚜렷한 마음의 고요가 있었다. 그때까지 나는 수년간이나 명상을 해오면서 마음을 가라앉혀 보려고 애를 써왔지만, 이번의 고요함은 좀 달랐다. 거기에는 마음을 고요해지게 하려는 '애씀'이 존재하지 않았다. 마음의 구조가 재조정됨에 따라(뇌가 다른 방식으로 배선됨에 따라) 이게 아주 고요해져버렸던 것이다. 이제 내 마음속을 돌아다니는 생각의 대부분은 '기능적인 생각', 즉 실제로 생각할 필요가 있는 것들뿐이었다.

우리 인간이 정말로 생각할 필요가 있는 것을 생각하는 데 소비하는 시간은 어림잡아 전체의 10퍼센트에 불과하다. 나머지 90퍼센트의 시간은 온통 상상 내지 환상에 젖거나 혹은 어떤 진실에도 근거하지 않은 마음속의 온갖 억측 아니면 드라마에 빠진 채로 살아간다. 깨어남이 있은 후, 생각은 점점 필요한 범위 내로 좁혀져가고, 환상이나 혼자 중얼거리는 속이야기는 줄어들었다.

이러한 마음의 변성은 시간을 두고 일어나게 되는데, 그것은 이 변성이 물질적인 과정이기 때문이다. 의식이 더 이상 마음에 붙들려 있지 않게 되면 마음은 이완되고 부드러워져서 활짝 열린다. 이러한 변화의 와중에 기억력이 타격을 입을 수도 있다. 많은 학생들이 기억장애를 겪었고 그중 몇몇은 알츠하이머 치매 검사를 받기까지 했다. 실제로 그들에게 잘못된 건 아무것도 없었다. 그들은 단지 하나의 변성 과정, 즉 마음속에서 일어나는 어떤 에너지적인 과정을 경험하고 있었을 뿐이다.

이 과정은 정상적인 것이다. 우리 마음이 새롭게 깨달은 것들과 조화를 이루기 위해서는 마음과 뇌의 재조율이 필요하다. 나는 얼마 전에 엑크하르트 톨레Eckhart Tolle의 녹음자료를 들은 일이 있다. 그는 널리 알려진 영적 교사인데, 그 자신도 깨어남 이후 꼬박 2년간 자신의 마음을 사용하는 데에 어려움을 겪었노라고 말하고 있다. 당시 그가 하고 있던 일의 성격상 그는 자신의 마음을 사용해야만 했는데, 그것이 정말 고역이었던 것이다.

이러한 상황이 자연스런 과정이라는 것, 즉 정신 차원의 이러한 재조율 현상이 간섭할 것도 없고 개선할 것도 없는 것임을 알게 될 때, 거기에 이완이 찾아든다. 이때 가장 중요한 것은, 자기 자신을 이완하여 이러한 재조정 현상이 일어나게끔 놓아두는 것이다. 그에 따르는 부수적인 현상이 불안을 야기할 수도 있지만, 그에 대해 일어나는 생각을 맹신하지만 않는다면 모든 것은 다 괜찮을 것이다. 지금 일어나고 있는 일이 너무 힘들다고, 도저히 감당할 수 없다고 말하는 것은 오로지 자신의 마음뿐이다.

사람들이 여섯 달 동안이나 잠을 설쳤노라고 할 때, 나아가서 그 사실에 대해 걱정하는 빛이 역력할 때, 나는 이렇게 묻는다. "당신은 정말로 지금보다 더 오래 자고 싶은 건가요? 당신은 지금보다 더 오래 자는 것이 필요하다고 실제 믿고 있는 겁니까? 아니면 그저 잠자리에 기대앉은 채로, 내일은 엄청 피곤하겠군, 하고 혼자서 계속 말하고 있는 겁니까?" 우리가 '잠을 더 자야 한다'는 식으로 생각하는 버릇을 놓아버리게 될 때, 나아가 그것이 단지 생각일 뿐임을 인식하게 될 때는 놀라운 일이 일어난다. 이런저런 현상에 대한 마음의 해석을 놓아버리면, 우리의 심신체계에는 훨씬 더 깊은 이완이 찾아든다. 그리고 이 이완 자체가 물질 차원의 변성을 재촉해준다.

우리가 생각하거나 관념화하는 방식만이 아니라, 느끼는 방식(우리의 감각이 주변 세상과 연결되는 방식)에도 에너지의 변성이 일어난다. 깨어남 이후에는 종종 감각이 판이하게 예민해진다. 시야가 넓어지는 경우도 종종 있다. 또 이전에는 느끼지 못하던 것을 감지하게 될 수도 있다. 혹은 다른 누군가가 느끼고 있는 것을 느끼게 될 수도 있다. 주변의 에너지나 다른 사람의 에너지장에 민감해지는 경우도 있다. 혹은 동물이나 나무 같은 식물이나 집 또는 특정한 방 등이 갖는 에너지장을 처음으로 느끼게 될 수도 있다.

이 같은 에너지 차원의 확장이 일어나는 것은 우리 존재가 가진 전체성이 열리는 것이다. 때로는 이것 때문에 어려움을 겪는 이들도 있다. 가끔 이런 말을 듣기도 한다. "다른 사람이 느끼는 걸 죄다 느낄 수 있어요. 다른 사람 모두에게 일어나는 것이 다 느껴져요." 이것은 신비롭고 멋지게 들릴 수도 있지만, 주위의 대부분 사람들이 갈등상태에 빠져 지낸다는 점을 고려한다면 이야기가 달라진다. 그 누가 길을 걸어가면서까지 주변의 모든 이들이 뿜어대는 갈등의 에너지를 느끼고 싶어 할까? 그런 면에서, 이렇게 예민해진 감수성은 어떤 이에게는 문제가 될 수도 있다.

우리 주변에는 언제나 이것이 문제라는 식의 무의식적인 생각들이 흘러넘치고 있다. 하지만 다른 사람들이 느끼는 감정을 내가 모두 같이 느껴야 할 필요는 없다는 점에서, 이에 대해서는 우리 각자가 책임져야만 한다는 사실을 분명히 해둘 필요가 있다. 다른 사람들의 느낌은 그들이 느껴야 할 느낌이다. 당신이 그것을 느끼게 될 수도 있지만, 그렇다고 해서 그것을 당신이 경험해야만 한다는 뜻은 아니다. 자신이 가진 감정이입의 능력에 대한 집착이 잠재하는 경우에는 그것 자체가 문제될 수 있다. 다른 사람들에게 생기는 일을 자신이 느끼게 되는 것을 불쾌해하면서도 다른 한편에서는 그걸 좋아하게 될 수도 있는 것이다. 그것은 마치 누군가의 에너지적인 상태를 염탐하는 것과 같다. 그것을 무의식적으로 좋아하게 되면, 그런 일이 자꾸만 더 일어나게 된다. 반면에 만약 그다지 관심을 갖지 않는다면(그것을 배척하지도 않고 그렇다고 찾아다니지도 않으면), 우리의 주의는 적절한 방향으로 흘러간다. 다른 사람이 느끼는 것을 자신도 느끼는 것이 적절한 경우도 있다. 특히 이들과 교감이 있거나 가족 관계일 때는 더욱 그렇다. 그 능력은 그들을 감각적 차원에서 이해하는 데 도움을 준다. 하지만 별 관계가 없는 사이일 때는, 다른 사람이 느끼는 것을 자신도 느낀다는 것이 불필요함을 차차 깨닫게 된다. 그들의 일은 어디까지나 그들의 일일 뿐, 나와는 별개인 것이다.

　이것은 냉정한 이야기가 아니다. 이렇게 이야기하는 것은 이제 새로이 얻게 된 감수성에 우리 자신을 맞추어가기 위함이며, 다른 사람의 일에 너무 얽히는 일이 없도록 하기 위한 것이다. 깨어남의 경험이 전혀 없이도 이런 식으로 감정이입의 경험을 하게 되는 수가 있고, 혹은 깨어남이 있기 훨씬 전부터 이런 종류의 경험을 계속해오는 경우도 있음을 알아둬야 한다. 그러니 이러한 경험들은 깨어남의 징표라기보다는 흔히 볼 수 있는 후유증이라 할 수 있다.

가장 중요한 것은, 이런 종류의 비범한 경험으로부터 생겨날 수 있는 '자아'의 느낌을 꿰뚫어보는 것이며, 나아가 그런 경험으로부터 어떤 재밋거리나 능력을 건져내보려 하는 '자아'의 느낌을 직시하는 것이다. 깨어난 이가 계발할 수 있는 많은 능력이 존재한다. 어떤 깨어난 사람은 치유의 능력을 얻을 수도 있다. 그 사람이 함께 자리하는 것만으로도 다른 이들이 치유될 수가 있다. 치유의 능력은 물론 훌륭한 것이다. 그건 분명히 멋진 능력이다. 하지만 만약 치유자라는 역할을 중심으로 에고의 덩어리가 다시 형성된다면 그 자체가 곤경을 초래할 수 있다.

이런 여러 가지 이유 때문에 위에서 말한 새로운 수준의 에너지에 현혹되지 않는 것이 중요하다. 자신에게 생겨날 수 있는 다양한 능력(이것을 싯디siddhi, 초능력 혹은 영능이라 부르기도 한다)에 혹하게 되면 이것은 또 하나의 영적인 덫이 될 수 있다.

궁극적으로 말해서, 이러한 능력이 나타난다면 이것은 하나의 선물로서 온 것이다. 꼭 붙들어놓고 거기에다 '자아'의 느낌을 덧씌울 대상으로서 온 것이 아니다. 실제로 많은 영적 전통들이 수행자가 이러한 능력을 붙들고 있거나 어떤 식으로라도 그 힘을 키우려 해서는 안 된다는 것을 경고하고 있다. 경각심을 일깨우는 비슷한 일화는 셀 수도 없이 많다. 그렇다고 우리가 깨어남으로 생겨날 수 있는 이러한 특별한 선물을 피해 다녀야만 한다는 뜻은 아니다. 내 말은 이것을 그저 있는 그대로, 수행과정의 자연스런 한 부분으로서 내버려두라는 것이다.

알아차리고 허용하고 열고 이완하라

간혹 너무나 압도되는 기분이 들 때에는 이러한 에너지를 안정시키는 데 도움이 되는 몇 가지 방법이 있다. 나의 경우 에너지가 재조율되는 과정은 그것이 진정되기까지 4~5년의 세월이 걸렸다. 아내인 묵티 Mukti가 침 치료사였다는 사실은 내게 행운이었다. 그녀는 침 치료를 통하여 나의 에너지가 안정되도록 도와주었다. 나는 자주 이 방법을 사람들에게 권한다. 몸 안에 움직이는 에너지가 너무 압도적일 때는 침 치료나 지압 치료같이 간단한 방법이 에너지를 안정시키는 데 도움이 되는 수가 많다. 때로는 그저 맨발로 흙 위를 걷는 것만으로도 몸속을 돌아다니는 에너지를 안정시키는 데 도움이 된다. 이 방법도 매우 좋다.

그렇다고 반드시 에너지를 통제해야만 한다고 권하는 것은 아니라는 것을 분명히 하자. 나는 그동안 에너지를 통제해보려다가 곤경에 빠진 사람들을 많이 보아왔다. 과정을 순조롭게 밟아나가고자 무언가를 해보고 싶다면, 그저 에너지를 안정시키는 일에만 집중하기 바란다.

수준이 높아진 이 에너지가 움직이기 시작해서 어디론가 흐르게 되면, 가끔 체내 어딘가의 막힌 곳에 부딪치게 된다. 이렇게 막혀 있는 부분은 몸 안에서 다양한 형태의 압박으로서 경험된다. 심장이나 아랫배가 조여드는 것을 느낀다든가, 정수리 혹은 관자놀이가 짓눌리는 것을 느끼게 되는 수도 있다. 이런 일이 생길 때 중요한 것은, 그것이 일어나고 있음을 알아차리고, 이완하는 것이다. 막힌 에너지를 풀어주려고 애써야 하는 것이 아니다. 충분한 시간이 지나면 이런 막힌 곳들은 열리게 되어 있다. 막힌 곳을 굳이 다루고 싶다면 이렇게 해보라. 조용히 자리에 앉아 막힌 곳에다 주의를 모은다. 계속하여 주의를 거기에 둔다. 막힌 곳을 만져준다. 그러면서 지금 무엇이 자신에게 드러나고자 하는지를 본다. 그것을 조종하거나 강제하려 들지 말라. 드러내려고 하는 그것에 대해 그저 마음을 활짝 열고 있으라.

궁극적으로 가장 도움이 되는 것은, 일어나고 있는 현상으로부터 자신의 사고과정을 떼어놓는 일이다. 깨어남을 경험할 때는 여러분이 계획하지도 않은 많은 일이 벌어지게 된다. 일어나는 일이 지금까지 당연시하며 살아온 맥락과 맞아떨어지지 않을 수도 있다. 그저 몸과 마음 그리고 감각 안에서의 이런 움직임과 변화는 깨어남의 과정에서 자연스럽고 정상적이라는 사실만을 알고 있으라.

에너지의 개화는 실로 영적인 개화의 한 부분이라는 점을 이해하도록 하자. 그 둘은 거의 항상 손을 맞잡고 찾아온다. 먼저도 말했지만 어떤 이들은 이 에너지의 개화를 분명하게 혹은 깊게 경험하고, 혹은 잠시나마 다소 고통스럽게 경험하기도 한다. 또 어떤 이들은 그런 개화과정이 너무나 부드러운 나머지 아예 알아채지도 못하고 지나칠 수도 있다. 내가 여기서 말하는 것은 전반적인 개요이다. 여러분이 이 과정을 이해하고 있으면 그에 대해 더 이상 걱정하지 않게 되어 일이 훨씬 수월해질 것이다.

제9장

깨어남이
마음, 가슴, 아랫배를 관통할 때

스물다섯 살 때 최초의 깨어남이 있은 후, 나는 이렇게 자부할 수도 있었다. "아, 바로 이거야. 이제 모든 것이 끝났어. 나는 실재의 절대적인 본성을 본 거야." 나아가 내가 발견한 진리를 세상에 천명하며 다닐 수도 있었을 것이다. 하지만 나는 행운아였다. 내 안에서 들려오는 작은 음성이 있었다. "이건 다가 아니야. 이것은 진리의 전부가 아니야. 계속 나아가야 해."

이 작은 목소리는 어떤 의미에서 구세주와도 같았다. 왜냐하면 영적 행로에서 그런 특정한 시점에서는 일종의 강력한 경향성이 생기기 때문이다. 즉 자신에게 보인 바를 움켜쥐거나 주장하거나 내 것으로 삼아서, 깨달아진 무언가로부터 새로이 '깨달은 자아', '깨달은 나'를 빚어내고 싶어하는 마음 말이다.

내면으로부터 그러한 목소리를 가졌던 것은 나의 행운이었다. 가끔은 계속 전진하라는 목소리가 '밖으로부터' 들려오기도 한다. 주변 환경으로부터, 삶 자체로부터 말이다. 어쨌든 맨 처음의 깨어남을 나만의 전유물로 삼거나 주장하지 않는 것, 즉 이제 다 마쳐 끝났다고 치부해 버리지 않는 것이 필수적인 일이다. 언뜻 보기에는 길이 멈추어진 듯 느껴질 수도 있으나, 정작 멈춰진 것은 예전의 여행길, 즉 최초의 깨달음(seeing)을 향해 왔던 여행길이요, 내가 누군지 또 무엇인지 아무런 의식이 없었던 시절의 여행길일 뿐인 것이다. 이제는 새로운 여행길이 펼쳐지게 된다. 그것은 존재의 모든 차원에서 나뉨 없는 상태를 표현해가는 여행길이다. 또한 그것은 마쳐지기까지 여러 해가 걸릴 수 있는 여행길이기도 하다.

나뉨이 없다는 것은 무슨 뜻인가

나는 나뉨(분리) 없음에 대해 이야기해왔다. 그리고 깨어남이란 것을 나뉨 없는 상태에 있는 것과 동일한 것으로 보았다. 하지만 이제 나뉨이 없다는 것이 무엇을 뜻하는지에 대해 아무도 잘못 생각하는 일이 없도록 그 뜻을 분명히 해두고 싶다. 나뉨 없음은 깨어남의 '결과물'이다. 그것은 자신 진정한 성품에 대한 깨달음이 표현된 것이다. 이미 말했듯이, 나뉨이 없다는 것은 완전하다거나 성스럽다거나 하는 것과는 아무런 관련이 없다. 또한 깨어남 뒤에는 어느 순간, 어떤 식으로든 더 이상 나뉨을 경험하지 않게 될 거라는 보장도 없다. 이제 다시는 분리가 일어나지 않으리라는 그 어떤 보장도 없다. 사실 자유로워진다는 것, 깨어난다는 것은 그런 것에 대한 근심을 내려놓는 것이다. 깨어난 사람이라면 어떠해야 한다, 어떠해서는 안 된다는 따위에 대한 관심을 놓아버리는 것이다.

조사 승찬의 〈신심명〉은 그 말미에서 깨어난 상태를 "불완전함을 근심하지 않는 것"이라 묘사하고 있다. 이처럼, 나뉨 없음이 곧 완전함을 의미하지는 않는다. 또한 나뉨 없음은 성스러움이나 완벽함에 대해 우리가 느끼게 되는 인상과도 반드시 합치하지는 않는다. 만약 누군가가 나의 삶을 들여다본다면 십중팔구 온갖 증거를 대가며 이렇게 이야기할 것이다. "이것 좀 봐요, 저 사람은 깨달은 사람에 대한 내 생각과는 영 맞질 않아요. 나뉨 없는 존재에 대해 내가 기대하는 이미지와는 달라도 너무 다르네요." 나 역시도 필시 나의 삶이 많은 이들이 그리는 이상형, 즉 깨달음의 모습이란 이러저러해야 한다고 여기는 그것과는 잘 맞아떨어지지 않으리라고 생각한다. 사실 난 사람들의 지레짐작과는 달리 평범하기 짝이 없는 사람이다. 내게 있어서 깨어남이란 어느 면에서는 평범함 속으로, 아무 걱정 없는 곳으로 '죽어 들어가는' 것이다.

내 삶 혹은 다른 이들의 삶에 대해 누가 무어라 말하든, '나뉨 없는 상태'라는 것은 바로 나 자신 안에서 그것이 깨어 일어나기 전까지는 이해할 수 있는 무엇이 아니다. 여기에 내가 줄 수 있는 도움말이 있다면, 신성함이나 완전함에 대해 마음속에 생겨나는 그 어떤 이미지도 믿지 말라는 것이다. 이런 이미지들은 방해만 된다. 나뉨이 없다는 것은 (비분리로부터, 일체성으로부터 보고 행한다는 것은) 우리 각자가 스스로 발견해야 하는 그 무엇이다. 사랑과 미움 너머로, 선악 너머로, 옳고 그름의 너머로 본다는 것은 무엇인가? 그것은 내 경험 안에서 발견되어야만 한다. 다른 사람이 찾아냈다는 나뉨 없는 경험이라는 것으로 이리저리 저울질해보는 따위는 도움이 되지 않는다. 유일한 관건은 바로 '내가' 있는 이 자리이다. 매 순간 나는 분리로부터 경험하고 행동하고 있는가, 아니면 일체성으로부터 경험하고 행동하고 있는가? 둘 중에 어느 쪽인가?

이미 말했듯이, 깨어남은 삶의 조건 여하에 따라 사람들에게 여러 형태의 영향을 끼친다. 학생들과 함께 작업하는 가운데 유용하게 쓰이는 모델이 있다. 그것은 우리의 존재에 깨어남이 세 가지의 다른 차원에서 어떻게 영향을 미치고 있는지를 살펴보는 것이다. 그 세 가지란 첫째가 생각의 차원(마음의 차원), 둘째가 감정의 차원(가슴의 차원), 셋째가 존재의 차원(아랫배의 차원)이다. 깨어남이 존재 전체를 관통할 때는, 이 각각의 차원에서 다양한 수준의 나뉨 없는 경지가 경험된다. 이 '세 가지 차원'은 비유라는 사실을 명심하기 바란다. 그것은 사람들이 경험하는 바를 의미 있게 만들어주려는 도구일 뿐이다. 이러한 관념적인 모델에 지나치게 매달리지만 않는다면 이 비유는 유용하게 쓰일 수 있다.

진정한 깨어남의 순간에, 영(Spirit)은 존재의 모든 차원에서 단번에 완전히 해방된다. 별안간 우리는 이전까지 알아왔던 어떤 것과도 완전히 다른 어떤 관점, 어떤 인식의 방식으로 깨어나게 된다. 이러한 사건의 결과로 우리는 존재의 모든 차원에서 똑같이 그야말로 완벽한 관점에 안착할 수도 있고, 그러지 못할 수도 있다. 대부분의 경우 그것은 마치 번지점프의 밧줄과도 같다. 밧줄이 완전히 늘어났다가는 어느새 어떤 인과의 경향성 때문에 다시 뒤로 잡아당겨지게 되는 것이다. 그것은 결코 깨어남 이전에 출발했던 곳으로까지 완전히 되돌아가지는 않지만, 어느 정도의 수준까지는 수축된다. 이런 현상은 우리의 존재 전반을 통해서 불규칙하게 여러 모습으로 일어날 수가 있다.

마음 차원의 깨어남

깨어남의 경험에 뒤이어 마음의 차원에서는 무슨 일이 일어나는지 살펴보는 것으로부터 시작하기로 하자. 마음의 차원에서 나뉨 없음을 경험한다는 것은 무슨 뜻인가? 우리 모두는 마음의 차원에서 분리된다는 것이 어떤 것인지를 알고 있다. 다른 사람과 갈등을 일으키는 생각을 품고 있다거나, 마음 한쪽에서는 "이렇게 해야 해"라고 하면서 다른 쪽에서는 "그렇게 하면 안 돼"라고 하는 것처럼 말이다. 분리된 마음을 갖는다는 것은 자기 자신과 갈등하는 마음을 갖는 것이다.

우리 마음의 대부분은 극심한 갈등 속에 있다. 우리의 사고방식은 선한 것과 악한 것, 옳은 것과 그른 것, 성스러운 것과 불경한 것, 가치 있는 것과 가치 없는 것, 심지어는 깨달은 것과 깨닫지 못한 것 사이를 오락가락하고 있다. 이렇게 극과 극을 달리는 생각들이 마음의 차원에서 분리 상태를 불러들인다.

우리가 깨어나고, 그 깨어남이 마음의 차원을 관통해 들어와 모습을 드러낼 때 가장 먼저 보게 되는 것은 무엇일까? 그것은 바로 생각이라는 구조물 안에는 궁극적으로 참인 것이 전혀 없다는 사실이다. 여기서 오해하지 말아야 할 것은, 마음이 아무런 가치가 없다거나 나쁜 어떤 것이라는 뜻이 아니다. 마음은 생각 말고는 아무것도 아니며, 다만 하나의 도구일 뿐이다. 그건 다른 모든 도구와 똑같다. 망치나 톱, 컴퓨터가 도구이듯이, 그것은 하나의 도구이다.

그렇지만 대부분의 사람들이 처해 있는 의식 상태에서 마음은 자칫 무언가 다른 어떤 것으로 간주되기 쉽다. 마음은 하나의 도구로서가 아니라, '자아'의 느낌의 근원으로 간주되는 것이다. 대부분의 사람들은 끊임없이 마음에게 이렇게 묻는다. "나는 누구지?" "무엇이 진실이지?" 그들은 마음에게 무엇을 해야 하는지, 무엇을 하지 말아야 하는지에 대답해주기를 기다린다. 우습기 짝이 없는 일이다. 설마 여러분은 차고에 가서 망치에게 "내가 누구지? 이렇게 하는 게 옳은 거야, 옳지 않은 거야?"라고 묻지는 않을 것이다. 만일 실제로 그렇게 묻는다면, 게다가 망치가 입이 있다면 이렇게 대답할 것이다. "당신은 지금 내게 무얼 물어보는 겁니까? 나는 그런 질문을 받게끔 만들어진 연장이 아니에요."

하지만 우리는 마음에게 그렇게 하고 있다. 우리는 마음이 도구라는 사실, 아주 강력하고 쓸모가 많은 하나의 연장이라는 사실을 잊어버렸다. 모든 일은 마음으로부터 시작된다. 여러분이 운전하는 차, 들어서는 빌딩이나 쇼핑몰 등, 이 모두가 누군가의 마음에서 하나의 생각으로부터 비롯된 것이다. 그 후 이 한 생각은 유용하고도 필요한 것으로 여겨지고, 아이디어가 행동으로 옮겨져서 마침내 세상에 드러나게 된 것이다. 마음은 이토록 힘이 세고 또 쓸모가 많다.

그러나 인간의 의식 속에서 마음은 단순히 하나의 도구로만 보이지 않게 된다. 오히려 마음이 실재를 찬탈하는 일이 일어났다. 마음이 인간 자신의 실상으로 둔갑하고, 급기야 우리 인간들은 자신의 자아관념(우리가 누구인지에 관한 생각, 우리의 자아상)이 다름 아닌 자신의 사고과정이라고 받아들이게 되어버렸다.

깨어남의 빛이 마음의 차원을 꿰뚫어 비치기 시작하면, 우리는 마음이 그 어떤 고유한 실체도 가지고 있지 않음을 깨닫게 된다. 마음은 실재가 이용하는 하나의 도구이지 실재는 아니다. 생각은 그 자체가 원래부터 그저 하나의 생각일 뿐인 것이다. 생각은 거기에 아무런 진실을 담고 있지 않다. 여기에 물이 담긴 유리잔 하나를 생각해보라. 하지만 목이 마를 때 그 생각을 마실 수는 없다. 비록 그 한 잔의 물을 목숨이 다하도록 생각할 수는 있겠지만, 물질로 이루어진 그 유리잔을 들어 실제로 물을 마시는 것은 완전히 다른 종류의 경험이다. 자, 이번에는 유리잔을 들어 물을 마시는 동안에 유리잔이든 물이든 아무런 생각도 하지 않을 수도 있다. 이와 같이 생각 자체는 빈 껍질이다. 그것은 실체가 없다. 기껏해야 생각은 상징적인 것이다. 그것은 어떤 진리 또는 어떤 물건이 있는 쪽을 가리켜 보일 수는 있겠지만, 사실 대부분의 생각은 그런 구실조차 하지 못한다. 사람의 의식 속의 많은 생각은 다른 생각을 '생각하고' 있는 생각들이다. 생각에 대해 생각하는 것이다. 여기 명상가들이 명상하고 있다. 한 생각이 일어난다. '생각하면 안 돼.' 하지만 물론 그 생각은, 그 자체로 한 생각이다. 그러니 생각을 생각하게 되는 오만가지 쳇바퀴 안에 갇히게 되기란 너무나 쉬운 일이다.

마음의 차원에서 깨어남에 따라, 이제 우리는 마음 너머로부터 인식하기 시작한다. 우리는 마음 그것에는 실재가 없음을 깨닫게 되며, 이것은 하나의 깊은 깨달음이다. 마음에는 실재가 없다고 '말하는' 것은 쉽다. 그 사실을 '이해'한다는 것마저 몇몇 사람에게는 대수롭지 않은 일일는지 모른다. 하지만 마음에 실재가 없음을 '깨닫는' 것은, 그야말로 뿌리를 흔드는 극단적인 일이다. 우리가 지닌 일체의 자아관념, 그리고 세계가 모두 이 마음에서 생겨나고 있음을 깨닫는다는 것은 실로 엄청난 일이다. 생각이라는 구조물이 그 어떤 본질적 실체도 품을 수 없음을 깨닫게 될 때, 우리는 드디어 마음을 통해 인식하는 세계가 그 어떠한 실체도 갖지 않음을 보기에 이른다. 이것은 가히 지축을 흔드는 사건이다. 우리가 우리 자신이라고 인식해온 그 자아가, 그 어떤 실체도 없는 허깨비였던 것이다.

마음 차원의 깨어남은, 자신의 온 세계가 무너져 내리는 것과도 같다. 이건 도저히 예상하기가 불가능한 어떤 경험이다. 모든 세계관이 파괴된다. 현재의 시간으로부터 아득한 과거에 이르기까지 우리를 조건지어온 모든 방식, 우리의 모든 신념 구조, 인간의 모든 신념 구조가 파괴된다. 이런 모든 것이 바로 이 세상을 지어낸다. 인간들이 진짜라고 여기는 만물의 모습, 말 그대로 '나는 인간이다'라거나 '세상이라는 것이 존재한다'거나 '세상이란 이러저러해야 한다'는, 인간들이 합의한 그런 것들 말이다. 마음 차원에서의 깨어남이란 이 모든 것과, 나아가 우리의 온 세계가 송두리째 무너지는 것이다.

마음의 차원에서 깨어나면 이런 생각이 든다. '이럴 수가, 내가 지금까지 보던 세계는 완전히 가짜요, 그야말로 한 조각 꿈이었군! 이건 실재와는 전혀 상관이 없었어. 나 자신을 바라보는 방식 역시 완전히 가짜였어.' 여러분이 스스로를 깨달았다거나 깨닫지 못했다거나, 선하다거나 악하다거나, 가치가 있다거나 없다거나, 어떻게 여기든지 아무런 상관이 없다. 마음 차원의 나뉨 없는 상태란, 이 모든 에고의 구조가 완전히 씻겨나가는 것이다. 나로서는 생각의 차원에서 이 세계가 얼마나 철저히 무너지는지를 일목요연하게 설명하기가 거의 불가능하다. 그 상태는 진정한 생각 따위는 애초에 존재하지 않았음을 깨닫는 것이며, 가장 깊은 차원에서 그러한 사실을 알게 되는 것이며, 우리가 지어내는 모든 이상, 심지어 영적인 이상과 가르침까지도 그야말로 한 조각 꿈일 뿐임을 보는 것이다.

부처 자신도 모든 다르마dharma(法)가 다 비어 있다고 하였다. 여기서 다르마란 가르침이다. 다르마는 그가 설하는 진리, 그것이다. 그가 설한 진리 중 한 가지는, 그가 방금까지 제자들에게 설한 그 모든 다르마, 모든 진리가 다 비어 없다는 것이었다. 나의 진면목, 즉 '내가 누구인지에 관한 진실'은 지금껏 말해지거나 쓰이거나 읽혀진 가장 위대한 다르마, 가장 위대한 경전, 가장 위대한 생각들 너머 까마득한 곳에 있다.

이것은 내면에서는 파괴로 경험된다. 나는 사람들에게 이것을 분명히 명심해야 한다고 말하곤 한다. 즉, 깨달음은 파괴적인 과정이라는 것이다. 그것은 뭔가 좀더 나아진다거나, 좀더 행복해진다거나 하는 것과는 아무 상관이 없다. 깨달음이란 진리가 아닌 것을 부수어버리는 것이다. 그것은 가식의 가죽을 꿰뚫어 벗겨버리고 올바로 보는 것이다. 그것은 우리 자신으로부터 시작하여 모든 세계에 이르기까지 우리가 진실이라고 상상해왔던 모든 것을 깡그리 쓸어내 버리는 것이다.

이 과정에서 우리는, 인류 역사상 가장 위대한 정신이 이룩해낸 가장 뛰어난 발명이라 하더라도 한낱 어린애의 꿈에 지나지 않음을 발견하게 된다. 모든 위대한 철학과 철학자들 또한 꿈속의 일부일 뿐이다. 마음 차원의 깨어남은 마치 《오즈의 마법사》에 나오는 도로시가 커튼을 열어젖히는 것과도 같다. 도로시가 기대한 건 마법사 오즈의 위대한 모습이었는데 막상 커튼이 젖혀지고 보니 오즈는 손잡이를 잡고 조종하고 있는 작은 사내였던 것이다. 마음의 본성을 꿰뚫어 보는 일 또한 이와 같다. 그것은 깜짝 놀랄 일이다. 진실이라고 여겼던 모든 것이 실은 꿈꾸는 상태의 일부라는 것과, 바로 그것이 꿈꾸는 상태를 무너지지 않게끔 지탱해왔다는 것을 알게 되면 놀랄 수밖에 없지 않은가.

'깨달은 생각' 같은 건 존재하지 않는다. 이 진실을 깨닫는다는 것이 우리의 심신체계에게는 커다란 충격이다. 사실 우리 대부분은 이 진실을 보지 않으려고 스스로를 감싸 보호하고 있다. 우리는 진리를 원하노라고 말하지만, 그것은 정말인가? 우리는 실상을 알고 싶다고 외치고 있으나, 막상 그것이 우리 앞에 나타날 때 실상이 보여주는 그 모습은 지금껏 생각해오던 것과는 너무도 다를 것이다. 그 모습은 우리의 생각에 도무지 들어맞지 않는다. 마음속에 그려온 이미지와도 맞지 않다. 그것은 이 모든 것을 완전히 초월한다. 그냥 초월하는 정도가 아니다. 그것은 사실상 예전의 방식으로 세계를 바라볼 능력을 파괴해버린다. 그것은 우리의 세계를 잿더미로 만든다.

모든 것이 지나가고 나면, 우리에게 남는 것은 아무것도 없다. 우리는 완전히 빈털터리가 되어 어디에도 기댈 곳이 없다. 예수는 말했다. "여우도 굴이 있고 공중의 새도 거처가 있으되, 오직 사람의 아들은 머리 둘 곳이 없다." 그 어떤 관념, 어떤 생각의 구조물에도 우리가 쉴 곳은 없다.

이것이 바로 '완전한 포기'가 의미하는 바다. 오직 완전히 포기함으로써만 우리의 진면목은 왜곡 없이 빛날 수 있다. 하지만 처음으로 진리를 일별하는 순간에 항상 이 완전한 포기가 마음의 차원에 일어난다고 할 수는 없다. 우리의 정신적 구조물은 깨어남의 뒤에도 한동안 계속 무너져 내리는 경우가 많다. 우리가 그것을 허용한다면 말이다. 우리의 마음과 세계를 무너뜨리는 것이 진실이 이루고자 하는 바임을 깨닫는다면 말이다. 우리는 사물의 오인된 성질을 바라보기를 그칠 때까지 그 진정한 본성을 볼 수 없다.

마음의 차원에서 완전히 깨어나 있다는 것은 깊은 경지의 일이다. 뭔가 진정한 깨어남을 경험한 사람을 만났을 때, 나는 그 사람의 마음 어디에선가 자신이 깨달은 것을 앞세워 그것으로 마음을 달리 재구성하는 데 이용하고 있는 경우를 자주 발견한다. 그런 경우에는 직접적이고도 생생했던 깨달음이 손가락 사이로 새 나가버리게 된다. 결국 우리는 진리를 관념 속에 가둘 수 없음을 깨닫게 된다. 우리가 그것을 깨달을 때, 그때 비로소 마음은 하나의 도구가 된다. 마음은 생각 아닌 어떤 것을 위해 유익한 역할을 하게 된다. 마음과 생각, 그리고 말까지도 이전과는 다른 발원지로부터 흘러나오게 될 가능성이 활짝 열린다. 그때 마음을 사용하는 자는 '있음(Being)'이다. 생각이 침묵으로부터 솟아나온다. 침묵으로부터 말이 솟아나온다. 대화가 침묵으로부터, 마음 너머 까마득한 어딘가로부터 솟아나온다. 이제 마음은 대화하고, 가리키고, 방향을 정해주는 하나의 도구로서, 하나의 장치로서 쓰이게 된다. 하지만 이제 마음은 언제나 그 자신에게 투명하다. 마음은 결코 어떤 새로운 신념이나 이념도 만들어내거나 고착시키지 않는다.

가슴 차원의 깨어남

'가슴(heart)'이라는 말은 우리의 모든 감정 체계, 모든 감정적 신체를 가리킨다. 감정 차원에서 깨어 있다는 것은 무엇보다도, 우리가 느끼는 것, 느끼는 방식으로부터 더 이상 '자아'의 느낌을 만들어내지 않는 것을 뜻한다. 우리는 더 이상 좋은 느낌이나 나쁜 느낌, 건강한 느낌이나 병든 느낌, 잠깨어 있는 느낌, 피곤한 느낌 등 자신의 경험이나 느낌을 통해서 '자아'의 느낌을 발견하거나 만들어내지 않는다.

사람들의 자아감은 대개 자신이 느끼는 바와 이어지거나 얽혀 있다. 우리가 "나는 분노를 느낀다(I feel angry)"든가 "나는 화났다(I am angry)"고 말할 때 정말로 말하고 있는 것은, '지금 이 순간 나의 자아감은 '화'라는 감정과 하나가 되어 있다'는 것이다. 그리고 물론 그 하나가 된 상태는 환상이다. 왜냐하면 우리의 본성은 몸속을 흐르는 감정 따위의 것으로 정의될 수가 없기 때문이다.

감정 차원의 깨어남이 뜻하는 것은, 우리가 느끼고 있는 그 감정이 우리가 무엇인지, 누구인지를 말하는 것이 아님을 알게 되고 이해하기 시작한다는 것이다. 우리가 느끼는 감정은 우리가 느끼는 감정일 뿐이다. 그것이 전부다. 우리가 느끼는 것을 회피하거나 부인할 필요는 없지만, 그것이 우리를 정의할 수는 없다. 우리가 더 이상 감정의 차원에서 자아를 정의하지 않게 될 때, 우리의 자아감은 감정의 차원으로부터 해방되고 감정의 차원에 떠도는 갈등의 느낌들로부터 해방된다.

대부분의 인간에게 그 해방은 더 이상 자신이 느끼는 감정으로써 자신을 정의하지 않게 되는, 혁명적인 변화를 의미한다. 하지만 자신의 감정을 회피함으로써 해방에 이를 수 없다는 것 또한 엄연한 사실이다. 사실 우리의 감정과 느낌은 무엇이 우리 존재 안에서 풀리지 않고 있는지, 우리가 어디까지 꿰뚫어 보는지 혹은 보지 못하는지를 알려주는 훌륭한 지표이다. 우리 몸은 진실의 훌륭한 계기판이다. 감정적인 분리의 느낌(증오, 부러움, 시기심, 탐욕, 비난, 수치심 등)으로 들어서자마자 우리는 자신이 분리 상태로부터 인식하고 있음을 알아차린다. 분리로부터 나오는 이 감정들은 마치 붉은색 경고의 깃발과도 같이, 지금 우리가 사물의 진정한 본성을 인식하고 있지 않음을 일깨워준다.

감정적으로 혼란을 겪는다면, 그것은 우리가 진실이 아닌 어떤 무의식적인 신념을 가지고 있다는 뜻이 된다. 우리의 마음은 무언가를 포장하여 덮어버렸다. 아마 마음은 현재의 어떤 사건을 포장했거나 아니면 과거를 포장했었을 수도 있다. 어쨌든 알 수 있는 것은, 마음이 어떤 사건을 포장함으로써 지금의 이 혼란을 초래하고 있다는 사실이다.

감정체(emotional body)는 우리가 보아야 할 필요가 있는 모든 대상으로 들어가는 훌륭한 통로가 된다. 그것은 분리감을 유발하는 모든 것들, 모든 환영 속으로 파고 들어가는 진입로이다. 만일 우리가 감정적으로 흔들린다면, 또 감정적인 균형을 너무 쉽게 잃어버리곤 한다면, 그때는 반드시 자기 삶의 감정적 측면을 살펴보아야만 한다. 이 말은 감정을 분석해야 한다거나 어떤 치료법을 동원해야 한다는 뜻이 아니다. 어떤 경우에는 그런 방법이 필요하기도 하고 유익할 수도 있겠지만, 그것은 여기서 이야기하려는 것이 아니다. 내가 이야기하고자 하는 것은 좀더 근본적인 차원에서 감정체를 다루는 것에 관해서다. 즉 두려움의 본질, 분노의 본질을 알아보려는 것이다. 우리가 감정적인 위축을 경험하게 될 때, 그 위축은 무엇에 관한 것일까?

우리의 감정, 특히 부정적인 감정이라고 불리는 것은 대부분 분노나 두려움 아니면 분별로부터 비롯된다. 이 세 가지는 모두 우리가 자신의 생각을 믿어버릴 때 생겨난다. 감정적인 삶과 지적인 삶은 실제로는 나뉘어 있지 않다. 그것들은 하나다. 감정적인 삶은 무의식 속에 가려 있는 지적인 삶을 드러내준다. 우리는 흔히 자신이 가지고 있다는 것조차 모르는 생각들에 대해서 감정적으로 반응한다. 무의식적인 생각의 모습이 드러나는 것은 이런 경로를 통해서이다.

사람들은 자주 어떤 감정 때문에 괴로워하며 나를 찾아온다. 그것은 두려움이나 분노, 원한, 시기심 등등이다. 나는 그들에게 말해준다. 그 감정을 놓아버리고 싶다면 그 감정 아래에 깔려 있는 세계관을 찾아내야 한다고 말이다. 그 감정이 입이 있다면 무어라고 말할까? 그 감정은 어떠한 신념 구조를 가지고 있을까? 그것은 무엇을 심판하고 있는 걸까?

내가 정말로 묻고 있는 것은, '이 사람이 어떻게 감정적으로 분리 상태에 끌려들어가게 되었는가'이다. 무엇을 분리 상태로부터 인식할 때, 우리는 언제나 부정적인 감정을 경험하게끔 되어 있다. 감정적 삶은 우리가 분리로부터 사물을 인식하고 있는 순간을 알려주는 정확하고도 믿음직한 지표다. 분리 속으로 들어설 때는 언제나 어느 정도의 감정적인 갈등을 느낄 수 있고, 이것은 경고신호 역할을 해준다. 감정적인 갈등을 느낄 때마다 다음과 같이 질문해봐야 한다. "나는 어떠한 경로로 분리 속에 들어가고 있는가?" "지금 이 순간 이러한 분리, 고립, 방어의 느낌을 유발하고 있는 것은 무엇인가?" "내가 믿고 있는 것은 무엇인가?" "나의 몸 안에서 재생되고, 감정으로 나타나게끔 내가 만들어낸 가정은 무엇인가?"

이렇게 감정과 생각은 이어져 있다. 이것은 똑같은 하나가 두 가지로 모습을 드러낸 것이다. 둘은 나누어질 수가 없다. 사람들이 부정적인 감정을 가지고 내게 찾아올 때면, 나는 그 감정이나 느낌 뒤에 있는 생각을 찾아내보라고 한다. 가끔 그들은 자신의 감정 뒤에는 어떤 생각도 없노라고 우기기도 한다. 그런 경우 나는 그 감정과 함께 정좌하여 명상을 해보도록 권한다. '만일 이 감정에 입이 있다면 무어라고 말할까?'

그렇게 하기를 몇 번, 힘든 감정과 함께 하루나 이틀 혹은 일주일 동안 작업해보면, 결국 그들은 어떤 '아하!'에 이르게 된다. 그들은 말한다. "아디야, 정말이지 나의 감정에 붙은 생각 같은 건 없다고 믿었어요. 그 감정은 어디까지나 두려움이나 분노, 원한 같은 거라 생각했어요. 그런데 실제로 그 안으로 깊이깊이 들어가서 정말 고요해지니까 갑자기 어떤 이야기가 들리기 시작했어요. 드디어 나는 그 감정을 만들어내고 있는 생각들을 들을 수 있게 됐어요."

감정을 만들어내는 생각을 일단 찾아낼 수 있게 되었다면 이젠 그 생각이란 게 정확히 무엇인지, 그리고 그것이 진실한 것인지를 캐보기 시작할 수가 있다. 분리를 일으키는 생각은 그 어떤 것도 진실이 아니다.

이것은 충격적인 사실이다. 우리 모두는 특정한 부정적 감정은 정당한 것으로 치부되는 세상에서 자라왔다. 희생자의 느낌이 그 좋은 예이다. 우리는 이렇게 외친다. "이것 보라고, 이러저러한 일이 내게 벌어졌어. 이런저런 결과가 내게 닥쳤어. 그래서 내가 이 꼴로 희생자가 되어서 사는 거라고!" 우리는 희생자가 되는 것을 정당화하는 신념을 중심으로 온갖 지적, 감정적 삶을 쌓아올릴 수 있다. 그런데 이 신념을 자세히 들여다보면, 그것은 단지 분리로 들어가는 하나의 수단일 뿐임을 알게 된다. 실재는 사물을 희생자의 관점으로 보지 않는다. 그것은 전혀 다른 관점에서 바라본다. 우리가 이렇게 생각한다고 하자. '아무개가 감히 내게 그리 말하면 안 되지….' 하지만 그렇게 된 것이 엄연한 현실이다. 어떤 일이 일어나서는 안 된다고 마음이 말하자마자 내면에서는 분리를 경험하게 된다. 그것은 그야말로 즉각적이다. 우리는 왜 분리를 경험할까? 현실과 다투고 있기 때문이다.

　여기까지는 분명해졌다. 즉 어떤 이유로든 현실과 다투면 우리는 분리로 들어서게 된다. 그것은 단순한 이치이다. 실재란 그저 있는 그대로일 뿐이다. 그것을 분별하거나 비난하거나 그렇게 되지 말아야 한다고 우기는 어떤 생각을 품는 순간, 우리는 분리를 느끼게 된다.

　우리들 대부분은 어떤 경우엔 분리 상태로 들어가는 것을 마땅한 일로 배워왔다. 특정한 경우에 자신이나 남의 고통을 당면해서 분리 상태로 들어가지 않는다는 것은 스스로를 기만하는 짓이라고 배워왔다. 그건 마치, 그런 경우에조차 내면의 분리감을 느끼지 않는다면 그는 정말 피도 눈물도 없는 냉혈한이라고 하는 것과 똑같다.

　하지만 이것이야말로 깨달음의 더욱 깊은 영역으로 나아가는 놀랍고도 충격적인 부분이다. 우리는 현실과 다툴 정당한 이유란 없다는 것을 깨닫는다. 그 까닭은 무엇인가? 그 싸움에서 결코 이길 수가 없기 때문이다. 현실과 다투는 것이야말로 괴로움으로 가는 지름길이며 고통을 자초하는 완벽한 처방전이다.

　그보다도 더 나쁜 것은, 우리가 다투는 대상이 무엇이든 간에 그것과 우리가 한데 묶여버리게 된다는 점이다. 그것이 3년 전에 일어난 일이든 어제 아침에 일어난 일이든 간에, 그것과 싸우면 우리는 당장 그

덫에 걸리고 만다. 우리는 똑같은 고통을 끝없이 경험하고 또 경험해오고 있다. 무언가와 다투는 것은 그것을 초월하는 데에 도움이 되지 않는다. 그것을 잘 다루어내는 데에도 도움이 되지 않는다. 그것은 오히려 우리를 가둔다. 다투는 것이 무엇이든 우리는 그것에 묶여버린다.

과거든 현재든 간에, 우리가 참이라고 놓고 다투는 어떤 것에도 근거가 없다는 것을 깨닫게 되면 정말이지 놀라지 않을 수가 없다. 우리의 다툼은 꿈꾸는 상태의 한 조각일 뿐이다. 그것이 꿈꾸는 상태의 한 조각이거니, 하고 입으로만 중얼거린다거나 다른 사람이 그리 말하는 것을 듣는 것으로는 충분하지 않다. 우리 각자가 스스로 살펴보아야 한다. 분리를 경험할 수밖에 없도록 힘을 휘두르는 그것을 알아차리려면 각자가 자신의 감정적 삶을 잘 들여다보아야만 한다. 자신의 감정을 잘 들여다봄으로써 그것을 있는 그대로 직시해야 한다. 또 그것이 진실한지를 의심해봐야 한다. 침묵 속에서 그것을 명상해봐야 한다. 그래서 더 깊은 진실이 드러나도록 해야만 한다.

이미 말했지만 이것은 꼭 분석적인 과정만은 아니다. 진정한 '물음'은 경험적인 것이다. 그것은 뭔가를 이제 그만 일어나게 하려고 애쓰는 일이 아니다. 진정한 질문작업은 진실 말고는 다른 어떤 목적도 없다. 그것은 우리를 치유하려거나 불쾌한 감정을 느끼지 않게 하려는 일도 아니다. 질문작업은 괴로움을 당하지 않으려는 욕망만 가지고는 계속해갈 수가 없다. 괴롭지 않으려는 충동이야 당연히 이해할 수 있지만, 진정한 물음에는 더해져야 할 또 다른 요소가 있으니 그것은 도대체 무엇이 진실인가를, 그리고 우리가 어떻게 자신을 갈등으로 몰아넣는가를 직시하고자 하는 의욕이요 마음가짐인 것이다.

우리를 갈등 속으로 몰아가는 자가 다름 아닌 '나'라는 사실(우리 삶에서 다른 누구도 어떤 상황도 그렇게 할 힘을 가지고 있지 않다)을 깨닫게 되면, 우리는 이 감정적 삶이 바로 하나의 '입구'라는 것을 깨닫게 된다. 그 입구는 우리로 하여금 더 깊이 들여다보게 해주고, 깨어 있는 상태(그 무엇도 바꾸려 들지 않는, 그 자체가 진실에 대한 사랑인 상태)에서 바라보게끔 우리를 맞아들이고 있다.

내가 지금 하는 말을 자칫하면 잘못 해석할 수도 있다. 부정적인 감정은 모두가 분리를 나타내는 표지라는 식으로 말이다. 그런 뜻이 아니다. 사람들은 분리를 느끼지 않고서도 우울할 수 있다. 분리 없이도 비통함을 느낄 수 있다. 분리 없이도 분노를 느낄 수 있다. 서양 문화는 이런 개념에 대한 이해가 풍부하지 못하다. 동양에는 분노에 찬 신에 관한 이야기가 아주 많다. 티베트 불교나 힌두교에서 신이나 화신들은 천상의 연꽃 위에서 아름다운 미소만 짓고 앉아 있지는 않다. 세계적으로도 그렇지만, 동양의 전승에서 보이는 영성 세계에는 인간의 온갖 다양한 감정적 경험이 내포되어 있다. 그러니 부정적인 감정(혹은 부정적인 감정이라 불리는 어떤 것)의 존재가 곧 그것이 환영임을 증명하는 표지라고 결론지어서는 안 된다. 관건은 이 감정이 과연 분리 상태에서 비롯된 것인가, 그렇지 않은가의 여부다. 만일 그렇다면 그 감정은 환영에 바탕을 둔 것이다. 만일 여러분이 진실하게 질문을 해보아서 그 감정이 분리 상태에서 비롯된 것이 아님을 발견한다면, 그것은 환영에 바탕을 둔 것이 아니다. 이러한 것을 올바로 볼 수 있게 되면 감정을 허용하는 폭이 훨씬 더 넓어지게 된다. 우리는 이제 활짝 열려, 갖가지 감정의 바람(wind)이 심신체계를 자유로이 넘나드는 드넓은 공간으로 변한다. 그러니 여기서 우리가 이야기하는 자유는, 분리로부터 비롯되는 감정으로부터의 자유이다.

감정이 어떻게 분리된 자아라는 환영을 지탱하는가?

깊숙이 들여다보면, 우리의 감정적인 자아의 느낌을 감싸고 도는 주범은 바로 두려움이라는 사실을 알게 된다. 그렇다면 우리는 왜 그토록 두려워하는가? 그것은 우리 스스로가 자신을 한정된 존재, 분리된 존재로 여기고 있기 때문이다. 우리는 자신이 자칫하면 다치거나 공격당할 수도 있는 사람이라는 생각을 갖고 있다.

우리는 각자의 탐구를 통하여 이러한 자아의 느낌, 분리의 느낌이 모두 환영임을 직시해야 한다. 그것은 진실이 아니다. 그것은 우리가 스스로에게 지껄이는 얄팍한 거짓말이다. '나는 나 스스로 상상하는 그 정도의 인물일 뿐이야'라는 식의 심약한 결론, 바로 그것이 두려움에게 문을 열어준다. 왜냐하면 우리 자신이라 여기는 그 '사람'은 자기가 언제라도 상처 입을 수 있다고 상상하고 있기 때문이며, 또 그러한 환영 속의 자아는 자신의 삶을 몹시 위험한 것으로 보기 때문이다. 내게 누군가가 다가온다. 그리고 뭔가 사나운 말을 퍼붓는다. 그러면 환영 속의 자아는 그 즉시 갈등과 고통에 빠진다. 우리는 불안을 느낀다. 우리의 자아는 너무도 쉽사리 상처를 입기 때문이다.

내가 분리된 자아라는 느낌은 생각과 느낌이 뒤섞임으로써 비롯된 것이다. 우리 감정의 대부분은 생각으로부터 비롯된다. 목 아래쪽, 곧 우리의 몸은 마음의 생각을 복제재생하는 기계일 뿐이다. 몸과 마음은 연결되어 있다. 그것은 동전의 양면이다. 우리는 생각하는 그것을 느낀다. 우리가 어떤 감정을 느낄 때, 실제로 경험하는 것은 하나의 생각이다. 그 생각 자체는 의식적이지 않은 경우가 많다. 우리가 무엇인가에 얽매이는 과정을 살펴보면 놀라운 점을 발견한다. 즉 느낌의 중심, 가슴의 중심부가 생각을 느낌으로 복제해버리는 것이다. 그것은 '개념'을 생생히 살아 있고 몸으로 느껴지는 감각으로 바꿔놓는다.

내가 마음의 차원과 가슴의 차원에 대해 이야기할 때, 마치 두 가지 다른 이야기를 하는 것처럼 들릴 수도 있을 것이다. 하지만 실제로는 몸과 마음, 감각과 감정이라는 동전의 양면, 즉 하나의 현상을 이야기하고 있는 것이다.

우리가 마음의 차원과 감정 차원의 고착과 동일시로부터 깨어나기 시작할 때, 우리는 거기에 해를 당할, 생명을 위협당할 그 누구도, 그 어떤 것도 없음을 깨닫게 된다. 실로 우리는 '생명 그 자체'이다. 우리 자신이 바로 생명의 모든 것임을 깨달으면 우리는 그런 위협을 더 이상 두려워하지 않게 된다. 또한 더 이상 태어나고 살아가고 죽는 것에 두려움을 느끼지 않게 된다. 하지만 그것을 깨닫기 전까지는, 우리는 삶을 위협적인 것으로, 그리고 헤쳐나가야만 할 장애물로 볼 것이다.

감정 차원의 깨어남은 두려움에 근거한 이런 고착상태로부터 우리를 해방시켜준다. 이 차원에 깨어나면 우리는 세상을 한층 더 깊이 느낄 수 있게 되고, 완전히 새로운 가능성이 눈앞에 펼쳐진다. 감정체(가슴 부위 전체)는 믿을 수 없을 만큼 섬세한 감수성을 지니고 있다. 그것은 드러나지 않은 것의 감각기관이다. 드러나지 않은 것은 감정체를 통해 자신을 느끼고 경험하고 알게 된다. 이것은 감정과 느낌을 통해 자신을 인식하고 발견하는 '나'라는 개념과는 매우 다르다. 더욱 깨어날수록 우리는 온 심신을 절대의 통일된 '나'를 그대로 인식하는 하나의 도구로 경험할 수 있게 된다.

굳이 말로 표현하자면, 이 '감정체로부터' 깨어날수록 '감정체 자체가' 더욱 깨어난다. 감정체가 활짝 열리게 된다. 감정적인 갈등이 적어질수록 감정체가 더 많이 열리게 된다. 이것은 왜냐하면 우리가 지켜 보호해야 할 게 아무것도 없음을(우리를 감정적인 방어 상태로 몰아가는 생각, 개념, 신념이 모두 거짓임을) 깨달을수록, 우리는 더욱더 열리게 되기 때문이다.

이 차원의 깨어남은 실로 영적인 가슴의 열림이다. 여러분은 아마도 예수를 묘사한 그림 중에서 자신의 가슴팍의 살을 열고 손을 집어넣어 지극히 아름다우며 찬란한 빛으로 이글거리는 심장을 꺼내는 모습을 본 적이 있을 것이다. 이것이 바로 영적인 가슴의 열림을 묘사한 한 보기다. 깨어난 존재는 감정적으로 엄청나게 열려 있는 존재이다. 그(그녀)는 감정적 차원이나 지적 차원에서 자신을 방어하지 않는다. 가슴의 차원에 깨어날 때 일어나는 일 중 하나는, 우리 스스로가 궁극의 의미에서 완전히 무방비의 경지를 경험하게 된다는 것이다. 우리가 방어하지 않게 될 때 자연스럽게 흘러나오는 것은 사랑, 곧 무조건의 사랑이다.

  실재의 궁극적인 성질은 차별을 모른다는 것이다. 실재란 그저 있는 그대로일 뿐이다. 깨어난 가슴의 가장 진정한 증거는 그것이 모든 존재를 있는 그대로 아무런 차별 없이 사랑한다는 것이다. 깨어난 가슴이 모든 것을 사랑하는 까닭은 그 모두를 자기 자신으로 보기 때문이다. 이것이 바로 무조건적인 사랑의 탄생이다. 이 무조건의 사랑이 우리 안에서 열리기 시작하면, 그것은 실재가 스스로를 드러내는 방편이 된다. 자기 자신을 사랑하는 실재가 깨어난 가슴을 통해서 모습을 드러내는 것이다. 그것은 개인의 일이 아니다. 그것은 실재, 차별 없이 사랑하는 자다. 그것은 자기 자신을 사랑한다. 그것은 모든 것, 모든 이를 사랑한다. 그것은 개인의 차원에서는 사랑할 수 없는 사람까지도 사랑한다. 자신이 개인적 차원에서 사랑할 수가 없는 사물이나 사건이나 사람까지 사랑한다는 것을 깨닫기 시작한다는 것은 놀라운 일이다. 그런 것이 아무런 문제도 될 수 없음을 깨닫는다. 진실이 깨어나면, 진실은 모든 것을 사랑한다. 진실은 여러분이 개인적으로 좋아하는 사람을 사랑하며, 좋아하지 않는 사람 또한 사랑한다. 깨어난 가슴은 있는 그대로의 세상을 사랑하는 것이지, 이러했으면 하고 바라는 세상을 사랑하는 것이 아니다. 이 차원에서 더 깨어날수록 우리는 더욱 무조건적인 사랑을 경험하게 되고, 그 사랑이야말로 우리 인간의 삶에서 가장 깊은 소명召命이다.

아랫배 차원의 깨어남

　세 번째 형태의 깨어남은 아랫배 차원의 깨어남이다. 아랫배의 차원은 우리가 가진 자아의 느낌 가운데 가장 실존적인 부분이다. 이것은 바로 움켜쥠의 핵심적인 형태, 즉 우리의 뿌리에 대한 움켜쥠이 들어 있는, 우리 자신의 한 부분이다. 그것은 마치 아랫배 한가운데에 움켜쥔 주먹이 들어 있는 것과도 같다. 그것은 우리의 가장 근본적인 자아의 느낌이다. 그것은 움켜쥐고 수축하는 그것이다. 그것은 그것을 둘러싸고 다른 모든 자아의 느낌이 구축되는, 그 중심의 움켜쥠과 수축이다.

　영(Spirit) 혹은 의식이 형태를 갖추고 드러날 때는, 처음엔 그것이 하나의 충격으로 경험된다. 아무 제약도 없는 가능태로 있다가 어떤 형태로 한정되는 이런 갑작스러운 변화는, 의식 자신에게도 충격적일 수밖에 없다. 아랫배 속의 움켜쥠은 바로 육체적 차원에서 겪는 그 수축이요 충격이다.

　내가 설명하고 있는 것을 실감나게 이해하기 위해, 여러분이 막 세상에 태어나고 있다고 상상해보자. 여러분은 지금까지 완벽히 보호받고 있던 따뜻하고도 풍요로운 환경으로부터 나와서 갑자기 어떤 방 안에 존재하게 된다. 그곳은 자신이 왔던 곳에 비해 훨씬 춥고, 알 수 없는 불빛이 번쩍거리며, 커다란 목소리들이 웅웅거린다. 갑자기 누군가가 나를 붙잡아 쥐고는 몸을 휙 잡아챈다. 이게 바로 삶이, 아니 자궁 밖의 삶이 여러분을 맞이하는 최초의 인사이다. 이것을 상상할 수만 있다면 그 여린 갓난애가 어떻게 아랫배 깊숙이 움츠림을 품게 되는지를 쉽게 이해할 것이다. 그것은 너무나 폭력적이고 갑작스럽게, 대비할 겨를도 없이 닥쳐오는 까닭에 이렇게 움츠리는 결과를 초래하는 것이다.

형태를 갖추는 시점에 일어나는 이러한 최초의 충격에 더하여, 우리는 삶 전체를 통해 아랫배 속의 움켜쥠을 강화하는 경험을 셀 수도 없이 되풀이한다. 어린아이 시절이든 이후의 성장과정이든 간에, 우리들 대부분은 공포나 충격에 짓이겨지는 경험을 간간이 맛보게 된다. 이러한 경험들이 아랫배 차원에서의 움켜쥠을 더욱 강화시키는 것이다.

그럼 어떻게 하면 그 움켜쥠을 똑바로 대면할 수 있을까? 도대체 어떻게 그에 대처할 수 있을까? 결론적으로 말해서, 우리는 그 움켜쥠이 품은 두려움을 직면해야만 한다. 바로 그 두려움이 움켜쥠의 정체이기 때문이다. 알고 보면 그것은 두려움이라는 반응 그것일 뿐이다. 그 두려움은 마치 여러분의 아랫배 깊숙한 곳에 꽉 움켜쥔 주먹을 품고 있는 것과도 같다. 그것은 소리 지른다. "안 돼, 안 돼, 안 돼, 안 돼, 안 돼! 삶이라니 안 돼, 죽음이라니 안 돼, 존재라니 안 돼, 비존재라니 안 돼! 안 돼, 안 돼, 안 돼! 나는 움켜쥐고 있을 거야! 붙잡고 있을 거야! 놓지 않을 거야!"

깨어남 그것으로 옮겨가는 움직임마저도 때로는 두려움을 일으킬 수가 있다. 깨어남에 가까워질수록 사람들은 흔히 두려움을 경험하게 된다. 깨어남이란 이러한 아랫배 속의 움켜쥠을 갑자기 놓아버리는 것이기 때문이다. 이 움켜쥠이 놓인 상태로 계속되리라는 보장은 없다. 또다시 틀어쥐게 될 수도 있다. 어쨌든 처음엔, 깨어남이란 집착을 풀어놓는 것이다. 깨어남에 가까워짐에 따라 사람들은 흔히, 마치 자신이 파괴되어버리거나 죽임을 당하기나 할 것처럼, 움켜쥐고 매달리고 싶은 본능적인 기분을 느낀다. 그것은 심신체계를 관통하여 올라오는 어떤 비이성적인 두려움이다.

사람들이 이런 경험을 한다고 말할 때 내가 들려주는 첫마디는, 그것은 흔한 일이라는 것이다. 거의 모든 사람이 언젠가는 그 같은 경험을 한다. "아무 문제도 없어요." 나는 말한다. "당신은 이전까지 알아차리지 못했던 움켜쥠을 이제 알아차리고 있는 것일 뿐입니다."

이 시점에서 흔히 생기는 의문은, '그러면 어떻게 이것을 벗어나는가?'일 것이다. 이 의문은 에고 의식의 관점에서 나온다. 에고 의식은 언제나 불편한 것을 제거하려 한다. 하지만 말할 것도 없이, 무엇이든 없애려 하면 오히려 더욱 살아남는 법이다. 무언가를 없애려 하는 바로 그 행위가 그것을 살아남게 한다. 그 무언가를 없애려고 애씀으로써, 여러분은 무의식적으로 거기에 현실성을 보태주는 셈이다. 여러분이 무언가를 없애보려 애를 쓰고 있다면 우선 그것을 실제로 존재하는 것으로 인식해야만 하고, 그렇게 무의식적으로 현실성을 보탬으로써 자신이 없애려 애쓰는 바로 그것에다 에너지를 더해주고 있는 것이다. 이런 종류의 틀어쥠은 어떤 기법으로써 해결할 수가 없다. 어떤 의미에서는, 자신이 할 수 있는 일은 아무것도 없다는 앎이야말로 우리가 얻을 수 있는 가장 중요한 깨달음이라 할 수 있다. '어떻게 해야 하지?'라는 물음은 실은 '어떻게 하면 이 상황을 내 마음대로 할 수 있을까?'라는 물음을 베일로 가린 것이다. 이렇게 내 뜻대로 해보려는 마음에 대한 유일한 해독제는, 그 마음을 내려놓는 것이다. 그 마음을 어떻게 내려놓는가? 이것은 까다로운 문제다. 내 뜻대로 해보려는 마음을 내려놓으려는 그 노력 역시 내 뜻대로 해보려는 것이기 때문이다.

아마도 모두가 내려놓으려고, 내맡기려고 애써 본 경험이 있을 것이다. 하지만 애씀과 내맡김은 서로 배타적인 개념이다. 애쓰고 있는 한 내려놓을 수는 없는 법이다.

그리하여 결국 모든 기법이 사라지고, 의식을 뜯어맞춰 더 확실한 경지에 이르는 방법이 아무런 소용도 없게 되는 때가 오고 만다. 어떤 기법도 통하지 않는다. 이제는 실존적 차원에서, 내려놓기 위하여 '내가' 할 수 있는 것은 아무것도 없다는 것(또한 내맡기기 위하여 '내가' 할 수 있는 것은 아무것도 없다는 것)을 깨달을 수밖에 없는 순간이 온다. 그럼에도 내맡김과 내려놓음은 절대적으로 요구된다.

이 시점에서 무엇보다 중요한 것은 이러한 사실, 즉 '내가' 할 수 있는 것은 아무것도 없다는 사실을 받아들이는 것이다. 이것을 남김없이 받아들이는 것, 이러한 앎에 남김없이 관통당하는 것, 그것이야말로 마지막으로 남은 내려놓음이다. 그것이 바로 움켜쥔 주먹이 펴져 열리는 것이요, 가장 기본적인 실존 차원의 자아의 느낌이 열리는 것이다.

이런 일이 일어나기 위해서는, 여러분 자신이 할 수 있는 방법은 아무것도 없음이 깨우쳐져야만 한다. 여러분은 끝장에 이르러야만 한다. 밧줄의 끄트머리까지 가야만 한다. 그럴 때라야만 내맡김이 스스로 일어날 수 있게 된다. 인간으로서 우리가 할 수 있는 유일한 일은 모든 집착이 헛된 것임을 깨닫는 것이며, 또한 모든 집착은 자신의 있는 그대로의 모습을 외면하는 것을 위장하는 한 형태일 뿐임을 아는 것이다.

아랫배 차원에서 움켜쥐기를 이제 그만 포기하게 되면 마치 자기가 죽는 것처럼 느껴질 수도 있다. 죽는 것은 '내'가 아니고, 분리된 자아라는 환영이다. 그런데도 꼭 자기가 죽을 것만 같이 느껴질 수가 있는 것이다. 오직 스스로가 기꺼이 진리를 위해 죽으려 할 때만, 움켜쥠을 정말로 깨끗이 놓아보낼 수 있다.

이것을 더 이야기하기 전에 일부 사람들에게 해당될 수도 있는 말을 여기에 덧붙이고자 한다. 삶에서 엄청나게 힘든 시절을 보낸 사람들이 있다. 이들은 존재의 뿌리 차원에서 아주 깊숙한 움켜쥠을 불러온 아픈 사건을 경험했던 사람들이다. 이 경우에는 더 깊은 의식의 단계로 접어 들어감에 따라 아랫배 차원의 움켜쥠이 점점 더 악화될 수 있다. 만약 이것이 당신의 경우라면, 그 무엇도 억지로 하려 들지 말라. 깨어남으로 해서 자기에게 일어난 이런 측면의 일을 다룰 수 있는 전문가의 도움이 필요할 수도 있다. 그것을 내려놓을 수 있게 되려면 지금 경험하고 있는 그 깊은 상처의 느낌에 다가갈 어떤 방도를 찾아내야만 할 수도 있다. 당신이 이 경우라면, 나는 당신에게 누군가 이런 경험들을 정말 잘 다룰 수 있고 실질적으로 해결할 수 있는 사람을 찾아 나서라고 권하고 싶다. 이들이 제시하는 접근법은 유익하다. 효과가 있기 때문이다. 그 뿌리 깊은 움켜쥠은 반드시 놓여나기 시작할 것이다.

말할 것도 없이, 성장 과정은 다소간에 우리 모두에게 상처를 남긴다. 여러분이 제아무리 훌륭한 양육 과정 즉, 세상에서 최고가는 부모와 둘도 없는 환경에서 자랐다 하더라도 아무런 상처도 없이 성장할 수는 없는 법이다. 어떤 의미에서는 삶 그 자체가 상처이다. 삶은 분리된 자아의 느낌에 상처를 가한다. 분리된 자아 느낌에게는 삶 그 자체가 하나의 위협인 것이다. 거기서 빠져나올 방법은 없다.

아랫배 차원의 깨어남은 우리가 가진 가장 깊은 실존적 두려움을 직면하여 풀어놓기를 요구한다. 또한 이 깨어남은 여기서 '내 뜻'이라 표현되는 것, 즉 우리 안에서 '이거라야만 해, 이 방법이어야만 해'라고 우기고 있는 부분을 똑바로 직면하고 풀어놓기를 요구한다. '내 뜻'이란 결국 하나의 환영이다. 우리가 어떤 일을 통제하거나 지휘하려고 '내 뜻'을 휘둘러 보지만 그게 마음대로 되지 않는 것은 그 때문이다. 하지만 환영이든 아니든 간에 우리는 그것을 직면하여 다뤄야만 한다. 이를 위해서는 진리 자체를 향한 전적인 내맡김의 자세, 철저한 헌신과 진실성이 요구된다.

진정한 앎의 실현, 즉 진정한 깨달음은 '내 뜻'을 완전히 내려놓아야만 찾아온다. 이것은 말할 것도 없이 환영 속의 자아에게 두려움을 불러일으킨다. 자아는 '내 뜻'을 내려놓는 것을 끔찍한 사건으로밖에는 해석할 수가 없다. 우리는 내려놓는다는 것 자체를 위험에 노출되는 것으로 여겨 두려움에 몸을 떤다. 우리는 생각한다. '내 의지를 내려놓았다간 다시는 내가 원하는 것을 얻을 수 없을 거야. 세상이 내 원하는 식으로 굴러가주지 않을 거야. 이젠 어떤 일도 내가 바라는 쪽으로 풀리지 않을 거야.'

마지막에 가서야 우리가 알게 되는 사실이 있으니, 이런 결론은 한갓 생각일 뿐이라는 것이다. '내 뜻' 같은 건 애초에 존재하지 않는다.

하지만 우리가 그것을 깨닫기 전까지는, 내 뜻대로 해보겠다는 식의 마음은 우리가 거쳐가야 할 경험이다.

이것이 바로 환상을 벗어나는 지혜를 만나기 시작하는 지점이다. 우리가 어떤 것에 대한 환상에서 벗어남을 느낀다는 것은, 내 뜻대로 하려는 마음의 끝자락에 도달했다는 뜻이다. 내 뜻대로 하려는 마음의 끝자락 그 절벽에 도달해야만 변화가 일어날 수 있다.

마약이나 알코올에 중독되었다가 회복된 사람은, '내 뜻'의 벼랑 끝에 다다르는 것이 회복과정에서 아주 중요한 요소라는 점을 잘 알고 있다. 의지로 덤벼들어서는 중독 상태를 바꿀 수가 없다. 나의 의지는 그렇게 강하지 못하며, 혼자의 힘으로는 도저히 그것을 해낼 수가 없다. 중독자가 '바닥을 쳤다'고 할 때 그 속뜻은 그 개인의 의지가 무너져버렸다는 것이다. 개인의 의지가 무너지면 완전히 다른 힘이 우리의 심신 체계에 쏟아져 들어온다. 그것은 바로 '영'의 힘이다. 이제 그 힘이 작용을 개시할 수 있게 된다. 왜냐하면 우리가 더 이상 '내 뜻'만 부여잡고 있음으로써 그 힘을 회피하지 않기 때문이다.

우리는 모두가 각자의 깨어남의 길에서 '내 뜻'의 한계에 맞닥뜨리게 된다. 대부분의 사람들은 시점을 달리해가며 갈수록 깊은 차원에서 그것을 맞닥뜨린다. 그것이 완전히 사라질 때까지 말이다.

'내 뜻'의 상실은, 사실은 결코 상실이 아니다. 그것은 우리가 마치 밑바닥 인간으로 떨어진 것처럼 무엇을 어떻게 해야 할지 모르고 허둥대는 모습이 아니다. 실제로는 그와 정반대이다. '내 뜻'이라는 환영을 포기함으로써, 전혀 다른 의식 상태가 자기 안에 태어난다. '거듭남'이 일어나는 것이다. 그것은 우리 안의 깊은 곳에서 일어나는 부활이다. 이 부활은 영성의 많은 부분이 그런 것처럼 설명하기가 매우 어렵다. 본질적으로 우리는 삶 그 자체의 완전함과 전체성에 의하여 '움직여지기' 시작한다.

이런 식의 움직여짐에 대한 묘사를 도교 전통에서 매우 생생히 볼 수 있다. 여기서는 우리 모두를 통해 표현되고 있는 도道, 즉 진리를 강조하고 있다. 도덕경을 읽거나 도교의 가르침을 접하다 보면 내 뜻대로 하고자 하는 마음이 어떤 흐름에 대한 느낌으로 대치되는 과정을 감지하기 시작하게 된다.

여러분이 운전석에서 내리기만 하면 삶이 저 혼자서도 자신을 운전해갈 수 있다는 것을 알게 되고, 또 삶은 언제나 스스로 운전해 가고 있었음을 깨닫게 된다. 여러분이 운전석에서 내리면 삶은 훨씬 더 쉽게 자신을 운전해갈 수 있다. 삶은 우리가 상상도 하지 못한 식으로 흘러 나아갈 수 있다. 삶이 거의 마술처럼 변한다. '나'라는 환영은 더 이상 길을 가로막지 못한다. 삶은 흐르기 시작하고, 그것이 우리를 어디로 데려갈지는 결코 알 수 없다.

'내 뜻'이라는 관념이 사라져 가면 사람들은 내게 종종 이렇게 말한다. "이젠 결정을 어떻게 하는 건지도 모르겠어요." 그것은 이들의 삶이 개인적 관점에서 작용하지 않게 되었기 때문이다. 새로운 방식의 작용이 시작된 것이다. 그것은 단지 이런저런 결정, 혹은 옳거나 그른 결정을 내리는 차원의 이야기가 아니다. 차라리 그것은 어떤 조류의 흐름을 타고 항해하는 것과도 같다. 일이 어디로 움직여가고 있는지를 느긴다. 그리고 어떻게 하는 게 옳은지를 느낀다. 그건 마치 강물이 자신이 바윗돌을 어느 쪽으로 돌아 나갈지를 — 왼쪽이든 오른쪽이든 — 아는 것과 같다. 그것은 직관적이고도 이미 다 갖추어져 있는 앎의 느낌이다.

이러한 흐름은 언제나 우리를 기다리며 열려 있다. 하지만 우리들 대부분은 복잡하기 짝이 없는 생각 속에서 길을 잃어버린 나머지, 삶에는 단순하고도 자연스러운 흐름이 있다는 것을 감지하지도 못하게 되어 버렸다. 혼잡한 생각과 감정 바로 그 아래에는 — '내 뜻'의 움켜쥠 아래에는 — 실로 하나의 강이 흐르고 있다. 삶의 무심한 흐름 말이다.

내가 좋아하는 깨달음에 대한 정의 가운데 하나는 몇 해 전에 작고한 안토니 드 멜로Anthony de Mello라는 카톨릭 예수회(Jesuit) 사제의 말이다. 누군가가 그에게 와서 깨달음의 경험을 정의해달라고 청했다. 그는 대답했다. "깨달음이란 필연의 운명에 절대적으로 협조하는 것입니다." 나는 이 말을 좋아한다. 왜냐면 그것은 깨달음을 어떤 깨우침으로서만이 아니라 하나의 행위로서 정의하고 있기 때문이다. 우리 안의 모든 것이 삶 자체의 흐름, 곧 필연의 운명에 협조하고 있을 때, 그것이 곧 깨달음인 것이다.

내면에서 갈등이나 나뉨이 없을 때, 우리는 삶이 어디로 움직여가고 있는가, 어느 방향을 향하고 있는가 하는 '필연'의 느낌을 갖게 된다. 우리는 더 이상 "이쪽이 맞는 길인가? 이게 맞는 길인지 틀린 길인지 어떻게 알 수 있지?" 하고 묻지 않아도 된다. 사실 이런 식의 의문은 우리의 인식을 왜곡시킨다. 그보다 훨씬 더 미묘한 일이 눈에 띄지 않게 벌어지고 있다. 삶 그것이 흐르고 있는 것이다.

우리가 내 뜻대로 해보려는 마음을 포기하면, 즉 우리가 아랫배 속의 두려움을 직시하여 지금껏 두려워하던 그 무엇에든 고개를 끄덕여 긍정하려는 진지한 마음가짐을 찾으면, 그때는 지금 내가 이야기하고 있는 모든 것이 가능해진다. 우리가 삶에 대해, 죽음에 대해, 에고 자체의 용해에 대해 단순하고도 진실하게 고개를 끄덕여 긍정할 수 있다면, 그때 우리는 더 이상 허우적거리지 않아도 된다. 이제는 그것이 삶을 항해하는 새로운 방법이 된다. 흐름이 우리를 싣고서 항해해 가는 곳은 '삶'의 한가운데이다. 그곳은 개념도 아니요 생각도 아니며, 무얼 해야 한다거나 하지 말아야 한다거나, 무엇이 옳다거나 그르다거나가 아니다. 시간이 흐름에 따라 깨닫게 되는 것은, 흐름은 언제나 경이롭다는 사실이다. 그것은 통일성의 표현이다. 그것은 우리의 존재를 치유와 사랑의 길로 인도한다. 또한 그것은 우리가 상상도 하지 못한 방식으로 모든 것을 조화시킨다.

제10장

노력인가 은총인가

깨어남의 과정에서 얼마만큼이 은총이고 얼마만큼이 의식적인 공부, 즉 노력을 필요로 하는가 하는 질문을 받는 경우가 많다.

정직하게 말해서 그런 질문은 대답하기가 매우 어렵다. 근본주의적 일원론을 주장하는 쪽에서는 대부분의 사람들이 모든 것은 다 은총이며 노력의 여지는 없다고 말한다. 이들은 단언한다. "철두철미하게 내려놓아야 한다. 처음부터 끝까지 모든 것을 은총에 맡겨라. 분리된 행위자란 없다. 오로지 신의 뜻이 있을 뿐이다. 모든 것은 신의 뜻으로부터 벗어날 수가 없다. 그러므로 궁극적으로 모든 것이 은총이다."

한편, 노력을 훨씬 더 중시하는 다른 쪽의 주장도 있다. 이 입장에 선 사람들은 환영을 초월하기 위해 전력을 다해야 한다고 말한다. 엄청난 노력이 요구된다. 엄청난 양의 영적 수행이 필요하다. 진정으로 들여다보고 의심하는 마음가짐이 필요하다.

이 두 관점은 종종 서로를 부정한다. 많은 노력을 해야 한다는 가르침에는 자발적인 성품이나 자연스러움이 들어설 여지가 거의 없다. 한편 모든 것이 신의 뜻이라고 하는(우리가 맡아 할 역할은 존재하지 않으므로 그저 편안히 이완하여 일어나는 모든 것을 받아들이라는) 가르침은 절대적 관점에 묶인 나머지 종종 더 넓은 시야를 놓친다. 오래전에 내가 깨닫게 된 사실은, 진실이란 결코 극단적인 주장이나 이분법적인 그릇에는 담길 수 없다는 것이다. 실재의 궁극적 본질에 대한 경험은 이분법적으로 표현될 수 없는 무엇이며, 모든 이분법적인 관점 저 너머에 존재한다.

그래서 사람들이 노력을 기울여야만 하는 건지 그렇지 않은지, 아니면 모든 것이 은총인 것인지 또는 어떤 부분이든 간에 주의를 기울여야 하는 것인지에 대해 물을 때, 내가 줄 수 있는 최선의 도움말은 바로, 우리의 내면에서 그 답을 찾아야 한다는 것이다. 만약에 정말 자기 자신에게 진실하다면, 여러분은 마음이나 몸이나 아랫배의 고착상태를 살펴봐야 할지 어떨지를 내면으로부터 알게 될 것이다. 뭔가를 자세히 들여다보기 위해 수행을 해야 할 때가 오면 여러분 스스로 그것을 알게 될 것이다. 그리고 그것을 들여다보기 위해서 노력을 기울여야 한다면, 그때는 그리해야 한다. 그것을 들여다보고, 의심하고, 밝혀내려는 노력을 기울이라.

다시 말하지만, 우리의 모든 고착상태는 생각의 차원에서 비롯된다. 그것을 다루기 위한 입구 중 하나는 자신이 지금 무엇을 믿고 있는지, 자신의 어떤 특정한 생각이 분리감을 느끼게끔 하거나 감정적인 분리로 빠져들게끔 하는지를 들여다보는 것이다. 이것은 훈련이며, 깨어남의 과정에서 노력이 필요한 부분이다. 즉 의심을 해보려는 적극적인 마음과 용기가 필요한 것이다. 가끔은 나태함이나 굼뜬 태도를 극복하고, 스스로 무언가를 명확하게 살펴보려는 도전이 필요할 수도 있다.

나는 종종 학생들에게 의심할 용기를 가지라고 말한다. 의심의 용기는 진정한 에너지를 필요로 한다. 어떤 것을 정말 깊숙이 살펴보려면 용기가 있어야 한다. 자기 자신의 잠재적인 경향성, 그리고 마음과 몸의 감정적 고착 아래 도사린 신념의 구조를 살펴보려면 집중력과 주의력이 있어야 한다. 우리가 자신에게 진실하고 정직하다면 지금 자신이 무엇을 회피하고 있는지를 직관적으로 느끼게 된다. 정직할 수 있는 힘을 갖추면 그때는 노력을 기울여만 할 때가 언제인지를 자기 내면에서 느낄 수 있게 된다.

깊이 귀 기울여 듣고 있으면, 내려놓을 때가 언제인지, 또한 오로지 은총만이 해결할 수 있는 일을 하도록 은총에 자리를 내주어야 할 때는 언제인지를 느낄 수 있게 된다. 우리는 또한 자신을 열고 그 어떤 애씀이나 몸부림도 내려놓아야 할 때가 언제인지를 알게 된다. 그 가운데는 물론 질문작업이나 의심하기를 내려놓는 것까지도 포함된다. 언젠가는 이제 자기 자신이 할 수 있는 일은 다 하였으며, 자신의 목표를 달성했음을 깨닫는 때가 온다. 또한 이제는 이 모두를 내려놓고 환영 속의 자아가 아닌 뭔가가 역할을 넘겨받도록 허용해야 할 순간임을 알게 되는 때가 온다.

언제는 이렇게 하고 언제는 저렇게 하는지를 알려주는 처방전은 없다. 그것은 감성의 문제이다. 또한 자기 자신에 대한 정직성의 문제이다. 때때로 사람들은 명상을 해야 할지 말아야 할지를 묻는다. "어떤 사람들은 내가 명상을 하지 말아야 한다고 합니다. 그저 자아만 강화될 뿐이라면서요. 그런데 또 다른 이들은 내가 명상을 해야 한다고 합니다. 명상하지 않으면 깨어날 수가 없다면서요. 이것에 대해 어떻게 생각하세요?"

이들에게 나는 말한다. "당신이 먼저 말씀해보시죠. 당신은 명상을 해야만 합니까? 그것은 '해야 한다, 하지 말아야 한다'의 문제가 아닙니다. 또 그 질문을 하는 것이 당신의 마음인가 당신의 에고인가의 문제도 아닙니다. 그보다 깊은 곳엔 무엇이 있습니까? 그 밑에는 무엇이 있나요? 당신이 정말 알고 있는 것은 무엇입니까? 그것을 알고 싶은지 아닌지에 대하여, 당신이 정말 알고 있는 것은 무엇입니까?"

이것이 중요한 질문이다.

내 생각에, 교사의 첫 번째 임무는 학생들이 자신의 직관적이고도 자연스러운 방향 감각(때로 '내면의 스승'이라 불리는)에 연결되도록 도와주는 것이다. 많은 이들이 이 내면의 스승에 대해 거의 어떤 느낌도 가지고 있지 않다는 사실을 나는 잘 알고 있다. 갈등 속에 너무 깊이 파묻혀 있어서 그것을 발견하기가 거의 불가능한 사람들도 있다. 이런 경우에는 그들이 내면의 안내자를 느끼게 되도록 어디로 가야 하는지, 무엇을 살펴보아야 하는지, 옳은 방향을 일러주거나 올바로 볼 수 있게 도와야 할 때도 있다.

너무나 많은 사람들이 자신에 대한 책임을 외면하고 있다. 영성의 길을 가는 이들 중에서도 너무 많은 사람들이 누군가가 자신에게 무얼 해야 할지 가르쳐주기를 바라고 있다. 그들은 교사가 이렇게 말해주기를 원한다. "이것을 하시오. 저것은 하지 마시오. 이만큼(혹은 저만큼) 명상하시오." 만일 우리가 이런 습관에 붙들리면, 우리는 일종의 정신적 유아기에 머물러 있게 될 수도 있다. 어떤 시점에서부터는 우리도 성장해 가야만 한다. 자기 안에서 자기만의 내면의 안내자를 찾아 나서야 한다. 대부분 사람들이 잘 알고 있는 사실이 존재한다. 다만 그들은 그걸 알고 싶어하지 않는다. 그들은 자기 삶에서 어떤 것이 잘 먹히는지 잘 안 먹히는지, 그리고 어떤 부분이 효율적인지 비효율적인지를 속속들이 알고 있다. 하지만 때로는, 우리 역시 사람인지라, 자신에게 불편한 진실을 알고 싶지가 않아진다. 그래서 우리는 모르는 척 꾸며대는 것이다.

그 꾸며대기에서 벗어나오는 것이 무엇보다도 중요하다. 모든 일에는 알맞은 때와 장소가 있다. 노력을 쏟아붓고 단련해야 할 때가 있다. 또한 내려놓아야 할 때, 즉 나 혼자의 힘으로는 어쩔 수 없고 은총에 맡길 수밖에 없는, 온갖 노력도 몸부림도 아무 소용이 없음을 깨닫게 되는 때도 있다.

그러나 이 한 가지만은 이해하도록 하자. 우리의 영적인 삶과 모든 깨어남의 궤도는, 우리의 행로가 점진적인 길이든 단도직입적인 길이든 혹은 헌신의 길이든 다른 길이든 간에 상관없이, 하나같이 '내맡김(順服, surrender)'을 향하고 있다는 것이다. 궁극적으로, 내맡김이야말로 우리가 벌이는 영적 놀이의 이름이다. 우리가 영적으로 행하는 모든 일은 자연스러운 내맡김의 상태, 즉 모든 것을 내려놓는 방향으로 우리를 이끌어가고 있다. 내맡김이야말로 이 모든 것이 향하고 있는 방향이다. 그 길이 어떤 종류의 길이든, 그 수행이 어떤 종류의 수행이든 간에 말이다. 그것을 깨닫는 순간부터 우리는, 길을 따라 내딛는 한 걸음 한 걸음이 바로 '내맡김'에로 열려 있는 절호의 기회임을 알아차리게 된다. 거기에 이르기까지는 노력이 필요할지도 모른다. 모든 걸 기꺼이 내려놓음으로써 은총 속으로 들게 되는 거기까지 다다르는 데는 노력이 필요할지도 모른다. 그러나 결국 모든 영적 삶은 분리된 자아라는 환상을 다 내려놓는 경지, 세상이 이러저러하다는 생각과 무엇은 어떠해야 한다는 생각 따위를 다 내려놓는 경지로 귀결되는 것이다.

우리는 자신의 세상을 기꺼이 잃어버릴 수 있어야 한다. 그러한 마음 자세가 바로 내맡김이다. 그 마음 자세가 바로 내려놓음이다. 우리 각자는 내려놓음이 자신에게 무엇을 의미하는지, 그리고 무엇을 내려놓아야 하는지를 발견해내야만 한다. 그 일이 쉬운가 어려운가는 전혀 중요한 문제가 아니다. 궁극적으로 중요한 건 오로지 내려놓는 일뿐이다.

제11장

본연의 상태

사람들은 종종 깨어남이 우리를 어디로 데려가는지를 물어본다. 이 모든 것이 다 어디서 막을 내리는 것일까? 이 물음 역시 대답하기가 매우 어렵다. 왜냐하면 내가 무슨 대답을 하든 간에 그 말은 마음속에서 또 하나의 목표가 되어버릴 것이기 때문이다. 마음속에 세우는 목표들은 말할 나위도 없이 우리가 온전히 의식하게 되고 온전히 깨어나는 것을 막는 커다란 장애물이다. 하지만 깨어남에는 정말이지 어떤 궤도가 있다. 또한 깨어남에서 이른바 깨달음이라 부르는 경지에 이르기까지에는 어떤 성숙 과정이 있다. 깨달음이 무엇인지를 말한다는 것은 매우 어려운 일이다. 깨달음은 깨어남과 아주 다르지는 않지만, 그것은 깨어남이 성숙되어 이루어지는 어떤 것이다. 그것은 마치 어린아이가 장성한 인간으로, 또 늙은 인간으로 성숙하여 그 아는 것이 이전과는 달라지는 것과도 같다. 깨어남의 숙성된 경험과 그 표현은 나타내 보이기가 쉽지 않은 일이긴 하지만, 어떤 식으로든 표현될 필요가 있다. 어쨌든 나는 교사이니 그것을 이야기해보고자 한다. 그것을 나름대로 표현함에 깨끗이 실패해보고자 하는 것이다.

우리가 '있음'의 직접적인 경험, 곧 나지도, 죽지도 않는 창조되지 않은 우리의 본성 속으로 점점 깊이 들어갈수록 우리는 진정한 의미의 '너나 없는' 일원성(nonduality)을 향해 더욱 움직여가기 시작한다. 일원성이라는 말은 상대나 절대의 저 너머를 살아간다는 뜻이다. 어떤 의미에서 경험의 범위는 심지어 일체성을 인식하는 그 너머까지, 일체가 된 경지를 경험하는 그 너머까지 활짝 열리게 된다. 그때 우리는 자신의 핵심, 자신의 본질이 순수한 가능태와 놀랍도록 닮은 어떤 것임을 깨닫게 된다. 우리는 자신이 그 어떤 것도 되기 이전의, '하나(the One)'가 되기도 이전의, 무수한 것으로 되기 이전의, 이것 또는 저것이 되기 이전의 순수한 가능태임을 깨닫는다.

깨어남의 성숙은 우리의 본질로 되돌아오는, 곧 '있음(being)'과 '있음 아님(nonbeing)' 이전, 그리고 그 너머의, 우리 본성의 단순함으로 되돌아가는 위대한 귀환이다. 또한 그것은 존재함(existing)과 존재하지 않음(not existing) 이전, 그 너머의 것이다. 그것은 마음이 더 이상 어떤 차원의 경험에도 고착되지 않는, 말하자면 어떤 사라짐이 있는 곳이다. 우리의 마음은 그 어떤 표현물에도 고착되지 않는다. 고착되는 경향성에서 해방된 것이다.

이것은 어떤 신비로운 상태가 아니다. 그것은 장엄하고 특별한 어떤 상태가 아니다. 그것은 자연스러움, 그리고 한가로운 평안으로 가득한 상태이다. 인간의 차원에서 그것은 깊은 평안, 깊은 차원의 자연스러움과 단순함으로 경험된다.

또 다른 차원에서는 그것은, 그 어떤 여정이었든 간에 마침내 그 끝에 종착했다는 부인할 수 없는 느낌이기도 하다. 어느 늙은 선사가 말했듯이, 그것은 할 일을 다 잘 마친 것이다. 하루해가 다하였으니, 이제 귀갓길에 오른다. 그것은 구도 길의 어느 순간, 모든 것이 홀연히 멈추어 서는 것과 같다. 이것은 실제로 자신에게 일어나기 전에는 이해하기가 어려운 경지다. 영성 그 자체가 놓여난다. 자유가 놓여난다. 우리는 자유에 대한 요구로부터 자유로워져야 한다. 깨어남에 대한 요구로부터 깨어나야 한다.

어느 시점에서 이것은 자연스럽게 저절로 일어난다. 우리는 심지어 '영적 세계'마저도 잃게 된다. 왜냐하면 영성이라는 개념 자체가 본디 하나의 허구이기 때문이다. 아마도 어떤 시점에서는 필요한 허구였겠지만, 허구인 것만은 틀림이 없다. 때가 이르면 모든 허구는 흩어져 사라진다. 그것들이 전혀 쓸모가 없다는 것이 아니다. 이제는 모든 것을 투명하게 꿰뚫어보게 되었다는 뜻이다. 부처가 말했듯이, 우리는 모든 것이 덧없음을 본다. 모든 것은 흘러간다. 모든 것은 태생적으로 꿈이다. 우리의 가장 위대한 깨달음, 가장 위대한 "아하!"의 순간들까지도 사실은 난 적 없는 그것의 무한공간(infinity of the unborn) 속에서 꾸는 꿈에 지나지 않음을 우리는 깨닫게 된다. 그것은 마치 자신의 위대한 깨어남이 실제로는 일어난 적도 없는 하나의 꿈일 뿐이었음을 깨닫는 것과도 같다. 그렇다고 하더라도, 그와 동시에 여기에는 빛나는 실재의 느낌이 있다. 삼라만상에 하나의 임재가 빛나고 있다.

말했듯이, 이러한 단순함과 자연스러움의 상태는 말로 표현하기가 힘들다. 그것을 설명하는 데는 위험이 따른다. 그것은 또 다른 이미지, 또 다른 목표가 되어버리기 쉬운 까닭이다. 하지만 늦든 빠르든 이러한 '있음'의 너무나 자연스러운 상태가 환히 동 터오를 것이다. 그렇게 될 때, 그것은 마치 어떤 경계를 '건너 가버리는' 것과도 같다. 불교의 〈반야심경〉은 그것을 '갔네, 갔네, 건너 가버렸네, 완전히 사라져버렸네' 라고 묘사하고 있다. 깨어남은 우리를 모든 것의 너머로 데려가 버린다. 깨어남은 고착상태와 형상과 동일시 너머로 의식을 인도해온 온갖 형태의 영성과 종교와 기타 등등은 말할 것도 없고, 심지어 깨어남 그 자체까지도 넘은 곳으로 우리를 데려가 버린다.

사람의 의식이 꿈꾸는 상태의 중력에서 벗어나 멀리 '가버렸다'고 할 때, 우리는 그가 다시는 되돌아오지 않으리라고 여길 수도 있다. 어쩌면 여러분은 초월의 안개 속으로 사라져가는 뒷모습을 떠올릴는지도 모른다. 하지만 그것으로 끝은 아니다. 전적인 내려놓음, 진리에 대한 전적인 헌신, 아니, 진리 그 자체가 스스로 삶에서 일어나게 되면, 우리는 우리가 내려놓은 바로 그것(이원세계의 꿈, 자신이라 생각했던 우리의 모습, 현실이라고 여겼던 삶)이 또 다시 새로운 모습으로 우리를 손짓해 부르고 있음을 깨닫게 된다. 바로 그 단순하고도 평범한 삶 속으로 되돌아와 있는 자신을 발견하게 되는 것이다. 떠남으로써 우리는 새로이 돌아올 수 있다. 예수의 말처럼 우리는 '세상에 살되 세상에 속하지 않는' 존재다. 우리는 세상 속에 있지만 세상에 붙들리지 않는다. 우리는 기꺼이 몸을 입고 살지만 그것은 의식적인 화신化身이요, 의도적인 화신이다.

이 영역을 건너가면(실은 그 또한 꿈속을 가로지르는 것이지만) 우리는 실제로 어떤 형체를 찾아서 깃들 수 있게 된다. 우리 자신의 몸이라는 형체, 삶이라는 형태 속으로 말이다. 이제 의식은 동일시의 상태에 다시는 빠지지 않는다. 이때 깨어남의 여정은 단지 깨어남의 여정만이 아니다. 자아로부터 해방되거나, 우리가 알아왔던 삶이 꿈임을 깨닫는 여정인 것만이 아니다. 그것은 나왔던 곳으로 다시 들어가는, 산꼭대기로부터 다시 하산하는 것이기도 하다. 줄곧 깨어남이라는 산꼭대기에서, 절대의 초월적인 자리에서 영원히 나지도 않고 영영 범접할 수도 없고 죽지도 않는다면 우리의 깨달음은 아직 완성되지 않은 것이다.

다시 삶 속으로 들어서면, 정말 놀랍게도 삶은 지극히 단순하고 평범해진다. 우리는 더 이상 비범한 순간이나 초월적인 경험을 맛보고자 하는 갈망을 느끼지 않게 된다. 아침 식탁에 앉아 한 잔의 차를 마시는 것만으로도 너무나 족하다. 한 잔의 차를 마시는 그것이, 궁극의 실재를 온전히 표현하는 것으로 경험되는 것이다. 찻잔은 찻잔 그 자체로서 우리가 깨달은 모든 것을 온전히 표현하고 있다. 복도를 따라 걸으며 한발 한발 내딛는 그것이 그 자체로서 심오하기 짝이 없는 깨달음을 완벽히 표현하고 있다. 가족을 부양하는 일, 아이들을 대하는 일, 일하러 나가는 길, 소풍 나서는 길, 이 모두가 표현되지 않는 '그것'의 진정한 표현이다.

어떤 의미에서 깨달음은 평범함 속으로 죽는 것, 혹은 비범한 평범함 속으로 죽는 것이다. 우리는 평범한 것이 비범한 것임을 깨닫게 된다. 그것은 마치 숨겨진 비밀을 터득하게 된 것과 같다. 즉 우리가 처음부터 내내 약속된 땅에 살아왔음을, 내내 천국에 있어왔음을 말이다. 태초로부터 오로지 열반(nirvana)만이 있었노라고 부처는 말하곤 했다. 하지만 우리는 잘못 이해하고 있었다. 마음속의 이미지를 믿음으로써, 두려움과 망설임과 의심으로 움츠러듦으로써, 우리는 자신이 어디에 살고 있는지를 잘못 이해하였다. 우리가 바로 천국에 있었음을 깨닫지 못했다. 약속된 땅에 있었음을 깨닫지 못했다. 열반은 바로 여기, 바로 지금, 정확히 우리가 서 있는 곳임을 우리는 깨닫지 못했다.

이러한 견해, 이러한 인식은 세상의 상투적인 마음으로는 이해되지 않는다. 상투적인 마음은 이렇게 말할 것이다. "모두가 훌륭한 말씀이네요. 그렇긴 해도 사람들은 여전히 기아에 허덕이고 있습니다. 아이들이 아직도 굶고 있어요. 학대와 폭력, 증오와 무지와 탐욕이 넘치고 있잖습니까?" 분명 이 모든 고통, 이 모든 경험들은 존재한다. 그것을 부인할 수는 없다. 그러나 그와 동시에 이 모든 형태의 분리는 바로 꿈꾸는 인간 마음의 산물이다. 이 말은 그 고통을 무시하거나 회피하려는 것이 아니다. 오히려 그 반대다. 우리가 보고 있는 것은 저 아래 깊은 근원에서 흐르는 생명의 완벽함이다. 우리가 완전히 다른 어떤 힘에 의해서 움직여지는 것은 이 배후의 생명의 완벽함을 보고, 경험하고, 말 그대로 '아는' 그 바탕으로부터 비롯되는 일이다. 우리는 이제 더 이상 이리저리 밀리고 끌려다니지 않는다. 더 이상 무얼 성취해야만 할 필요성을 느끼지 않는다. 더 이상 자신이 알려져야 한다거나 기억되거나 각인되거나 사랑받거나 증오당하거나 호감을 받거나 혐오의 대상이 되거나 할 필요성을 느끼지 않는다. 그런 것들은 단지 꿈꾸는 마음 안에서 작용하는 의식상태일 뿐이다. 우리가 이 모든 반대극들을 화해시키고 그것이 우리의 심신체계 안에서 조화를 이루게 할 때, 무언가 다른 힘이 삶에서 우리를 움직이게 한다. 그것은 지극히 단순한 하나의 힘이다. 우리를 움직이는 그 힘, 그 에너지는 동시에 우리 자신의 '있음', 우리 자신의 실체다.

이 에너지는 분리가 없다. 그것은 영원히 그리고 완전히 초월적이며, 영원히 그리고 완전히 바로 여기, 바로 지금 이 순간에 있다. 더 나은 다른 순간은 전혀 필요치 않다. 이 순간을 정말 있는 그대로 보게 될 때, 우리는 놀라운 무언가를 깨닫게 된다. 우리는 이 순간을 있는 그대로가 아닌 다른 것으로 바꿀 필요를 느끼지 않는다. 그것은 있는 그대로 놀라운 순간이기 때문이다. 이것을 인식할 때, 우리는 자기 안에 있는 가공의 간극을 메우고, 나아가 더 큰 인류의 의식 속의 가공의 간극을 메우기 시작하고 있는 것이다.

인류에 대한 가장 큰 공헌은 바로 우리가 깨어나는 것이다. 그것은 인류 전체가 들어 있는 의식상태를 말 그대로 떠나는 것이며, 우리 존재의 진실(그것은 모든 존재의 진실이다)을 발견하는 것이다. 이 일을 해내면 우리는 하나의 '선물', 하나의 새로 태어난 존재로서 돌아오는 것이다. 어떤 의미에서 우리는 거듭나는 것이다.

기독교의 전설에 보면 그리스도의 변모 — 그는 말 그대로 모습이 바뀌었다 — 에 관한 이야기가 나온다. 그것은 단지 어떤 깨달음이었을 뿐만 아니라 하나의 변성이자 새로운 탄생이었고, 세상에 엄청난 충격과 영향을 끼쳤다. 간혹 우리는 외적인 차원에서 도움을 주려고 애쓰다가, 정작 우리가 줄 수 있는 가장 큰 도움은 바로 자신의 깨어남이라는 사실을 잊어버릴 수 있다. 그렇다고 우리가 외적인 차원에서 할 수 있는 일들, 즉 사람들을 돕고 굶주린 이들을 먹이며 가난하고 병에 걸린 이들을 돌보는 등의 일을 하지 말자는 것은 아니다. 그런 것은 쓸데없는 일이니 피하자는 것도 아니다. 하지만 우리가 궁극적으로 깨닫게 되는 것은, 환영인 우리 내부의 분리를 치유하는 것이야말로 우리가 할 수 있는 최대의 공헌이라는 것이다. 그것이야말로 우리가 인류에게 줄 수 있는 최후의 선물이다. 그리고 그것이 인류를 변화시키게 될 것이다. 인류는 다른 어떤 제도나 조직을 고안해낸다고 해서 바뀌지는 않을 것이다. 인류는 무슨 고상한 발상이나 훌륭한 조직 따위의, 밖으로부터 가해지는 어떤 힘 때문에 바뀌지는 않을 것이다. 진정한 변성은 언제나 안으로부터 온다. 그것은 깨어남으로부터 온다. 외부세계는 다름 아닌 내부세계의 표현이다. 드러난 것은 단지 드러나지 않은 것의 표현일 뿐이다.

우리가 만약 하나의 문화로서, 하나의 생물 종種으로서 계속 분리된 의식상태에만 머문다면 외부세계를 아무리 바꿔도 우리는 계속 분리만을 드러낼 것이다. 하지만 누구라도 자연스럽고 단순하고 나뉨 없는 상태로 들어선다면 그는 아무런 애씀도 없이, 아무런 이름도 없이, 심지어 아무것도 아는 것 없이 모든 존재에게 공헌하게 된다. 자기 자신의 의식 안에서 나뉨 없는 상태가 되면 우리는 통일체의 한 부분으로서 모습을 드러내게 된다. 그때 우리는 깨달음이란 더할 나위 없이 아름답고 심오하며, 동시에 너무나 단순한 것임을 알게 된다.

그저 '자연스러운 본연의 존재상태'라고 하는 것이 깨달음의 가장 훌륭한 정의이다. 우리는 지금껏 분리와 두려움과 갈등을 경험하는 것이 인류의 자연스러운 상태라고 생각하게끔 세뇌되어왔다. 그런데 우리의 의식이 깨어서 좀더 또렷해지면 이러한 분리 상태가 자연스럽지 않다는 것을 깨닫게 된다. 앞서 말했듯이, 분리라는 환영을 지탱하기 위해서는 엄청난 에너지가 필요하다. 자연스러운 상태가 아닌 까닭이다. 분리 상태는 자연스럽게 느껴지질 않으므로 이것은 자명한 사실이다. 그것이 흔한 일처럼 느껴질 수는 있다. 주변 어디서나 찾아볼 수 있는, 하나의 일상처럼 느껴질 수는 있다. 그렇지만 똑같은 갈등이 자신의 내부에서 경험될 때는 그것이 자연스러운 느낌이 아님을 깨닫게 된다. 분리된 느낌, 갈등의 느낌이 느껴지는 것이다.

이처럼 인류의 대부분이 머물러 있는 의식 상태는 자연스럽지가 않다. 그것은 변질되어(altered) 있다. 우리는 변성 의식상태(altered state of consciousness)를 찾아 나설 필요가 없다. 인류는 이미 '변질된' 의식상태(altered state of consciousness)에 있다. 그 상태는 '분리(separation)'라 불린다. 분리야말로 가장 극단적으로 변질된 의식상태이다.*

---

* 변성 의식상태로 번역되는 altered state of consciousness는 일상적 의식상태로부터 바라보면 깨달음의 순수한 의식상태로 순화되어 가는 과정에 흔히 경험되는 과도적인 의식상태(긍정적인 의미의 '변성된' 의식상태)이지만 순수한 의식상태에서 바라보면 그것은 오히려 본연의 상태가 아니라 '변질된(오염된)', 그래서 수행의 마장魔障이 될 가능성을 경계해야 할 의식상태라는 뜻. 역주

일반적인 오해와는 정반대로 깨달음은 변성 의식상태와는 아무 관련이 없다. 깨달음은 변질되지 않은 의식상태이다. 그것은 있는 그대로의 순수한 의식이며, 무언가로 바뀌기 전의 것이며, 무엇으로도 변질되기 이전의 것이다.

천국은 존재 본연의 상태이다. 열반은 우리가 매달려야 할 목표가 아니다. 그것은 우리가 손에 넣으려고 애쓰거나 얻어야 한다고 스스로에게 임무를 지워야 하는 어떤 경지가 아니다. 그것은 오직 전적으로 자연스럽고 스스럼없는 존재 방식을 깨달음으로써만 발견될 수 있다. 그것은 우리가 그저 맑게 깨어 있는 가운데 자신이 어떤 존재인지를 깨달음으로써만 경험될 수 있다.

이것이 깨어남이 주는 약속이다. 이것은 단지 자기 자신에게만 주어지는 개인적 약속이 아니라, 의식 자체에 대한 약속이며 나아가 모든 존재에게 주어지는 약속이다. 그것은 나뉨 없음의 약속, 합일의 약속, 그리고 그로부터 비롯될 세상에 대한 약속이다. 만약 모든 인류가 나뉨 없는 의식상태에 들어간다면 세상이 어떤 모습으로 변할지는 아무도 알지 못한다. 그러한 세상을 그려볼 수는 있겠지만, 그러한 세상은 알려져 있지 않다는 사실을 모두 인정해야 할 것이다. 그러한 세상을 설명해줄 이미지는 상상할 수가 없다. 그 세상이 열매를 맺는다면, 아니 언제고 결실할 그때만 비로소, 그 세상이 어떤 모습인지를 모두가 알게 될 것이다. 하지만 이 단순하고도 자연스러운 깨어남의 상태, 즉 우리를 그야말로 절대의 단순함 속으로 사라지게 하는 이것은 무슨 대단한 것처럼 여겨지지 않는다. 그것은 그저 자연스럽다. 그것은 그 어떤 것,

그 어떤 사람보다도 더 낫지도 않고 높지도 않다. 그것은 그저 존재 본연의 자연스러운 상태일 뿐이다. 그것은 완전히 민주적이다. 그것은 모든 이에게 주어지는 유산이다.

제12장

결혼식 이야기

여러분에게 한 가지 이야기를 들려주는 것으로 끝을 맺고자 한다. 삶에는 우리가 깨달은 바를 구체화해주는 듯한 순간들이 있다. 나에게도 바로 그런 순간이 있었다. 마치 지나간 모든 영적 여행길이 이 하나의 각별한 경험 속에 응축되어 있는 듯했다. 그것은 어떤 결혼식에서였다. 그 결혼식은 어떤 체육관에서 상당히 큰 규모로 열리고 있었다. 행사가 이미 시작되어 모든 사람들이 자리를 잡고 앉아 있었다. 우리는 모두 함께 식사를 하면서 이야기를 주고받으며 흥겨운 시간을 보내고 있었다. 분위기는 더할 나위 없이 멋지고 따뜻했다.

내가 알기로 누구보다 빨리 먹어치우는 편이었던 나는, 평소처럼 두 그릇째를 채우려고 뷔페 상 쪽으로 걸어갔다. 접시를 집어 갖가지 맛있는 음식을 담고는 몸을 돌려 사람들로 가득한 체육관의 공간을 둘러보았다. 결혼식은 언제 보아도 인간상의 놀라운 스냅 샷이다. 나는 신부와 신랑을 돌아보았다. 둘은 행복한 시간을 즐기고 있었다. 귀여운 아이들이 뛰어다니며 놀고 있었다. 부모들은 자기네 아이들을 진정시키려고 진땀을 흘리고 있었다. 아주 늙은 노인들도 보였다. 나는 모든 인간 조건의 축약판을 보았다.

그 순간, 무언가가 번개처럼 뇌리를 스쳤다. 그것은 내가 이제 다시는 대부분의 인간들이 바라보는 식으로 삶을 바라보지 않으리라는 느낌이었다. 그것은 마치 바로 그 순간에 내 안의 무언가가 인간의 조건과 완전히 결별하는 것만 같은 느낌이었다. 예전의 통속적인 관점으로부터 세상을 바라보는 일이 내겐 이제 지나가버렸다. 그것은 이제 끝난 것이다. 이 깨달음의 뒤켠에는 일말의 향수가 맴돌고 있었다. 내 마음 한구석은 이렇게 생각하고 있었다. '모든 게 괴로움은 아니야. 모두가 나쁜 건 아니야. 훌륭한 순간들도 많아. 이런 행복한 결혼식에 내가 와 있잖아, 이 많은 멋진 사람들이 다채롭게 어울리고 있잖아.' 하지만 바로 그와 동시에, 나는 대부분의 인간들이 세상을 바라보는 방식이 더 이상 나와 같지 않다는 것을 알았다. 그리고 다시는 세상을 예전처럼 바라볼 일이 없으리라는 사실도 알고 있었다. 무슨 일이 일어났든지 간에, 이제 다시 돌아갈 길은 없었다.

설사 다시 과거로 돌아가서 예전처럼 세상을 보고 싶다 하더라도 이젠 그렇게 할 수가 없었다. 어떻게든 하나의 다리를 건너게 되었고, 그것을 건너자마자 다리는 불타버린 것이다. 잠깐의 머뭇거리는 순간이 있었고, 그리움의 순간이 스쳐갔다. 나는 눈을 감고 그 느낌에 잠겼다. 눈을 떴을 때, 그리움은 사라지고 없었다.

어느 순간 불현듯 나는 거기에 있었다. 두 발로 서서, 이 결혼식에, 음식이 담긴 접시를 손에 들고 있었다. 그리고는 한 깨달음이 일어났다. 비록 주위에 있는 대부분 사람들이 바라보는 식으로 세상을 바라보고 있진 않지만, 바로 그것이었다. 이것이 삶이다. 의심의 여지 없이 훌륭하며, 놀랍도록 아름다운 이것. 이제 내게 유일하게 남은 일은 세상으로 걸어 돌아가는 것이었다. 그래서 음식이 담긴 접시를 손에 들고, 나는 방금 전까지 바라보고 있었던 바로 그 광경 속으로 걸어 돌아왔다. 그리고 이 사람과 한참 이야기하다가 또 몸을 돌려 저 사람과 이야기하면서, 인파 속으로 섞여 들어갔다. 그것은 바로, 세상을 분리의 관점으로부터 바라보는 인간 조건을 떠남과 동시에, 그 인간 조건 속에 다시 발을 디디고 곧장 그 시끌벅적한 한가운데로 걸어 돌아온다는 것이 무엇인지를 알게 되는 순간이자, 삶이란 있는 그대로가 가장 깊숙한 실재의 더할 수 없이 놀라운 드러남임을 깨닫는 순간이었다.

그 순간 이후로는 삶은 언제나 그야말로 있는 그대로, 어찌 보면 마술적이고 어찌 보면 경이로움의 연속이었다. 삶이 어처구니없이 여겨질 때도, 심지어는 인간들이 서로에게 문자 그대로 정신 나간 짓을 저지를 때조차도, 이곳이야말로 내가 있을 유일한 곳이라는 느낌이 늘 나와 함께했다. 이것이 바로 '약속된 땅'이다. 우리가 눈을 크게 뜨고 보려고만 한다면 말이다.

제13장

아디야샨티와의 인터뷰

이 책에 담긴 가르침은 2007년 8월 캘리포니아주 산 호세San Jose에서 있었던 3일간의 코스에서 녹음된 것이다. 이 일련의 강설을 마친 뒤에 사운즈트루Sounds True 출판사의 발행인인 태미 사이먼Tami Simon이 아디야를 인터뷰하여 이 가르침에 관련하여 질문할 기회를 가졌다. 다음은 이 둘 사이의 담화 내용이다.

TS(태미 사이먼) 당신이 깨어남을 땅에서 이륙하는 로켓에 비유한 부분으로 돌아가 볼까요. 사람들이 자기 존재의 로켓이 실제로 이륙했다는 걸 어떻게 알 수 있을까요? 어떤 사람들은 이것을 잘못 판단할 수도 있을 것 같아요. 영적인 깨어남에 대해 책만 실컷 읽고는 '깨어남이 일어났노라'고 비약해서 마음대로 짐작하지만 실제로는 땅바닥에서 그저 불만 조금 뿜은 게 고작일 수도 있을 텐데요. 우리가 정말로 이륙했다는 것을 어떻게 알 수 있죠?

ADYA(아디야샨티) 그것은 대답하기 쉬운 질문이 아닙니다. 제가 줄 수 있는 대답이라고는 깨어남의 본질이 무엇인가를 되짚어보는 수밖에 없겠군요.

깨어남의 순간은 밤중에 꿈에서 깨어나는 것과 아주 비슷합니다. 이때 당신은 한 세계에서 다른 세계로, 한 맥락에서 다른 맥락으로 깨어났다는 느낌이 들지요. 느낌의 차원에서 본다면 그것이 깨어남의 느낌입니다. 당신이 진짜라고 생각하던 이 모든 분리된 자아, 그리고 당신이 객관적으로 존재한다고 생각했던 세계마저도 갑자기 지금까지 생각해오던 것만큼은 진짜로 여겨지지가 않게 되는 거지요.

그것이 꿈이냐 아니냐를 따지자는 말이 아닙니다. 꿈과 거의 비슷하다는 거예요. 깨어남이 일어나면 이렇게 경험합니다. '삶이란 우리의 본성, 그 광대하고도 무한한 공간 속에 일어나는 꿈과 같다'고 말이죠. 깨어남이란 광대하고 무한한 공간을 경험하는 것도 아니고, 광범위하다거나 확대된다거나 기쁨에 차 있다거나 그 비슷한 무얼 느끼는 것도 아닙니다. 이런 느낌들은 깨어남의 부산물일 수는 있지만, 깨어남 그것은 아닙니다. 깨어남은 부산물과는 전혀 딴판으로서, 관점의 어떤 변화입니다. 우리가 진짜라 여기던 모든 것이 전혀 진짜로 보이지 않게 되는 거지요. 어쩌면 그건 텅 비어 있는 무한한 공간 속에서 꾸고 있는 한편의 꿈과도 같습니다. 오히려 실재인 것은 텅 비어 있는 무한한 공간인 거죠. 이와 똑같이 밤에 꿈을 꿀 때, 당신의 꿈은 실재가 아닙니다. 꿈을 꾸고 있는 당신의 마음이 실재인 겁니다. 물론 이 말은 상대적인 표현이긴 하지만요.

TS 당신은 자신의 인생을 이야기하면서 당신 존재의 로켓이 이륙한 것이 어느 특정한 시간과 날짜, 그러니까 스물다섯 살 때였노라고 했습니다. 어떤 사람에게는 로켓이 이륙하는 데에 수년의 세월이 걸리는 경우도 있을까요? 즉 그 일이 일어난 특정한 날짜가 없고, 그 대신 이를테면 날이 밝아와서 주위를 돌아보니 자신의 로켓이 더 이상 땅 위에 있지 않더라는 경우처럼 말이죠.

ADYA 예, 그런 경우도 봤습니다. 훗날 되돌아보고서야 비로소 자신도 모르는 새에 깨어남이 일어났었더라는 사람들을 만난 적이 있지요. 그런 전이과정이 눈에 띄게 뚜렷하지 않을 수도 있어요. 그건 마치 그 사람들이 자기도 몰래 꿈에서 빠져나오거나 외계공간으로 진입해서는 어느 시점에 문득 "엇, 언제 이렇게 됐지?" 하고 놀라는 것과 비슷합니다. 그들은 변화가 일어난 순간을 확연히 가려내지는 못해도, 어느 시점에선가 완전한 진짜 변화가 일어났음을 인식하는 거죠. 깨어남은 그렇게 슬그머니 찾아오기도 합니다. 그런 식으로도 일어날 수 있어요.

TS 비유를 계속 이어보겠습니다. 그 로켓은 뭔가 연료를 필요로 하는 건지요, 만약 그렇다면 그건 어떤 종류의 연료일까요?

ADYA 나도 그게 어떤 연료인지 알았으면 좋겠습니다. 어떤 연료라고 말할 수 있을지도 잘 모르겠어요. 그건 개인적인 어떤 것으로 한정되지 않으니까요. 정말로 원하는 이에게만 깨어남이 일어나는 건 아닙니다. 진지하게 그것을 추구하는 이에게만 일어나는 게 아니에요. 어떤 사람에게 깨어남은 그야말로 청천벽력처럼 일어납니다. 나는 영적인 과정이라고는 전혀 겪어본 적이 없어도 깨어남을 얻은 사람들을 만나봤습니다. 사실 영성 같은 걸 부정하는 사람도 만나봤습니다. 그런데 쿵! 하고 느닷없이 깨어남이 닥쳐옵니다. 그가 진지한 성향이 있다거나 영적인 깨달음을 추구해왔다거나 깨달음을 열렬히 동경해왔다고 할 수는 없어요. 물론 깨어남을 경험한 사람의 거의 대부분은 실재의 깊은 느낌 속으로 깨어나고자 하는 어떤 에너지랄까, 열망이랄까 하는 것을 지니고 있습니다. 그건 사실이죠. 하지만 문제는 우리가 '이것'이 있어야 해, '저것'이 있어야 해, 할 때마다 그와는 정반대되는 사례가 튀어나오게 마련이라는 겁니다. 깨어남은 하나의 미스터리예요. 직접적인 인과관계 같은 건 없습니다. 관계가 있었으면 좋겠지만, 직접적인 인과관계는 확실히 없습니다.

TS 당신이 로켓을 이야기하는 건 잠깐 스쳐가는 깨어남과 머무는 깨어남을 설명하기 위해서입니다. 머무는 깨어남이 뜻하는 건 우리가 꿈꾸는 상태의 중력장을 영원히 벗어난다는 것, 분리된 자아로서의 자리를 지키려 하는 습성에서 영원히 벗어나는 거라고요. 당신은 중력장에서 벗어나 있습니까?

ADYA 그와 같은 질문을 받으면 항상 대답이 망설여집니다. 하지만 대답해보도록 노력해보죠. "물론입니다. 나는 중력장에서 벗어나 있습니다"라고 말할 수 있을 것 같진 않네요. 그렇게 말할 수는 없어요. 사실 그것이 비유의 한계지요. 이 모든 비유와 모든 설명방법은 그저 그것일 뿐입니다. 그것은 비유일 뿐, 분명히 한계가 있습니다.

내 경험으로 말씀드릴 수 있는 건, 나는 더 이상 마음에 떠오르는 그다음 생각을 믿지 않는다는 거예요. 일어나는 생각을 실제라고 믿을 능력이 내게는 없습니다. 생각이 일어나는 것을 마음대로 할 순 없지만, 그 생각이 진짜라거나 진리라거나 중요하다고는 믿을 수가 없어요. 어떤 생각도 진짜라거나 진리라거나 중요하다고 여겨 집착하지 않는 까닭에, 그것은 그 자체만으로도 내게 경험적인 충격을 주지요. 그것은 바로 자유의 경험입니다.

누군가가 그것을 '꿈꾸는 상태의 중력장에서 벗어나는 것'이라 부르고 싶다면 그것도 좋겠지요. 하지만 무얼 주장하는 것은 언제나 망설이게 됩니다. 나는 누구든 만나는 사람마다, 내가 아는 건 바로 지금뿐이라고 이야기합니다. 나는 내일에 대해서는 모릅니다. 내일 당장 어떤 생각이 찾아와 나를 묶어놓거나 찍찍이처럼 달라붙거나, 분리와 망상에 빠뜨리거나 할 수도 있겠죠. 그럴 수도 있고 그렇지 않을 수도 있어요. 내가 그걸 알 수는 없습니다. 내가 아는 건 바로 지금뿐입니다.

그게 바로 내가 "그럼요, 나는 이런저런 목표나 결승점을 통과했습니다"라고 말하기를 망설이는 까닭입니다. 왜냐하면 나는 그런 식으로 보지 않으니까요. 내가 앞에서 가르치고 있을 때는 그렇게 들릴 수도 있겠죠. 하지만 그것이 바로 말의 한계입니다. 내가 정말로 아는 것은, 나는 모른다는 것입니다. 내가 정말로 아는 건 어떠한 보증도 없다는 겁니다. 내일 혹은 다음 순간 무슨 일이 일어날는지, 내가 바로 다음 순간 미망에 빠지게 될는지를 나는 몰라요. 내가 아는 것은, 나는 결코 그것을 알 수가 없다는 것입니다.

TS 좋습니다. 살아가면서 찍찍이 생각이 일어날 수 있는 경우에 관하여 '무슨 일이 생길지 나는 모른다'고 하시는 말씀을 수긍합니다. 그런데 과거를 되돌아볼 때 당신에게 마지막으로 찍찍이 생각이 일어났던 때는 언제였나요?

ADYA 분명히 해둘 게 있는데, 지금 나는 찍찍이 생각을 할 수 없다거나 찍찍이 생각들을 경험하는 일이 없다고 말하는 것이 아니에요. 집착의 순간을 유발하거나 한순간 분리감을 경험하게 만드는 어떤 생각이 들 수 있습니다. 그런 생각이 일어날 수가 없다거나 일어나지 않는다는 게 아니에요.

내 말은 그 생각이 일어났을 때, 생각이 일어나는 것과 생각을 꿰뚫어보는 것 사이의 간격이 매우 좁다는 겁니다. 그런 '끈적거리는' 생각이나 집착의 순간들이 우리 인간의 심신체계에서 결코 일어나지 않는 상태가 있는지는 모르겠습니다. 내 생각으로는 인간의 몸과 마음을 갖는다는 것 자체가 때때로 그러한 경험을 겪게끔 만드는 것 같습니다. 차이점이라면, 어느 시점에선가는 끈적거리는 생각이 일어나는 것과 그것이 사라지는 것 사이의 틈이 아주 좁아져서, 그 일어나고 없어지는 것이 거의 동시에 일어난다는 겁니다.

그래서 나는 내가 지금 찍찍이 생각이 전혀 일어나지 않는 이런저런 상태에 있다고 말하고 싶진 않습니다. 내 말은 다만 틈새가 아주 좁아져서 어느 시점에서는 어떤 틈새도 보이지 않을 지경이 된다는 겁니다. 사람들 사이에는 깨달음(enlightenment)이란 어떠한 불편한 일도 일어나지 않고 어떠한 미망의 생각도 의식 속에 비집고 들어오는 일이 없는 이러이러한 경지에 다다르는 것이라는 견해들이 있는 것 같습니다. 깨달음에 대한 그러한 견해들은 망상입니다. 그런 건 아니에요.

게다가 그건 사실 별로 중요하지 않습니다. 일단 그 간격이 아주 좁아져서 곧바로 꿰뚫어보게끔 되면, 뜻밖에도 그것 역시 우리에게 자유의 한 부분이 되는 겁니다. 어떤 생각이 들었다는 것이 전혀 문제되지 않는다는 것을 깨닫게 되는 것이지요. 왜냐하면 거기에 오래 붙잡히지를 않으니까요. 그것은 정말 자유의 한 부분입니다. 그 나머지는 다 깨달음이 아닌 것을 깨달음이라 선전하는 것들이라고 난 생각합니다. 나는 사람들이 내 말을 듣고서 머무는 깨어남이 무엇인지에 대한 그들 나름의 이미지를 만들어낼 수도 있다는 걸 알고 있어요. 하지만 그건 내 본뜻이 아닙니다. 그렇게 되면 도리어 분리된 생각과 그 생각을 믿는 것 사이의 틈이 거의 없어지는 것과도 비슷해져버리지요.

TS 당신에겐 어떤 상황이 어렵고 힘든지가 궁금하네요. 대화중에 당신은 컴퓨터가 말썽을 부릴 때, 예를 들어 인터넷 연결이나 프린터 작동이 안 될 때 불만을 느끼기도 한다고 말했습니다. 그런 때는 어떻게 합니까? 그 틈새를 막으려고 무언가를 하나요, 아니면 자동적으로 해결되나요?

ADYA   보통은 불만이 있고, 그것이 경험됩니다. 하지만 그에 대해서 어떤 판단도 없지요. 그게 진짜 열쇠입니다. 그것을 무시하고 지나간다거나 주의를 끊어 없애버린다는 게 아니라 어떠한 판단하는 생각도 없다는 겁니다. 대개는 먼저 그것이 오고, 그것이 경험되고, 그에 대해 판단하는 생각이 없고, 그리고 그것이 지나갑니다. 그것이 중요한 것으로 간주되질 않는 것입니다.

거기엔 어떠한 형태의 부차적인 생각도 없어요. '아차, 불만스러워하면 안 되는데'라든가, '어째서 불만을 품게 됐지?' 혹은 그와 비슷한 어떤 생각도 말입니다. 거기엔 모두 생각이 개입되어 있습니다. 불만을 만들어내는 것은 생각이니까요. 하지만 그것들은 사실이 아님이 보입니다. 그것이 사실이 아님을 직시하면 불만은 사라집니다.

과거에는 그 과정이 훨씬 더 길었어요. 그때는 '질문작업'이 훨씬 더 강도 높고 또 집요했고, 정말 깊이 들여다보곤 했지요. 하지만 이미 말했듯이 그 틈은 아주 좁아져서 이젠 모든 과정이 거의 자동적으로 일어납니다. 어떤 의미에서, 그건 음악가의 경우와도 같아요. 음계를 연습하고 연습하고, 또 연습합니다. 그러다 어느 시점이 되면 그 연습이 완전히 내면화되어 나중에는 거의 아무런 의식적인 주의를 기울이지 않고도 일어나게 되는 겁니다. 내 경우에는 질문작업에서 바로 그런 일이 일어납니다. 때가 되면 그것은 그냥 일어납니다. 의식적으로 거의 의도하지 않는데도 말입니다.

TS 당신은 생각과 느낌이 동전의 양면과 같다고 자주 이야기합니다. 생각과 아무런 관련이 없는 느낌을 갖는 경우도 가능하지 않을까요? 강렬한 경외감이나 아름다움을 찬미하는 순간, 또 저절로 눈물이 흐르는 순간은 어떻게 생각하세요? 그런 순간엔 아무것도 생각지 않는데도 그냥 어떤 것이 느낌의 차원에서 샘솟아 오르지 않나요? 아니면 그것이 어떤 미묘한 잠재의식 차원의 생각일 뿐이라고 믿는 건가요?

ADYA '순수한' 느낌, 순수한 감정이라 부를 수 있는 것이 있죠. 아름다움이나 경외의 멋진 순간을 경험하는 경우처럼요. 생각에 의해 만들어지지 않고서 일어나는 어떤 느낌, 즉 순수한 감각적인 인식이 있습니다. 그런 일도 생겨나죠. 하지만 대다수 사람이 겪는 감정은 거의 대부분 생각 과정의 복제물이라고 봅니다. 그것은 생각이 감정으로 변한 거예요.

하지만 생각의 과정을 우회해서 일어나는 순수한 감정, 순수한 느낌이 있습니다. 그런 느낌들은 우리가 가지고 있는 이 감각 도구, 우리가 몸이라 부르는 이 멋진 감각 도구가 주변 환경과 어우러지는, 순수한 상호작용입니다. 그건 가상의 상호작용이 아니에요.

TS 모든 생각은 가상의 것인가요?

ADYA 물론입니다. 모든 생각은 가상의 것입니다.

TS 하지만 만약 생각에서 비롯되지 않은 느낌들이 있다면, 생각에서 비롯되지 않은 육감도 있지 않은가요?

ADYA '육감'은 우리가 세계를 인식하는 또 다른 경로입니다. 사람들이 "육감이 느껴진다"고 할 때가 그 경우죠. 육감은 어떤 직관적인 능력입니다. 그것은 본능적인 앎의 방식이지요. 우리가 무엇을 느끼는 게 바로 몸의 이 부분(아랫배)을 통해서입니다. 아랫배는 직관적인 감각 기관입니다. 물론 우리는 마음의 복제물을 느끼기도 합니다. 두려운 생각, 화난 생각, 갈등하는 생각, 움츠러드는 생각 등등 말이에요. 하지만 아랫배는 일어나는 것에 반응하는 하나의 순수한 감각 기관이기도 합니다.

생각이 우리의 본성을 위축시키지만 않으면, 사람들은 가령 다음과 같이 직관적인 경험을 하게 됩니다. 지금 당신이 절벽 끝으로 걸어간다고 생각해보죠. 아래를 내려다보면 까마득한 공간이 펼쳐져 있습니다. 내려다볼 적에는 공포감도 생기겠지만, 당신의 감각이 예민하다면 또 다른 반응도 있음을 눈치챌 수 있겠죠. 바로 의식이 그 광활한 공간을 채우는 것 말입니다. 우리가 거대한 공간을 바라볼 때엔 으레 숨을 들이키게 되잖아요? 숨을 들이킴으로써 자신의 의식이 주위 환경에 활짝 열리는 걸 느끼는 겁니다. 숨을 폐 속으로, 가슴의 중심 속으로, 아랫배 속으로 들이키는 거지요. 우리의 전 존재, 우리의 몸 전체가 주변 환경과 어우러집니다. 의식이 팽창하고 폐가 "아아!" 하게 되죠. 가슴의 이런 열림은 우리가 생각하기 때문에 일어나는 것이 아닙니다. 의식이 환경과 상호작용하기 때문에 일어나는 거예요. 이것이 '순수한' 감각, 순수한 느낌이라는 말의 의미입니다. 그리고 그건 물론 육감을 통해서도 생겨나지요. 그건 아주 강력하고 또 너무나 아름다운 거예요.

그건 말 그대로 '친밀'의 경험이에요. 엄청난 친밀함으로써 그 자체를 경험하고 있는 것이죠. 그것에 대해 우리가 무어라 언급하는 게 잘못이라는 건 아니지만, 말을 하자마자 혹은 친구에게 전하려고 돌아서마자 무언가가 변질되어버립니다. 대부분 사람들의 경우에, 지금 말한 것과 같은 경이의 경험은 순식간에 일어나고, 우리는 누군가를 돌아보며 말하죠. "너무나 아름답죠?" 그렇게 말하는 게 잘못이라는 게 아니에요. 가끔은 나도 똑같이 그렇게 하니까요. 하지만, 만약 당신이 예민하다면, 그 순간에 당신의 모든 내적 환경이 바뀌기 시작하는 걸 알아차리게 되죠. 그리고 이제 방금 당신이 했던 말 그것을 경험하기 시작하죠. 가상의 경험으로 옮겨가는 거예요. 그건 경외의 순간, 즉 몸 전체가 인식에 가담하는 순간과는 약간 다른 겁니다.

TS 자연 속에서 경외감이나 놀라움을 경험할 때 순수한 느낌을 경험하는 건 별개의 문제로 하고, 가령 분노와 같은 감정에 관해서도 순수한 느낌을 갖는 게 가능할까요? 당신은 생각의 복제물이 아닌 분노의 느낌을 갖는 게 가능하다고 생각합니까?

ADYA 그야 물론이지요. 깨달음이란 사람이 온종일 기쁨에 넘쳐 히죽이는 웃음을 얼굴에 달고 사는 거라는 식의 생각은 완전히 환상이에요. 나는 그런 생각에 대해 이러한 상상으로 반박하고 싶습니다. 우리가 현대의 교회 안에 앉아 있습니다. 그런데 누군가가 강단 뒷문을 열고 들어와서는 예수가 그랬듯이 모든 걸 뒤엎습니다. 그는 돈을 바꾸는 자들을 발로 차면서 목이 터져라 외칩니다. "어찌 감히 내 아버지의 집을 더럽히느냐!" 무슨 말인가 하면, 그 순간 예수는 그야말로 노발대발한 겁니다. 그렇지 않나요? 그는 화가 났습니다. 그걸 감추지 않았죠. 그는 말 그대로 격노했어요. 그리고 그 분노를 표출했습니다.

그렇다면 우리는 나뉨 없는 상태로부터 화를 낼 수 있을까요? 대답은 '물론 그렇다' 입니다. 어떤 감정이든 모두 우리에게 열려 있습니다. 깨어난다는 것이 우리에게 열려 있는 감정의 숫자가 줄어든다는 걸 뜻하지는 않아요. 감정은 존재가 우리를 통하여 작용하는 하나의 통로일 뿐입니다. 나뉘어진 분노의 형태가 있고, 나뉨 없는 분노의 형태가 있습니다.

TS 그렇다면 지금 내가 나뉘어진 분노를 느끼는지, 나뉨 없는 분노를 느끼는지를 내 안에서 어떻게 구분할 수가 있을까요?

ADYA 당신이 내면에서 나뉨을 느끼게 된다면 알 수 있지요.

TS 나의 온 존재가 분노를 느긴다면, 그때는 나뉨이 없는 건가요?

ADYA 완전히 화가 나 있는데도 여전히 분리를 느끼고 갈등을 느꼈던 경험을 누구나 가지고 있다고 생각해요. 어떤 분노는, 말하자면, 뭐라 표현할까요, '잘한 일'이라 할 수 있는 것도 있습니다. 예를 들어 티베트의 전승에서 보면 분노하는 신들의 그림이 있는데, 불타는 검을 들고 있고, 머리카락과 눈에서는 불이 뿜어져 나오고, 엄청나게 화가 나 있고 맹렬하고도 무시무시한 모습인데, 그 그림에서는 우리가 보통 평균적으로 겪는 갈등에 찬 분노와는 좀 다른 무언가가 서려 있죠. 설명하기 어렵긴 하지만, 그 그림을 자세히 보면 이건 좀 다른 종류의 분노입니다. 부정적인 쪽으로 폭발하는 분노가 아니에요. 긍정적인 쪽으로 폭발하는 분노입니다. 그다지 잘된 표현은 아닐지 몰라도, 내가 말하고자 하는 건 분노를 경험하는 것까지도 순수한 경지에서 나올 수가 있다는 겁니다.

TS 나로서는 이 주제를 탐구하는데 특히 흥미를 느낍니다. 왜냐하면 나는 경험하는 감정의 범위가 정말 좁았던 사람이거든요. 한 인간으로 자라오면서 이젠 이렇게 드넓은 감정 경험의 범위를 가지게 됐지만요. 이건 정말 모든 면에서 흥미롭고 풍요롭고 놀랍기만 합니다. 당신의 가르침에서는 감정적인 경험의 대부분이 생각의 복제된 이미지라 하고 있는데, 좀더 확실히 이해하고 싶습니다. 어떤 감정적 경험이 관념에 뿌리를 두고 파생된 것이고 어떤 경험이 순수한 건가요? 그리고 내가 어떻게 그 차이를 알 수 있나요?

ADYA 내 말을 오해하지 마세요. 내 말은 가상의 감정이 일어나서는 안 된다거나 잘못 됐다거나 혹은 부차적이라는 게 아니에요. 예를 들어 볼까요? 나는 내 아내 묵티를 생각해낼 수가 있습니다. 그녀를 내 마음속에 그려볼 수 있고, 이내 믿을 수 없을 만치 놀라운 사랑이 샘솟는 걸 느낄 수 있죠. 나는 그 감정적 경험이 가상이라는 걸 알아요. 그것을 내 마음속에서 만들어내고 있다는 걸요. 문자 그대로 생각 안에서 그걸 만들어내는 걸 나는 압니다. 그걸 알고 있다고 해서 그게 잘못됐다는 건 아니죠. 하지만 만일 내가 그 사랑의 감정적 경험을 진정한 사랑과 같은 것으로 여긴다면, 나는 환상 속에 사는 것입니다. 아마 천국의 환상이긴 하겠지만, 환상은 환상이지요.

나는 그런 종류의 이미지를 마음속에서 만들어낼 수 있고, 실제로 가끔은 그러기도 해요. 그녀에 대한 이미지나 생각이 마음속을 떠돌고, 가슴에 좋은 감정이 샘솟게 되죠. 그러므로 먼저 이해해야 할 것은, 감정적 경험이 마음에서 비롯된 거라는 이유만으로 그것이 좋지 않다거나 경험해서는 안 된다는 뜻은 아니라는 거죠.

주의 깊게 살펴본다면, 인간이 경험하고 있는 감정은 거의 대부분 그 당시의 순간에 자기 스스로에게 속삭이는 것으로부터 비롯되고 있음을 알 수 있습니다. 그렇다고 그 감정이 나쁘다거나 잘못된 건 아니에요. 그건 그저 하나의 사실일 뿐이죠. 우리가 무언가를 보고 그것에 대해 뭐라고 말할 때도 긍정적인 감정반응을 할 수가 있어요. 하지만 그러한 경험을 잘 살펴본다면 우리가 실제로 경험하고 있는 건 "참 아름답구나"라든가 "참 형편없구나"라고 스스로에게 속삭이고 있는 어떤 생각이라는 사실을 알게 되는 거죠.

어떤 감정이 순수한 느낌인지 아니면 생각에서 비롯된 것인지를 어떻게 구분할 수 있을까요? 그 감정이 어떤 이야기나 이미지를 동반하는지를 살펴보아야 합니다. 만약 그 감정이 이미지나 이야기를 동반하고 있다면 당신은 '아 그래, 이건 만들어진 거로구나. 나는 지금 마음 속의 생각을 경험하고 있구나' 하고 알 수 있게 되죠. 그건 괜찮아요. 그러는 건 좋습니다. 단지 우리가 그것으로부터 자신의 현실 관념을 이끌어낸다면 미혹에 빠질 수 있다는 겁니다.

TS 마음 차원의 순수한 인식에 대해서는 어떻게 생각하십니까? 마음이 개념이나 추상 관념의 제작자로서만이 아닌, 하나의 순수한 감각기관으로서 기능하는 일종의 '깨어난 마음'의 경험은 없는 걸까요?

ADYA 마음의 차원에서는 무한성의 순수한 인식 혹은 불교도들이 말하는 공空(emptiness), 즉 광대하고 광대하고 광대하고 광대한 광대함의 인식이 있습니다. 그것은 생각이라는 범주의 마음을 통해 인식되지 않아요. 하지만 몸의 그 부분, 즉 마음의 구역은 문자 그대로 우리가 광대한 무한성을, 광대한 공간을, 존재의 순수한 빛을, 눈이 멀 정도로 밝은 존재의 빛을 받아들이는 곳입니다. 그것은 마음의 차원에서 보이는 것이지 생각의 차원에서 보이는 게 아니에요. 이런 방식으로 인식하는 것은 그냥 생각하는 것과는 다른 능력입니다. 그것은 무한성을 인식하는 인식 도구로서의 마음인 것입니다.

TS　당신은 모든 영적 행로가 궁극적으로는 우리를 전적인 '내맡김'의 상태로 이끌어준다고 말했습니다. 하지만 내맡기려 하지 않는 내면의 어떤 부분이 도사리고 있다면, 우리 영혼 안에 깊이 묻혀 있다면 어떻게 되죠? 의식적으로는 모든 걸 내맡기면서도, 무의식 속의 어떤 부분은 아직 꽉 붙들고 있을 수도 있겠죠. 그런 숨은 부분을 어떻게 밖으로 나오게 할 수 있나요? 내맡김이나 생각이라는 주제에 대해 당신의 가르침을 듣는 걸 상상해볼 수도 있겠지요. 기본적으로는 나도 이해하고 있습니다. 무릎을 꿇는다는 것이 무엇인지는 나도 압니다. 땅 위에 몸을 던져 엎드리는 것도 무언지 알고 있어요. 하지만 내 안에 있는 내맡기지 못하는 부분은 어떻게 합니까? 그 부분을 잘 모르겠습니다.

ADYA　당신이 할 수 있는 게 아무것도 없을 수도 있어요. 이런 말은 누구나 가장 듣기 싫어하는 말이겠지만요. 사람들은 가만있질 못합니다. 내게 뭔가를 주세요, 내게 가르침을 주세요, 무어라도 좋으니 희망을 주세요, 등등. 물론 우리 안에는 완전히 무의식적인 형태의 집착, 우리가 전혀 접근할 수 없는 형태의 집착이 있습니다. 당신은 그것에 전혀 접근할 수가 없습니다. 끝. 이야기는 끝입니다. 그걸로 그만이에요.

　당신이 그것에 접근할 수 있게 되는 때가 되면, 바로 그 순간에 당신은 그것에 접근할 수 있게 될 겁니다. 이런 말이 마음에 들지 않을 수도 있습니다. 이런 소리가 듣기 싫을 수도 있어요. 하지만 철학이나 가르침이나 혹은 자신이 듣고 싶은 이야기만 듣는 거 말고, 무엇보다 중요한 건 바로 우리의 삶을 보아야 합니다. 그렇지 않나요?

적어도 나의 삶에서만큼은, 내가 아직 특정한 능력을 갖지 못했던 순간들을 분명히 찾아볼 수 있습니다. 그땐 그냥 그 능력이 없었습니다. 그 능력이 나올 수 있게끔 무엇을 할 수 있었을지조차도 도무지 모르겠어요. 그 당시에는, 나는 그러한 능력을 갖는 방법을 알려줄 사람을 그림자조차 찾지 못했던 겁니다.

나는 은사로부터 어떤 이야기를 수년 동안, 그야말로 수백 번에 걸쳐 들어왔어요. 그로부터 10년이 지나서야 문득 생각했죠. '아… 이제야 알겠구나. 이제 이해가 되는구나. 그게 드디어 잠잠해졌어.' 10년 전이었다면 내가 무슨 수로 그렇게 해냈을까요? 그렇게 할 수나 있었겠어요? 그건 아닌 것 같아요.

이런 말은 사람들이 구하는 그런 강력한 영적 가르침이 아닐지 모르지만, 그래도 모든 건 제때가 있는 법입니다. 모든 건 제자리가 있어요. 에고는 도무지 일어나는 일을 어떻게 하지 못합니다. 일어나고 있는 일을 지배하고 있는 건 '삶'이지요. 무언가가 있어서 우리에게 힘을 주어 단번에 자신 속으로 들어가게 해주고, 깨어나기 위해 보아야 할 모든 것을 보게끔 도와줄 수 있다고 주장한다면, 그건 사람들의 정상적인 경험을 역행하는 겁니다.

모든 건 때가 있어요. 당신은 그걸 맘대로 할 수 없습니다. 그렇다 하더라도 이 말은 듣고 싶지 않겠지요? 우리 마음이 원하질 않으니까요. 대부분의 경우 우리는 내 마음대로 한다는 느낌을 뒷받침해주는 이야기를 듣고 싶어합니다. 내 마음대로 한다는 느낌을 뒷받침해주지 않는 건 무엇이든 철저하게 외면하지요.

나는 언제나 이야기합니다. 당신이 정말로 본 것을 받아들이기 시작할 때 — 내가 말하는 것 말고 당신의 경험을 말이에요 — 그때 비로소 모든 게 바뀌기 시작한다고요.

많은 학생들이 찾아와 얘기합니다. "이것만은 어떻게 해볼 수가 없네요. 이런저런 미망의 부분, 인격의 부분 말입니다." 그리고 묻습니다. "도대체 어떻게 해야 되죠?" 나는 종종 이렇게 이야기하지요. "그렇다면 처음으로 돌아가 봅시다. 당신은 방금 할 수 있는 게 아무것도 없다고 말했어요. 그것은 정말입니까? 지금까지 뭔가를 뜻대로 할 수가 있었습니까?" "아뇨, 아무것도 없었어요." 나는 묻습니다. "당신은 무언가 할 일이 보입니까?" 가끔 그들은 말합니다. "아뇨, 솔직히 말해서 아무것도 할 일이 보이지 않아요." 나는 말합니다. "아무것도 할 수 있는 일이 없노라고 말하는 그 경험의 부분을 당신이 받아들인다면 어떻게 될까요? 그걸 밀어내지 않고 끌어안는다면요?"

그들이 이것을 끌어안게 되면 — 그저 개념적으로가 아니라, 또 잊혀져버릴 가르침으로서가 아니라, 정말 몸으로 허용한다면 — 그때야 비로소 이 무저항의 삶과도 같은 이 깨달음이 모든 걸 바꿔놓게 되지요. 때로는 우리가 배척하고 받아들이지 않는 경험이 실은 우리가 찾고 있던 통찰을 — 변화시키는 힘이 가장 큰 통찰이지요 — 품고 있는 경우가 있습니다. 내가 할 수 있는 것은 아무것도 없다, 정말 아무것도, 그야말로 아무것도 없다는 것을 깨닫는 것이 실은 진정으로 변화시키는 힘을 갖는다는 걸 의심하는 사람이 있다면 그는 누구일까요? 그건 바로 우리죠. 왜냐고요? 우린 그렇게 배우질 않았으니까요. 그런 종류의 지식은 무슨 수를 써서라도 피해야만 한다고 배웠으니까요. 설혹 당신이 그것을 — 피하지 못하고 — 경험한다 해도, 해마다 아니 몇십 년 동안 똑같은 경험을 되풀이한다 해도, 그걸 피하고 싶어하는 충동은 항상 있습니다. 그걸 받아들이지 않고 내치는 거예요. 이해하십니까?

우린 모두가 마약 중독자입니다. 정말이에요. 우린 황홀경 속에서 자유롭고 싶은 마약 중독자지요. 역학은 똑같아요. 어떤 알코올 중독자가 "내가 할 수 있는 건 아무것도 없어"라고 중얼거린다면, 그는 지금 술에서 깨어나고 있는 중인 것입니다. 혹 그 사람이 저기 구석에 틀어박힌 채 "난 이걸 할 수 있어, 내가 대장이야! 난 이걸 헤쳐나갈 수 있단 말이야!"라고 되뇌고 있다면, 그땐 어떤 변화도 일어나지 않을 겁니다. '바닥을 친다'는 건 부인으로부터 빠져나오는 것 외의 아무것도 아니에요. '내가 할 수 있는 건 아무것도 없어.' 그러고는 내가 어디 있는지를 살펴보는 겁니다. 내가 무얼 할지에 대해선 그리 많이 알 필요가 없어요. 우리 모두는 단지 자신의 눈앞에 거울이 필요할 뿐입니다. 그래야 자신이 무얼 보고 있는지를 똑똑히 볼 테니까요. 그 알코올 중독자가, 그 마약 중독자가 자신이 할 수 있는 거라곤 아무것도 없다는 것을 깨닫게 될 때, 자신이 그 중독을 멈출 아무런 힘도 없다는 사실을 보게 될 때, 그때라야 비로소 자기 자신을 밝은 빛 속에서 볼 수 있게 되는 겁니다.

뜻하지 않게 일어나기 시작하는 변화가 있지요. 그건 연습할 수도 없고, 기술을 연마해야 하는 것도 아니에요. 내가 생각하기엔 영성이란 것은 기꺼이 엉망이 되어 무너져도 좋다는 마음 자세입니다. 그게 바로 내가 — 비록 학생들은 나를 연단에 세워놓고 내가 훌륭한 진리를 설해 주리라고 생각하겠지만 — 그들에게 끊임없이 이렇게 이야기하는 이유입니다. 즉 나의 길은 실패의 길이었노라고 말입니다. 내가 시도한 모든 것은 실패했어요. 그렇다고 시도 자체가 아무런 역할도 못했다는 말은 아니에요. 시도 자체는 제 역할을 했지요. 노력은 역할을 했어요. 그 몸부림은 역할을 했습니다.

하지만 역할을 했다는 것은 그 시도가 나를 끄트머리까지 데려갔다는 뜻입니다. 나는 춤이 끝날 때까지 그 춤을 추었어요. 하지만 실패했지요. 나는 훌륭한 명상에 실패했습니다. 나는 진리를 드러내는 데 실패했습니다. 내가 영적인 성공을 위해 동원한 모든 것이 실패했어요. 하지만 실패의 그 순간이야말로 바로 모든 것이 열리는 순간이지요.

우리는 이미 그 사실을 알고 있지 않나요? 이건 더 이상 성스러운 지식이 아니에요. 거의 모든 사람들이 이걸 알고 있죠. 모두가 삶에서 그걸 경험해왔으니까요. 우린 이런 순간들을 보아왔어요. 하지만 그것은 알고 싶지 않은 것이죠. 왜? 불편하니까요.

TS 당신은 '내가 정말로 알고 있는 것은 무엇인가'를 스스로 물어봐야 한다고 했습니다. 그 질문을 당신에게 해야겠군요. 당신이 정말로 알고 있는 게 있습니까?

ADYA 오직 '나 있음(I am)' 뿐입니다. 그게 다예요. 그 한 가지입니다. 결국 여러 의미에서 나는 이 지구상에서 가장 멍청한 사람이죠. 문자 그대로요. 그 밖의 모든 것이 나에겐 유동적인 상태, 불확실성의 상태입니다. 그 밖의 모든 것은 우리가 알고 있노라 꿈꾸고 있는 것들뿐이에요. 나는 무엇이 일어날지를 모릅니다. 나는 우리가 진화하는지 퇴화하는지도 모릅니다. 난 그 어떤 것도 몰라요.

그러나 한 가지, 내가 모른다는 것은 압니다. 당신이 생각하는 것과는 반대일지 모르겠는데, 그 앎은 나를 실망시킨 게 아니에요. 히말라야의 어떤 동굴 속에 자리 틀고 앉거나 아니면 그냥 소파에 가만히 앉아 "그래, 내가 할 건 아무것도 없어, 난 아무것도 모르니까" 하진 않았어요.

오히려 그 반대입니다. 삶은 나를 통하여 할 역할이 있습니다. 그래서 난 그 역할을 하는 거예요. 나는 삶이 나를 통해 하는 역할과 하나로 이어져 있습니다. 역할은 쉬지 않고 매 순간 바뀌지만 나는 바로 거기에 이어져 있어요. 나는 더 이상 삶과 다투지 않습니다. 그것이 나를 통해 제 역할을 하려는 건데, 이젠 그 역할을 반대가 아닌 찬동 속에서 하려는 거니까요.

또한 우리가 가장 깊은 찬동의 상태에 있을 때는 우리를 통해 삶이 하는 역할은 정말 만족스러운 것이 됩니다. 그건 그야말로 우리가 원하던 바로 그대로죠. 설사 그것이 우리가 전혀 원한 적이 없는 것처럼 보일지라도 말이에요.

TS 첫 번째 깨어남의 경험 뒤에 사람들이 마주칠 수 있는 '막다른 골목'에 대한 당신의 가르침이 참 좋았습니다. 내가 사람들에게서 자주 보게 되는 막다른 골목에 대해 말해줄 수 있는지 궁금하네요. 첫 번째 깨어남의 경험 직후에 사람들이 세상을 구원한다는 특별한 사명을 짊어지려 드는 경우 말입니다. 당신은 이것을 하나의 막다른 골목, 즉 에고가 깨어남의 경험을 자신을 드높이는 데에 동원하는 어떤 수단으로 봅니까?

ADYA 내 경험으로 이야기해보겠습니다. 내 경우엔 깨어남이 그런 생각을 일으키지는 않았어요. 당장 밖으로 나가 세상을 구해야겠다는 기분은 들지 않았지요. 하지만 정말 이상하게도 내 은사가 나더러 가르침을 시작해보라고, 즉 이 깨달음의 가능성을 나누어보라고 권유했을 때 내게 떠오른 것은 '가능성'의 느낌이었어요. 나는 깨어남이 누구에게나, 모든 사람에게 가능하다는 것을 보았습니다. 거기엔 선교자의 열정 같은 게 있었고 그건 아주 매력 있고 힘이 솟게 하는 것이었어요. 물론 그것이 진정한 차원으로부터 솟아날 때는 그 영감에는 훌륭한 무엇이 있죠.

가르침을 시작한 처음 몇 년은 그야말로 엄청난 에너지가 넘쳐났습니다. 나는 그게 깨어남의 핵심이라 여겼어요. 이 모든 고통이 불필요함을 느끼게 되니까요. 누구나가 정말 이 고통에서 깨어날 수가 있으니까요. 그런 경지에서는 어떤 사명감이 나올 수가 있는 거죠.

나 자신 그런 선교사적인 열정을 느낀 지 몇 년이 지나자, 그것은 점차 사그라져 갔어요. 처음엔 나는 뭐랄까, 마치 방 안에 키우는 햇강아지와도 같았어요. 주인의 다리 사이를 깡충거리며 주의를 끌면서 무언가를 해달라고 졸라대는 강아지 말입니다. 가르침을 시작한 처음 몇 년은 일의 보람과 사람을 돕는다는 사실 자체로 힘이 솟았고, 그걸 다른 이들과 나누고 싶었어요. 하지만 2~3년이 지나자 그런 에너지는 말라버렸죠. 나는 마치 주인의 하릴없는 의자 곁에 웅크려 엎드린 채 세상이 흘러가는 대로 내버려두는 한 마리 늙은 개가 된 것과도 같은 기분이었어요.

삶의 이 시점에 이르니 선교자 같은 열정의 느낌은 거의 사라져버렸어요. 무슨 일인가가 일어나야 한다는 생각 따윈 없어요. 모든 이들에게서 잠재력을 보기는 하지만 서둘러야 한다는 생각이 없지요.

나는 그걸 성숙의 한 과정으로 봅니다. 그것은 많은 이들이 거쳐 가는 국면이에요. 관건은 우리가 그것을 뚫고 나아가느냐 마느냐는 것입니다. 계속 전진해 갈 건가? 아니면 어떤 지점에서 그 선교자의 열정이 에고가 새 힘을 얻는 무대 역할을 하고 말 것인가? 그런 일이 일어나면, 즉 에고가 깨어남을 어떤 새롭고도 더욱 교묘해진 선교자의 무대로 사용하게 되면, 그땐 온갖 왜곡이 일어나게 되는 거죠.

예를 들어 우리는 자신을 인류의 구원자로 보거나 자신의 가르침을 역사상 최고의 것으로 볼 수도 있지요. 그렇게 되면 미망에 빠지는 겁니다. 이런 일이 생길 때는 대부분 그 사람의 에고가 언젠가 겪었던 강력한 경험에 집착해 있기 때문이에요. 만일 거기에 숨은 에너지가 있어서 그것이 에고로 흘러들면 최악의 미망으로 이어질 수가 있지요.

우리는 이런 일을 파멸적인 이교적 행태에서 가끔씩 보아왔습니다. 에너지가 에고로 흘러들어가며 그것을 교묘히 감출 때는 이런 일이 일어나죠. 스스로 알아차리기도 전에 자신은 이미 인류의 구원자라고 여기게 되는 거예요.

하지만 사실은 우리 중 그 누구도 인류의 구원자가 아닙니다. 이 지구 위를 걸었던 가장 위대한 화신化身이라 하더라도 — 그런 화신이 존재한 적이 있기라도 한다면 — 그는 드넓은 바닷가의 한 톨 모래 알갱이와도 같습니다. 보통의 인간인 우리 모두는 그저 저마다 나름의 작은 역할을 할 뿐이죠. 우리는 각자가 일체, 하나인 그것의 한 표현물일 뿐입니다. 우리 중 누구라도 자신의 실제 모습보다 더 큰 어떤 역할을 맡는다고 스스로 생각한다면, 즉 스스로를 무한한 모자이크의 미세한 한 조각 이상으로 본다면 우리는 자만하여 미혹에 빠지고 있는 것입니다.

TS 에고가 자신의 깨달음을 하나의 개인적인 구역으로 삼아 이용하고 있다는 사실을 사람들에게 깨우쳐줄 방법에 대해 혹시 좋은 생각이 없나요? 이런 경우를 많이 보는데도 효과적으로 깨우쳐주기가 어렵습니다.

ADYA 영적인 전통에서 내려오는 몇몇 안전장치가 있습니다. 에고가 깨달음을 그런 식으로 사용하지 못하게끔 막는 장치 말이죠. 하지만 영성의 역사를 되돌아보면 그 안전장치가 그다지 잘 작동하지는 않았음을 알게 됩니다. 깊은 깨달음을 얻은 사람들은 대개 커다란 공동체의 일원이었어요. 영적 교사들 또한 교사 공동체의 일원이었죠. 그 배경의 의도는 사람들이 서로를 살펴보게끔 하는 것이었습니다.

사실을 말하자면, 그것이 의도된 대로 잘 된 적은 없었어요. 교사가 자기 학생을 지켜볼 수는 있지만, 일단 누구든 그 역할을 벗어나면 서로를 지켜보는 일은 더 이상 계속되기가 힘들어지는 겁니다. 사실 우리는 거의 모든 전통에서 그런 일들을 보아왔어요. 영적으로 우쭐해져서 엉뚱한 쪽으로 가버리는 이들이 있습니다. 우리가 이 사람들을 바꿔놓을 수는 없다고 하더라도 물론 노력은 해봐야 하고, 반성하게끔 해준다는 건 옳은 일이죠. 특히 정말 성급하게 덤벼드는 사람을 본다면 말입니다. 그들이 반드시 우리의 말을 듣는다는 건 아니지만요!

당신의 질문에 대해 좋은 해답이 있었으면 좋겠습니다. 내가 말한 적이 있을 겁니다. 한 사람의 교사로서 스스로의 깨달음에 우쭐해 있는 학생들을 볼 때, 그들을 거기서 벗어 나오게 하는 것이야말로 가장 어려운 일이라고요. 영적 교사로선 그게 대처하기 가장 어려운 일입니다. 어느 정도 신뢰가 있는 교사와 학생들 사이에도 그런 어려움이 생긴다면, 하물며 보통사람이 옆자리의 누군가에게 이렇게 말한다는 건 얼마나 어렵겠어요? "이봐요, 당신은 스스로 생각하는 것만큼 그렇게 자랑할 만한 깨달음의 모범이 아닐지도 몰라요." 이런 말을 하기란 참으로 어려운 일일 수 있어요.

누구에게 평계를 대려는 건 아니지만, 우리는 저마다 카르마의 짐을 지니고 살지요. 일부러 선택한 건 아니지만, 나는 권력이라는 것에 끌려본 적이 없는 타입의 사람입니다. 보다시피 난 영적 교사입니다. 사람들은 교사에게 커다란 권력을 쥐여주죠. 그렇지만 내가 보는 사실을 말하자면, 다른 사람들이 내게 부여하는 이상의 권력을 나는 전혀 가지고 있지 않습니다. 모든 권력은 학생들의 손 안에 있어요. 그리고 이 사실은 모두가 알고 있는 게 좋아요. 사람들이 내게 권위나 힘을 너무 많이 부여하면 난 모종의 비현실적인 거품 속에 사는 듯한 기분을 느끼기 시작합니다. 다른 이에게 권력을 주는 사람들의 내부에는 하나의 투사가 도사리고 있습니다. 누군가가 내게 너무 많은 권력을 준다면, 그들은 내가 자신과는 어딘가 다른 사람이라는 생각을 투사한 것입니다. 나는 그것이 내가 몸담기엔 비현실적인 상황이란 사실을 알죠. 내가 그것을 가능한 한 피하려는 이유가 바로 그것입니다. 거기엔 비현실의 느낌이 있으니까요.

다른 사람들은 확실히 나보다 더 권력 쪽으로 강하게 이끌리는 거 같아요. 그들은 다른 사람들의 긍정적인 투사의 대상이 되기를 좋아하는 거죠. 거기 마음이 끌리는 겁니다. 정확한 이유야 알 수 없지만, 내게는 권력이란 것이 개인적으로 결코 편하질 않았어요.

TS 스물다섯에 '첫 번째 깨어남'을 경험했을 때 당신은 "계속 나아가라"는 목소리를 들었습니다. 그 목소리는 뭐죠? 그것은 양심이었습니까, 아니면 내면에서 들리는 조용하고 작은 목소리였나요?

ADYA 둘 다라고 해도 좋을 겁니다.

TS 우리 각자가 그런 내면의 목소리를 갖고 있다면 그 소리가 우리로 하여금 자신의 깨달음을 개인적인 권력 게임으로 변조시키지 못하도록 해줄 텐데요. 당신은 "나의 깨달음은 불완전하다"고 하는 목소리를 들었는데, 모든 사람이 그런 내면의 목소리를 가지고 있나요?

ADYA 어떤 의미에서는 그렇다고 할 수 있어요. 궁극적인 의미에서 우리 모두는 똑같아요. 그러니 똑같은 능력을 사용할 수 있지요. 하지만 상대적인 차원에서 볼 때, 문제는 모든 사람이 그 목소리를 듣고 있는가, 하는 것입니다. 분명히 모두가 그런 건 아니에요.

이 지혜로운 내면의 목소리는 무엇일까요? 그것이 내가 진실함에 대한 논의에서 말하려 했던 주제예요. 그것은 바로 우리 안에 있는 지성입니다. 우리를 궤도에서 벗어나지 않도록 하는, 정합된 상태 속에 머물도록 하는 지성 말이에요.

어떤 의미에서는 거의 모두가 이 조용하고 작은 음성을 알고 있다고 생각합니다. 나는 이성과 데이트하다가 실패로 끝나는 경우를 자주 예로 들곤 하죠. 당신 안에서 무언가가 말하고 있어요. "다시는 그러지 마." 하지만 이내 우리는 새로운 사람을 만나고, 우리는 그 음성에 귀를 기울이지 않지요. 우리는 그만 상대방에게 이끌립니다. 그 사람이 너무 멋진 상대라서 그저 이 사람과 함께 하고 싶은 생각뿐이지요. 막판에 이르러서야 우리는 그 조용하고 작은 음성이 옳았음을 깨닫게 됩니다. 우리는 그 사람과 함께 지내지 말았어야 했어요. 결국 모든 것이 무너져 내리고, 마지막으로 그 조용하고 작은 목소리만 남게 되죠.

그러니 이 조용하고 작은 목소리는 신비로운 게 아니에요. 그건 내가 알기로는 거의 대부분의 사람들이 때때로 한 번씩 들어온 목소리예요. 하지만 너무나 쉽게 그걸 무시해버리죠. 우리는 그 조용하고 작은 목소리에게 증거를 대보라고 합니다. 이유가 뭐냐면서 따지는 거죠. 우리 안에 있는 그 목소리가 진실하고도 옳았다는 분명한 증거는 바로, 그 목소리는 결코 스스로를 정당화하지 않는다는 사실입니다. 당신이 "왜?"라고 물어도 답으로 되돌아오는 건 침묵뿐이에요. 설명을 요구해봐야 그렇게 하지 않을 겁니다. 작고 조용한 목소리는 그럴 필요가 없어요. 그리고 그렇게 하지 않아요.

그런데 만약 당신이 에고에게 말을 걸어 "왜?"라고 묻는다면 에고는 곧장 대답할 겁니다. 당신이 에고에게 "지금 그 말은 모든 게 잘될 거라는 뜻이야?"라고 묻는다면 에고는 그렇다고 확신을 줄 거예요. 반면에 이 조용하고 작은 목소리는 불확실성을 내포하고 있답니다. 그것은 어떤 보장도 하지 않아요. 그 목소리는 하나의 선물입니다. 우리가 그 목소리에 귀를 기울이든가 그러지 않든가 할 뿐이죠.

왜 내가 거기에 귀를 기울였는지, 다른 이들은 왜 그리하지 않는 건지는 나도 모릅니다. 나는 이유를 답할 수 없었어요. 그저 내 경우엔 그 목소리가 있었다는 것과 내가 그걸 들을 수 있었다는 것을 다행으로 생각할 뿐이지요. 그 목소리는 끊임이 없었어요. 나라고 항상 거기에 귀를 기울인 건 아닙니다. 너무나 자주, 나는 거기에 귀를 기울이지 않았지요.

TS 그 목소리는 어떤 길잡이 또는 보호자 같은 건가요, 아니면 그냥 마음의 일부, 우리 존재의 일부인가요?

ADYA 내 생각으론 그 모두입니다. 그것은 길잡이예요. 그것은 보호자예요. 또 그것은 존재의 흐름입니다. 그런데 이 지적인 존재의 흐름이 항상 어떤 목소리로서 나타나진 않습니다. 그건 항상 들을 수 있는 것이 아닙니다. 지금의 나에게는 그것이 거의 들리지 않습니다. 다른 시점에서는 그것은 그야말로 하나의 또렷한 목소리였어요. 이미 말했듯이 처음의 깨어남 당시에 그 목소리는 말했어요. "이건 전부가 아니야. 계속 나아가야만 해." 그건 귀에 들리는 경험이었지요.

하지만 지금은, 길잡이 역할을 하는 이 지성은 어떤 흐름으로서 더 잘 드러납니다. 그것은 뭐랄까, 삶에서 어떤 에너지의 흐름을 느끼는 것과도 같아요. 목소리 역시 그 흐름을 알려주는 역할을 하지요. 내 생각엔 우리가 삶에서 자연스러운 흐름을 느끼지 못할 때 그것이 하는 수 없이 목소리로 나타나는 것 같아요. 왼쪽으로 트는 흐름, 오른쪽으로 트는 흐름, 이것을 하는 흐름, 저것을 하는 흐름처럼 말입니다.

우리 중 많은 사람들이 그걸 알아차릴 만큼 민감하지 못해요. 그래서 흐름이 목소리로 나타나는 거죠. 그러나 내 경우엔 이제 거의 자연스러운 흐름을 타는 것 같습니다. 도교 수행자들의 말을 빌리자면, 도의 흐름을 따르는 것이죠.

그러니 거기에는 다양한 측면이 있는 것이지요. 그건 흐름입니다. 그건 목소립니다. 그건 보호자의 목소립니다. 그건 당신의 상담역입니다. 그건 당신의 양심입니다. 단 사회가 우리에게 가르치는 그런 양심은 아니죠. 그건 전혀 다른 양심이에요. 왜냐하면 사회가 가르친 양심은 우리의 초자아(super-ego)이니까요. 그리고 그런 양심은 늘 분별심을

끼고 사니까요. 이건 그런 초자아가 아니에요. 뭔가 다른 거예요. 완전히 다른 어떤 존재 상태에서 나오는 것입니다.

TS 당신은 스승이나 주어진 길이나 또는 전통 같은 것에 편승하지 않고 스스로의 길을 찾아야만 한다는 것을 일찌감치 깨닫게 된 경위에 대해, 그리고 그것이 얼마나 중요한지에 대해 이야기했습니다.

ADYA 그건 내게 너무나도 중요했어요.

TS 당신은 학생들에게도 자신만의 길을 발견하라고 말하고 있어요. 그런데 이와 동시에 흥미로운 사실은, 나를 포함해서 많은 사람들이 당신과 어떤 유대감을 느끼고 있고, 또 당신을 알고 지낸다는 것만으로도 무언가 덜 외로운 느낌을 갖는다는 겁니다. 그건 마치 우리가 따로 떨어져 있으면서도 동시에 함께 있는 것만 같아요. 거기에 대해 한마디 해줄 수 있나요?

ADYA 이십대 초반에 내가 나만의 길을 찾아야 한다는 것과 전통이나 스승에게만 의지해서는 안 된다는 걸 깨달을 즈음 어떤 이미지가 떠올랐어요. 그것은 내가 우주선 밖으로 산책을 하는 광경이었는데, 하나의 연결선이 우주 캡슐과 나를 연결해주고 있었죠. 어떤 지점에 이르러 나는 그 연결선을 끊어버렸습니다. 나는 이제 혼자가 되어 누구에게도 어떤 것에도 의지하지 않고 있었어요. 이 말은 내가 스승을 떠났다거나 전통을 버렸다는 게 아니에요. 나는 그 무엇도 거부하지 않았어요. 다만 궁극적인 책임은 바로 여기, 내게 있다는 것을 깨달은 것이지요. 궁극적으로 어떤 전통도 어떤 스승도 어떤 가르침도 나를 나 자신으로부터 구출해주지 못합니다. 나는 바로 그 권능을 양보할 수 없다는 사실을 깨달았지요.

그 순간 소름이 끼쳐왔습니다. 나는 생각했어요. 맙소사, 내가 나 스스로를 미혹시키기라도 한다면 그땐 어찌 될까? 나는 아는 게 없었어요. 하지만 침착했지요. 모든 건 내면에서 입증되어야만 한다는 굳건한 각오였으니까요.

많은 사람들이 스스로를 나의 학생이라 여기고 있으며, 다른 교사들과 공부하는 것과는 좀 다르다고들 이야기합니다. 나는 학생들과 개인적 관계를 갖는 그런 종류의 선생이 아니라는 거죠. 그저 자리에 나타나서, 가르치고, 가르치는 동안 학생들과 어울리긴 해도 수련센터는 갖고 있지 않아요. 사적으로 만나 관계를 가질 여지가 없는 겁니다. 오직 순간, 순간, 순간, 순간, 순간일 뿐이죠.

하지만 이게 꼭 교사와 가질 수 있는 유일한 관계방식이라는 말은 아니에요. 내 생각으론 밀접한 사제관계에도 좋은 면이 많다고 봅니다. 사실 여러 해가 지나면서 가르치는 일의 규모가 커지자 옛 시절을 그리워하는 사람들도 있어요. 어떤 이들에겐 규모가 작은 것이 더 좋았지요. 나는 가르치고, 가르침이 끝나면 차를 마시거나 점심 혹은 아침을 함께 먹는 것이 그들에겐 좋았던 거지요. 모임이 커지고 필요에 따라 시스템이 바뀌어 가는 것을 일부 사람들은 좋아하지 않았어요. 결국 그들은 좀더 친밀함을 느낄 수 있는 곳을 찾아 나섰지요.

그러니 내가 가르치는 방식은, 사람들이 곧바로 자신의 힘으로 일어서게 하고, 다른 한편으로는 자신의 힘으로 일어섬을 통하여 서로 간에 어떤 친밀감을 발견하게 하는 것입니다. 바로 그곳이 내가 사람들을 만나는 곳이에요. 바로 그곳에서 이들을 각각 하나의 전체로서, 자신은 자각하지 못하고 있을 수도 있는 능력을 지닌 존재로서 바라보는 것이지요. 그들이 거기서 바로 설 때, 그리고 자기 내면의 넘치는 자족감을 발견할 때, 거기가 바로 우리가 서로를 만나는 곳입니다. 나는 사람들이 스스로 능력 있다고 생각하지 않는 거기, 부족함 속에서는 그들을 만나지 않아요. 그들이 스스로 일어설수록 우리는 더욱 친밀하게, 지극히 개인적인 방식으로, 또한 비개인적인 방식으로 만나게 됩니다.

우리가 기꺼이 스스로 일어서려 할 때, 달려와서 우리를 도와주는 많은 힘들이 있어요. 보이건 안 보이건, 알건 모르건 간에 말입니다. 혼자 남겨졌다는 생각에 사로잡히지 않는 것이 중요한 포인트예요. 그것은 홀로 있음의 순간, 즉 자기 자신을 마주하는 순간, 스승이나 전통이나 가르침들 — 나의 가르침도 물론 포함해서요 — 에 집착하지 않는 순간의 특별한 경험입니다. 갑자기 당신은 자신하고만 남아 있게 되지요. 그것이 홀로 있음이에요. 우리가 그것을 맞이할 때, 그리고 기꺼이 거기 있고자 할 때, 신비롭게도 우리는 주변에 많은 동료가 있음을 깨닫게 됩니다. 수많은 사람들이 같은 길을 가고 있어요. 가르침이 달리 느껴지기 시작합니다. 함께하는 교사가 달리 보이기 시작합니다. 이때부터 훨씬 더 성숙한 관계가 시작됩니다.

TS 다른 인터뷰에서 당신은 서른두 살 때의 '마지막 깨어남'의 과정에서 전생을 보기도 했다고 했지요. 하지만 이건 별로 이야기하고 싶어 하지 않으실 것 같네요.

ADYA 네, 그걸 느낀다는 건 우리가 서로를 잘 알고 있다는 거죠. 그래도 어쨌든 당신이 이야기를 꺼냈으니 그 또한 잘된 일이에요.

TS 아시다시피 전승에 의하면, 부처가 보리수 아래 앉아 있을 때 깨어남의 한 과정으로서 전생이 번개처럼 스쳐가는 것을 보았다고 하는데요, 당신이 본 것은 무엇인지 알고 싶습니다.

ADYA 경험적으로 무슨 일이 일어났는지를 설명해보도록 하겠습니다. 깨어남의 그 순간에는, 내가 나라고 여겨왔던 모습으로부터 완전히 벗어난 것 같았어요. 광대하고, 광대하고, 광대한 '공空'이 있었습니다. 그 광대한 '텅 빔' 속에서, 그 무한한 공空 속에서, 상상할 수도 없이 작고도, 작고도, 작은 한 점의 빛이 있었습니다. 그 너무도 작은 한 점의 빛은 하나의 생각으로서 거기에 떠돌고 있었지요.

　그 생각이란, '나는(I)'이었어요. 고개를 돌려 그 생각을 바라보았을 때 내가 해야 할 일이라고는 거기 흥미를 갖는 것뿐이었습니다. 내가 어떤 식으로든 흥미를 갖자 이 작은 빛은 점점 가까이, 또 가까이 다가왔어요. 그것은 마치 대문의 옹이구멍에 눈을 바짝 갖다 대는 것과도 같았어요. 눈을 거기 바짝 대면 대문 자체는 더 이상 보이질 않고 다른 쪽 세상이 보이는 거죠.

그래서 이 작은 '나'라는 점이 가까이 다가오자 나는 이 '나'라 불리는 점을 통하여 인식하기 시작했지요. 또한 나는 '나'라 불리는 그 점 안에 온 세상이 있음을 발견했습니다. 온 세상은 그 '나' 안에, 그리고 '나'라 불리는 그 작은 점 안에 내포되어 있었어요. 실제로는 '나'는 없었고 오로지 그 점 속으로 또는 그 바깥으로 자유로이 드나들 수 있는 하나의 '텅 빔'만이 있었죠. 마치 온 세상이 깜박거리며 켜졌다가 꺼졌다가 다시 켜졌다가 꺼졌다가를 반복하는 듯했어요.

그러다가 나는 거기에 온갖 종류의 다른 점들이 있다는 것을 알았어요. 나는 그들 각각의 점 안으로 들어갈 수 있었고 그 점들은 각각 다른 하나의 세계, 하나의 다른 시간이었어요. 나는 그 각각의 점 안에서 다른 사람, 전혀 다른 존재였어요. 나는 각각의 점 안으로 들어가 전혀 다른 자아의 꿈을 볼 수 있었고, 또 전혀 다른 하나의 꿈속 세상을 볼 수가 있었습니다.

내가 보았던 것들은 대부분 생애의 어떤 특정한 시점에서 해결되지 못한 '나'의 꿈이었습니다. 거기에는 삶의 한 시점에서 해결되지 못했던 어떤 혼란, 두려움, 주저함, 그리고 의심이 있었어요. 어떤 생애에서의 문제는 죽어가는 순간에 일어난 혼란의 느낌이었어요. 그중 한 생애에서는 내가 물에 빠졌는데 무슨 일인지를 몰랐기 때문에, 몸이 물속으로 잠겨 들어가는 동안 엄청난 공포와 혼란이 있었어요.

이 생애와 죽음의 순간에 겪은 혼란을 지켜보면서, 나는 즉시 내가 무엇을 해야 할지를 알아차렸습니다. 그 혼란을 바로잡는 거죠. 나는 내 꿈에게 설명했어요. 나는 죽었노라고, 그때 배에서 떨어져 익사한 거라고 말이죠. 내가 그렇게 하자 갑자기 그 생애로부터의 혼란이 마치 거품처럼 터져버리더니 엄청나게 홀가분한 느낌이 들었습니다. 많은 전생의 꿈들이 나타났고, 그 각각의 꿈은 뭔가 갈등 속에 있거나 각 생애로부터 해결되지 못한 일에 초점을 두고 있었어요. 나는 그 하나하나 속으로 들어가 그 혼란을 풀어냈습니다.

TS 당신은 카펫 위에서 눈을 감고 누워 있거나 아니면 어떤 특별한 작업을 했나요?

ADYA 아닙니다. 정말 이상한 것이, 실은 나는 거실을 걷고 있었고 그때 이 모든 일이 일어났어요. 얼마나 오래 걸었는지는 모르겠어요. 아마 5초쯤이었을까, 이런 일은 시간 밖의 일이니까요. 잘 모르겠어요. 거실 바닥을 다섯 시간 동안 걸었을 수도 있죠. 어쨌든 나는 말 그대로 거실을 걷고 있었습니다.

그 자리에 멈춰 서 있었던 것도 아니에요. 나는 걷고 있었죠. 그것은 내가 뭔가 동작을 하던 도중에 일어난 일이에요. 나는 거실을 가로질러 뒤뜰로 갔고 무언가를 했어요. 뭘 했는지는 기억도 없습니다. 그런데 그와 동시에 이 모든 다른 일들이 덩달아 일어난 거죠. 이상하게 들린다는 걸 알아요. 이것은 명상의 순간에 일어난 게 아닙니다. 그건 일상생활의 일부로서 완전히 섞여 들어와 있었어요.

당신도 알다시피 난 이런 이야기는 잘 하지 않았어요. 나는 사람들

앞에서 전생에 관해 이야기하고 싶지 않습니다. 특히나 극단적인 일원론을 주장하는 이들, 즉 아무도 태어나지 않으며, 아무도 전생을 겪지 않으며, 환생도 없다는 사람들에게는요. 물론 그건 옳은 말입니다. 모두가 한바탕 꿈이죠. 전생도요. 그럼에도 내가 그런 이야기를 할 때는, 나는 그걸 지나간 꿈으로서 말하는 겁니다. 나는 이런 사람이었던, 혹은 저런 사람이었던 꿈을 꾼 것이죠.

개인적으로 나는 전생의 경험을 한데 묶어서 어떤 형이상학적인 지식으로 정리해보려고 한 적이 없습니다. 나는 전생이 무엇인지에 대해서 명확히 알지 못해요. 단지 그것 역시 꿈의 성질을 가지고 있는 것이 분명하다는 점만 빼고는요. 그것은 객관적이고 실질적인 실체가 없습니다. 그럼에도 불구하고 나의 경험은 일어났습니다. 일어났기 때문에 나는 그게 일어나지 않았노라고 말할 수가 없어요. 하지만 마음속에서 그걸 밝혀보려고 애쓰지는 않지요. 내가 아는 거라고는 다만 일어난 일들뿐입니다.

TS 당신이 이 꿈들을 하나하나 바라볼 때 무언가 해결되는 느낌이 있었나요?

ADYA 그렇습니다. 거기에 해결이 있었을 뿐만이 아니라 지금도 해결되고 있어요. 왜냐하면 모든 게 하나니까요. 또한 그 꿈 중에서 무엇이든 해결되지 못한 것은 지금도 해결되지 않은 거니까요. 그건 다 같고, 서로 연결되어 있습니다.

내가 전생에 대해 이야기를 많이 하지 않은 이유 중 하나는, 아주 깊은 깨어남을 얻은 사람들 가운데는 전생 같은 걸 전혀 보지 못한 경우도 있기 때문입니다. 전생을 아는 것이 필요조건은 아니에요. 나는 신비주의자가 아닙니다. 이런 종류의 경험들이 간혹 찾아오곤 했던 기간은 수개월에 걸쳐 짧게 지나갔고, 그 후로는 어쩌다 한 번씩 찾아오지만 일관성은 없어요. 그러니 그런 일이 꼭 일어나야 한다는 게 아닙니다. 그저 그런 일이 있었다는 거지요. 또 어떤 이들에게는 그것이 흔히 일어나기도 하고요. 사람들이 보게 되는 것은 — 만약 그 경험이 진실하다면 — 대개 그것을 보아야 할 필요가 있어서이고 또 그로부터 해방될 필요가 있어서지요.

불교 수도원의 한 여성 원장이 이렇게 말하더군요. "자신이 얼마나 훌륭한 깨달음의 모범이었는지를 보여주는 전생 따위는 없어요. 왜냐면 깨달음은 자취를 남기지 않으니까요. 그것은 모든 걸 깨끗이 태워버리는 불과도 같아요. 카르마의 흔적이 남지 않죠." 그녀의 말인 즉, 만일 당신이 전생을 가지고 있다면 아마도 당신은 거기서 자신이 얼마나 웃기는 얼간이였는지를 보게 될 거라는 거였죠. 난 그 말이 아주 마음에 들었습니다. 그게 내 경험과도 맞아떨어졌고요. 반드시 특급 얼간이였던 꼴만 본 건 아니라 해도 몇몇 경우엔 특급 얼간이보다도 훨씬 더 우스운 꼬락서니를 보기도 했지요. 내가 본 많은 전생들은 혼돈의 순간, 해결되지 못한 카르마가 갈등을 빚어내는 순간들이었어요.

TS 내가 전생이라는 주제를 자꾸 입에 올리는 까닭 중 하나는 몇몇 사람들이 당신에 대해 이런 이야기를 했기 때문입니다. "아디야는 전생에 깨달은 존재였음에 틀림이 없어. 그러니까 그토록 이른 나이에 엄청난 성취를 이루고 이처럼 참신한 방법으로 깨어남에 대한 가르침을 펼 수가 있는 거지." 이런 말들에 대해서는 어떻게 생각하시나요?

ADYA 만약 당신이 단도직입적으로 묻는 거라면 대답은 '그렇다'예요. 나는 이 생애에서와 비슷한 일을 이전에도 몇 번이고 거듭하는 모습을 보았습니다. 다시 한 번 말하지만, 나는 전생에 대한 갑론을박이나 전생의 작용 같은 건 알지 못하고, 또 이런 일들에 어떤 일목요연한 인과관계가 있는지 어떤지도 알지 못해요. 전생에 대한 나의 경험을 말하자면, 그게 사실은 과거의 일이 아니라는 겁니다. 내가 그걸 전생이라 하는 까닭은 그렇게 해야 사람들이 알아듣기 때문이에요. 내 진짜 경험을 말하자면, 그건 동시적으로 병존하는 생애들에 더 가까운 거예요.

그건 이런 식입니다. 가령 당신이 밤에 꿈을 꿉니다. 그 꿈속에서 당신은 어떤 특정한 사람이에요. 그리고 그 꿈속에서 기억하기 시작합니다. 그게 온갖 전생일 수도 있겠죠. 가령 당신이 오십 가지의 전생을 아주 직접적으로, 생생하게 기억했다고 칩시다. "아, 이런 삶이 있었어, 저런 삶이 있었어." 그것은 당신에게는 과거에 일어났던 일로 보입니다. 그리고는 꿈에서 깨어납니다. 당신은 여전히 침대에 누운 채 중얼거리죠. "야, 그거 참 대단한 꿈이었어. 나는 내가 이 모든 전생을 경험한 사람이 된 꿈을 꾸었어." 그러다 문득 이런 생각이 떠오르죠. "가

만있자, 내가 그 모든 전생을 꿈으로 꾸고 있었어, 한꺼번에 말이야. 그 모든 꿈은 이제 방금 내가 꿈꾼 거잖아. 내가 꿈을 꾸기 전까지 그 꿈은 존재조차 없었잖아." 내가 전생을 보는 건 바로 이런 식의 관점입니다.

나는 전생을 과거로 보지 않아요. 왜냐면 그것들은 모두 동시에 일어나고 있고, 모두 동시에 상호작용하기 때문이죠.

TS 다른 꿈들을 향해 뚫린 대문 구멍을 들여다본 경험에 비춰본다면, 우리가 죽을 때는 어떤 일이 일어나리라고 생각하세요? ― 모른다고는 하지 마세요! ― 그 경험은 어떠하리라고 생각하세요?

ADYA 모른다고 하지 말라고요? 태미, 당신이 이젠 아예 날 꼼짝달싹 못하게 하는군요. 죽을 때 어떤 일이 일어날지에는 내 마음이 미치지를 않는군요. 죽음에 대해 생각해볼 때 마음이 미치는 곳은, 죽음이란 그저 다음 차례로 할 하나의 경험일 뿐이라는 겁니다. 그게 다예요. 그것은 다음 차례의 경험이에요. 그것은 여기 이렇게 앉아 당신과 이야기하는 것과는 물론 다른 경험이겠지만, 결국 그것은 의식이 하게 될 다음 차례의 경험입니다.

아무것도 죽지 않아요. 영은 죽지 않아요. 하지만 영은 죽음이라는 경험, 즉 한 육체가 해체되고 한 생애와 인격이 해체되는 것만은 경험하게 되죠. 그 모든 것은 해체됩니다. 영 또는 의식은 그러한 경험을 하는 것이고요. 그것이 이 세상에 태어나 살아가고 지금 이 순간 당신에게 이야기하는 것을 경험하고 있는 것과 마찬가지로 말입니다.

지금 이 순간에 영은 '이 경험'을 하고 있는 것입니다. 만일 당신이 죽음이 어떤 것이냐고 묻는다면, 나는 우리가 죽음이라고 생각하는 이것이 우리가 생각하는 것처럼 그런 식으로 일어나는 것이라고 말할 수가 없습니다. 나는 죽음이 결코 실제로 일어나는 어떤 사실이라 여기지 않아요. 나는 죽음을 경험의 한 조각으로 여깁니다. 그다음에 오는 경험과 매한가지로 말이죠. 그 경험이 어떤 것인지를 안다면 좋겠지요. 하지만 난 그걸 어떤 종말의 의미로 보지도 않고, 우리가 죽음에 대해 생각하는 그 어떤 통속적 의미로도 보지 않아요.

TS 당신은 사후에만 경험 가능하고 환생하면 알 수 없게 되는 모종의 경험이 있다고 생각하시나요?

ADYA 깨어난다는 것은 죽는 것입니다. 그 이상도 그 이하도 아니에요. 깨어남이 일어났을 때, 나는 죽었습니다. 모든 것은 사라졌습니다. 새하얘졌지요. 모든 사람이 가장 두려워하는 그 모든 일이 나에게 일어났습니다. 완전한 백지상태. 절대의 비존재 상태. 무無. 무. 무. 그 순간은 전생도 없고 현생도 없으며, 그야말로 아무것도, 의식도 없으며 생사도 없고 병도 없고 무도 없습니다. 영(zero)이지요. 그건 모두가 끔찍이 무서워하는 것만 다 모아놓은 것입니다. 그런 일이 내게 일어난 겁니다. 그것이 죽음입니다.

그리고 야릇하게도, 죽음은 또 그 자체 그대로가 삶이지요. 진실로 살려면 우리는 죽어야만 합니다. 깨어 있는 의식으로서 진실로 존재하려면 우리는 절대적 비존재를 경험해야만 합니다.

TS 사람들은 이렇게 말합니다. "죽으면 이러이러한 것을 알 수 있게 되지만 육신 속에 있는 동안은 그런 것을 알 수가 없다. 육신을 벗어나야만 그런 것을 알 수 있을 만큼 자유로워지는 것이다."

ADYA 모든 사람은 정확히 자기가 믿는 것을 경험하게 됩니다. 만약 당신이 그것을 믿는다면 바로 그렇게 경험하게 되는 겁니다. 명심할 것은, '객관적' 현실, 즉 만물이 따르게끔 정해져 있는 객관적인 작동방식 같은 건 없다는 거예요. 그것은 당신이 그렇게 작동한다고 꿈꾸고 있는 대로 작동하죠. 그것이 유일한 작동방식입니다. 바로 그것이 일어나고 있는 유일한 현상이에요. 그러니 만약 누군가가 그것을 믿는다면 그것이 그를 통해 의식이 꾸고 있는 꿈이란 뜻이 됩니다. 하지만 그 꿈은 다른 꿈에 비해 조금도 더 중요하거나 타당하지 않습니다.

물론 육체가 죽는 순간에는 육체적 경험이 떨어져 나갑니다. 어떤 의미에서 그것은 강제적인 깨어남이지요. 육신이 떨어져 나갈 때는 인격체도 함께 떨어져 나가게 됩니다. 그것은 당신이 그것으로부터 초연해진다는 뜻이 아니에요. 그저 그것이 박탈되는 것이지요. 그 순간 많은 것을 알게 됩니다. 왜냐면 당신이 집착하고 있던 많은 것들이 이젠 없어져버렸기 때문이죠. 당신은 더 이상 몸의 꿈을 꾸어 그것이 존재하게끔 만들지 못합니다. 그건 이제 거기에 없습니다. 그럴 때 많은 것이 가능해질까요? 물론입니다.

똑같은 일이 죽음에 임박한 사람에게도 일어납니다. 내게 가장 놀라웠던 경험 중 몇 가지는, 죽음에 아주 가까이 다가간 사람들과 함께할 때였어요. 나는 그들의 임종에 함께 했었습니다. 죽음에 마음의 준비가 된 사람들은 이미 모든 걸 내려놓고 있었어요. 임종의 자리에 앉아 있으면 죽음이 다가옴과 함께 그 사람이 자신의 몸을 내려놓아버리는 걸 느낄 수가 있죠. 진정한 의미에서 그는 이미 죽은 겁니다. 그는 이미 내려놓았고, 모두는 아니라도 그 중 몇몇은 이미 알고 있지요. 모든 일이 잘 돼가고 있다는 것을요.

당신이 다행히도 그 같은 사람의 곁에 있게 된다면 거기서 당신은 완전한 광휘를 경험하게 될 겁니다. 그것은 마치 몸이 '영靈' 앞에, 내면의 존재 앞에 완전히 투명하게 변한 것과도 같이 느껴집니다. 몸이 투명해지는 유일한 이유는, 이젠 그가 더 이상 육신을 붙들고 있지 않기 때문이지요.

그러니 궁극적으로는 사람이 몸을 내려놓기 위해서 반드시 육체적 죽음이라는 실질적인 순간을 겪어야만 하는 것은 아닌 게 분명하지요.

옮긴이의 글

삶 자체가 우리의 가장 큰 스승이라는 것은 불변의 진리이지만, 그럼에도 고상한 존재의 훌륭한 가르침을 만날 수 있다면 정말 행복한 일일 겁니다. 개인적인 형편이나 능력을 따져 볼 것 없이, 그런 만남이 일어난다는 것은 우리가 어떤 식으로든 그만한 기쁨을 맞아들일 준비가 되었다는 뜻일 테니까요.

《깨어남에서 깨달음까지》는 아디야샨티라는 이름의 영적 인물이 삶과 진리에 대한 깨달음을 이야기한 여러 자료 중에서도 대표작으로 손꼽히는 저술입니다. 지구적 의미에서 그는 본명이 스티븐 그레이 Steven Gray로 1962년 미국에서 태어나 25세에 영적 변성을 경험하고, 1996년 이래 오픈게이트 상가 Open Gate Sangha를 통하여 아내인 애니(묵티)와 함께 가르침을 전하고 있습니다. 저의 편견이지만, 이 젊은 서양인이 자타의 상대성을 초월한 경지에서 어떤 경로로든 그를 접하는 이들을 변화시키는 소식에 경이를 느낄 수밖에 없습니다. 영상물로도 어렵잖게 접할 수 있지만, 쾌활한 유머로 번득이는 선기를 녹여내는 그는 분명 대단히 재미있는 인물입니다.

253

이 책은 구도자들이 실재의 본성을 힐끗 맛보는 최초의 깨어남, 곧 '스쳐 지나가는 깨어남'으로부터 그 상태가 영구히 지속되는 '머무는 깨어남'에 도달하기까지의 과정에서 겪게 되는 일종의 영적 요요현상, 곧 "찾았어… 그런데 잃어버렸어" 하는 현상이 되풀이되는 이유와 거기서 빠져나오기 위해 알아야만 할 요긴한 힌트들을 알려줍니다. 또 간간이 보이는 깨달음의 묘사는 매우 간결하고 또 감동적이지요. 깨달음이 노력의 결과인가, 예정된 결과 곧 은총인가에 대하여 내맡김(순복)을 이야기할 때는 절로 고개가 끄덕여졌습니다.

이 책을 통하여 여러분은 깨달음의 본질이 무엇인지에 대하여 보기 드물게 명쾌한 이해를 얻을 수가 있을 것입니다. '나'와 '세상'의 시작과 끝이 어디인지, 윤회가 어떻게 지금-여기에 일어나는지, 이 모두를 경험하는 '나'는 누구인지를 이제 여러분 스스로 나투어내게 될 겁니다. 아마도 이 글을 읽어가는 시간이 다른 어느 때보다도 오롯하고 성성해져서 자신 안의 근원적인 완전성 앞에 무릎을 꿇지 않을 수 없는 대大긍정의 순간을 경험하게 될 것입니다.

《깨어남에서 깨달음까지》는 아디야(아디야샨티의 애칭)의 강설을 기본으로 엮은 책으로서 수백 쪽에 이르는 내용이 하나같이 그의 육성과 체취가 묻어나는 체험기이면서도, 동시에 지극히 비개인적이고 전면적인 깨달음에의 초대입니다. 펼쳐보면 한 글자도 없는, 정갈하기 짝이 없는 정경에의 초대장이지요. 그 텅 빈 자리는 차별을 여읜 지금-여기의 가없는 자유에 이어져 있습니다. 그렇기에 글을 읽어가는 것만으로, 무어랄까 저절로 수행자리에 들어 근원의 앎에 다가서는 것 같은 느낌을 갖게 되는 것입니다.

번역을 세상에 내놓는 일은 역시 어렵습니다. 숙고를 거듭하면서 운전해 다닐 때도 아디야의 CD를 들어가며 최선을 다했다지만, 물론 결과가 완벽할 수는 없겠지요. 작년 늦봄에 시작한 이 일이 그만 해를 넘기고 말았습니다. 끝내고 나니 산이라도 내려오는 심정입니다. 차라리 이 책의 번역 덕분에 지난해 내내 호젓하게 잘 지냈노라고 말하고 싶습니다.

이 책을 출판해준 정신세계사와 이균형 편집주간께 감사드립니다. 세상에 수많은 말과 글이 있으나 한 사람의 평생에 걸쳐 길동무가 되어줄 책은 생각만큼 많지 않은 법입니다. 모쪼록 이 책이 여러분에게 그러한 새 소식이 되기를 기원해봅니다.

토담 정성채